osteuropa

70. JAHRGANG / HEFT 5 / 2020

Klimawandel und Meeresstrategie
Konflikt und Kooperation in der Arktis

Kühler Verstand

Wer über das Meer spricht, denkt nicht an Russland. Denn Russland ist der größte Flächenstaat der Welt und gilt als Inbegriff einer Landmacht. Doch Russland hat auch eine maritime Seite. Im Westen hat Russland Küsten an zwei Binnenmeeren des Atlantischen Ozeans – der Ostsee und dem Schwarzen Meer – im Osten am Pazifischen Ozean. Der gesamte Norden Russlands grenzt an die Randmeere des Arktischen Ozeans: die Barentssee, die Karasee, die Laptevsee, die Ostsibirische See und die Tschuktschensee. Mit 37 653 Kilometern ist Russlands Küste doppelt so lang wie die der USA. Während des Ost-West-Konflikts trug die Sowjetunion den globalen Systemwettbewerb mit den USA auch auf den Meeren aus. Die UdSSR unterhielt die zweitmächtigste Militärflotte der Welt.

Heute zieht Russland vor allem als Anrainer des Arktischen Ozeans internationale Aufmerksamkeit auf sich. Der Klimawandel verändert die Umweltbedingungen in der Arktis. Die Eisbedeckung des Arktischen Ozeans geht in den Sommermonaten immer weiter zurück. Das hat Folgen für die wirtschaftliche Erschließung: Bereits heute fördert Russland im Hohen Norden auf der Jamal-Halbinsel Erdgas und Erdöl, die mit Tankern auf die Märkte in Europa und Asien gebracht werden. Der Nördliche Seeweg, den Russland seit über einem Jahrhundert als dauerhaft nutzbare Schiffstraße auszubauen versuchte und den es heute als Nationale Transportmagistrale betrachtet, ist zu einer wichtigen Exportroute für das Rohstoffland Russland geworden. Russlands hochfliegende Pläne hingegen, den Nördlichen Seeweg zu einer wichtigen Transitroute für Containerschiffe von chinesischen und japanischen Häfen nach Hamburg und Rotterdam zu machen, dürften noch für viele Jahre Phantasie bleiben.

Doch aus Phantasien erwachsen Ambitionen. Ambitionen hegen auch andere Staaten. Daraus erwächst Konkurrenz; mitunter auch Angst, andere Staaten könnten schneller sein. Konkurrenz um begrenzte Güter birgt Konfliktpotential. Zahlreiche Beobachter warnen vor eskalierenden Konflikten um Souveränitätsrechte, Ressourcen und Seewege. Andere verweisen hingegen darauf, dass es in der Arktis keine territorialen Konflikte gibt und die Anrainerstaaten des Nordpolarmeers in wichtigen regionalen Fragen wie dem Umweltschutz zusammenarbeiten.

Die Studien des vorliegenden Hefts, das aus der Tagung „Meere als Raum von Konflikt und Kooperation" der DEUTSCHEN GESELLSCHAFT FÜR OSTEUROPAKUNDE hervorgeht, zeigen, dass beide Beobachtungen richtig sind. Die Arktis ist kein isolierter Raum und die internationalen Beziehungen sind zunehmend von Antagonismus, Großmachtkonkurrenz und Konfrontation geprägt. Kooperation und Multilateralismus sind in der Defensive. Das gilt für das Verhältnis zwischen Russland und den USA ebenso wie für die Beziehungen zwischen den USA und China, das längst globale Machtansprüche erhebt. In einer solchen Situation bedarf es keiner unüberbrückbaren Interessengegensätze, damit sich ein globaler Konflikt in der Arktis entzünden kann.

Umso mehr gilt es, kühlen Verstand zu bewahren. Alarmismus befördert die Angst, Euphorie die Ambition. Nüchterne Analysen der Interessen aller Beteiligten helfen, das angesichts globaler Konfrontation so dringend benötigte Vertrauen zu schaffen.

Berlin, im Juni 2020 *Manfred Sapper, Volker Weichsel*

Luft, Land, Öl: Empirische Erkundungen der Gegenwart: 200 Seiten, 4 Karten

Herfried Münkler

Stadt, Land, Meer

Ansätze zu einer maritimen Ideen- und Strategiegeschichte

Der Krieg zwischen Athen und Sparta beruhte nach Thukydides auf einem Gegensatz zwischen dem maritimen und dem terranen Prinzip. Seemächte und Landmächte unterschieden sich in ihrer wirtschaftlichen und gesellschaftlichen Grundlage sowie in ihrer politischen Ordnung. Auch verfolgten sie unterschiedliche militärische und strategische Ziele. Der *Peloponnesische Krieg* ist das Muster eines Hegemonialkonflikts zwischen der offenen Handelsstadt und der geschlossenen Kaserne, zwischen Demokratie und Oligarchie, zwischen Meer und Land. Dieses Konfliktmuster prägt die Geschichte der internationalen Beziehungen bis heute. Selbst aktuelle Brennpunkte wie die Annexion der ukrainischen Krim durch Russland, der aufziehende Konflikt zwischen den USA und China, aber auch ein vermeintlich ökonomisches Makroprojekt wie Chinas „Seidenstraßeninitiative“ lassen sich mit geostrategischen Kategorien erklären.

Vermutlich ist Thukydides der einzige Historiker, in jedem Fall aber ist er der erste, der den Krieg zwischen einer See- und einer Landmacht, nämlich den zwischen Athen und Sparta,[1] als einen Konflikt konträrer Prinzipien dargestellt hat – politischer und wirtschaftlicher Prinzipien, aber auch unterschiedlicher militärischer Strategien und gesellschaftlichen Verhaltens. Thukydides hat den Gegensatz zwischen Athen und Sparta aus der geopolitischen Position beider Mächte hergeleitet, also nicht bloß aus ihrer geographischen Lage, sondern auch aus der Art und Weise, wie man in Sparta und Athen mit dieser Lage umgegangen ist: Der Blick der Athener ging aufs Meer hinaus, während die Aufmerksamkeit der Spartaner dem Land zugewandt war.[2]

Athen entwickelte sich nicht nur zur Handelsstadt, sondern baute auch eine Seeherrschaft auf, eine Thalassokratie, die seine beherrschende Stellung im ägäischen Wirtschaftsraum schützen sollte. Zu diesem Schutz bedurfte Athen einer Kriegsflotte aus rudergetriebenen Trieren. Um deren Ruderbänke zu bemannen, war man auf die unteren sozialen Schichten der Stadt angewiesen, die nicht mehr einbringen mussten als ihre

---

Herfried Münkler (1951), Dr. phil., Politikwissenschaftler, bis 2018 Professor für Theorie der Politik an der Humboldt-Universität zu Berlin
Von Herfried Münkler erschien in OSTEUROPA: Spiel mit dem Feuer: Die „Politik der revolutionären Infektion“ im Ersten Weltkrieg, in: OSTEUROPA, 2–4/2014, S. 109–126.

1 Thukydides: Der Peloponnesische Krieg. Übersetzt und herausgegeben von Helmuth Vretska und Werner Rinner. Stuttgart 2000. Als moderne Darstellung dieses Krieges: Wolfgang Will: Athen oder Sparta. Eine Geschichte des Peloponnesischen Krieges. München 2019.

2 Zur Geschichte Athens in der fraglichen Zeit: Karl-Wilhelm Welwei: Das klassische Athen. Demokratie und Machtpolitik im 5. und 4. Jahrhundert. Darmstadt 1999. Zu der Spartas: Ders.: Sparta. Aufstieg und Niedergang einer antiken Großmacht. Stuttgart 2004.

OSTEUROPA, 70. Jg., 5/2020, S. 5–21 **doi: 10.35998/oe-2020-0027**

Muskelkraft, um als Soldaten Dienst tun zu können. Um Vollbürger zu sein, mussten sie also keine teure Rüstung mitbringen. Das war die Grundlage dafür, dass sich in Athen eine Ordnung bürgerschaftlicher Partizipation entwickeln konnte, die als radikale Demokratie in die Geschichte eingegangen ist. Sparta hingegen entwickelte sich zu einer Oligarchie der Berufskrieger, in der Frauen, Periöken, Heloten und Sklaven ein Mehrprodukt erzeugten, das es den Spartiaten ermöglichte, allein für den Kampf zu leben und sich durch permanente Übungen auf ihn vorzubereiten. So entstanden hervorragende Soldaten, die lange Zeit in einer offenen Schlacht als unbesiegbar galten. Thukydides hat den Peloponnesischen Krieg als einen Hegemonialkonflikt zwischen der offenen Handelsstadt und einer großen geschlossenen Kaserne, zwischen Demokratie und Oligarchie, zwischen Meer und Land beschrieben.[3]

Die Ursachen eines Krieges im Gegensatz von Maritimem und Terranem zu suchen ist, wie der vergleichende Blick in die antike Historiographie zeigt, ein Alleinstellungsmerkmal des Thukydides. Herodot etwa hat einige Jahrzehnte zuvor die Perserkriege als einen Konflikt der Werte und Prinzipien beschrieben und darauf verzichtet, diesen Krieg der Werthaltungen und Verfassungsformen – freiheitsliebende Griechen gegen der Despotie ergebene Perser – „materialistisch" zu hinterfragen. Er hat weder nach konträren politischen Interessen noch nach geographischen Gegebenheiten als Ursache des Wertegegensatzes gefragt, sondern es in seiner Darstellung beim Aufeinanderprallen der Werte als Grundlage der konträren politischen Verfasstheit von Asien und Hellas belassen. Herodot hat diesen Wertekonflikt dargestellt, indem er sieben adlige Perser die Vor- und Nachteile von Demokratie, Oligarchie und Monarchie gegeneinander hat abwägen lassen, wobei sie am Schluss zu dem Ergebnis kommen, dass in Anbetracht der in Demokratien wie Oligarchien drohenden Bürgerkriege die Monarchie zu bevorzugen sei.[4] Dem stehen die Hellenen gegenüber, die, wie Herodot einen mit den griechischen Verhältnissen vertrauten Berater dem Perserkönig Xerxes erklären lässt, nur einen Herrn über sich kennen würden, nämlich das Gesetz, und das fürchteten sie mehr als die Perser die Macht ihres Großkönigs.[5] Dementsprechend bleibt Herodots Beschäftigung mit den geographischen Gegebenheiten auf die strategische Komponente des Krieges selbst beschränkt, etwa wenn er einen anderen Militärberater dem König, der siegeszuversichtlich auf die Größe seines Heeres und die Anzahl seiner Schiffe verweist, entgegenhalten lässt, er habe dabei zwei gegen ihn gerichtete Mächte nicht bedacht; „diese beiden Mächte sind das Land und das Meer": es gebe nämlich keinen Hafen, der bei Sturm eine so große Flotte aufnehmen könne, weswegen diese gerade durch ihre Größe verwundbar sei, und das Heer werde, wenn es immer weiter vorstoße und sich keiner ihm angesichts seiner Größe entgegenzustellen wage, an Hunger und Mangel zugrunde gehen.[6] Es ist keineswegs so, dass Herodot keinen

---

[3] Es verdient erwähnt zu werden, dass in Carl Schmitts Essay „Land und Meer" Thukydides keine Rolle spielt, wiewohl seine Darstellung des Krieges zwischen Athen und Sparta die Grundlage dafür ist, dass Schmitt schreiben kann: „Die Weltgeschichte ist eine Geschichte des Kampfes von Seemächten gegen Landmächte und von Landmächten gegen Seemächte" (S. 16). Was Thukydides am konkreten Fall gezeigt hat, wird von Schmitt hier zum allgemeinen Prinzip erhoben. Carl Schmitt: Land und Meer. Eine weltgeschichtliche Betrachtung [1942]. Köln-Lövenich 1981.

[4] Herodot: Die Bücher der Geschichte. Übertragung, Einleitung und Anmerkungen von Walther Sontheimer. Stuttgart 1980, Bd. 1, S. 103–106 (III, 80–83).

[5] Ebd., Bd. 3, S. 36 (VII, 104).

[6] Ebd., Bd. 3, S. 26 (VII, 49).

Blick für die Bedeutung der Geographie bei der Führung eines Krieges hatte, aber er begrenzte dies auf genuin strategische Gesichtspunkte und leitete daraus nicht, wie Thukydides, Werthaltungen und Verfassungspräferenzen ab. Das zeigt sich auch darin, dass an der erwähnten Stelle bei Herodot Land und Meer dieselben Folgen für die Führung eines Krieges haben und keineswegs, wie bei Thukydides, konträre Effekte generieren.[7]

Das Maritime und das Terrane: Variationen über ein Thema

Wer Überlegungen zu einer maritimen Ideen-, Strategie- und Wirtschaftsgeschichte anstellen will, wer vom Land aufs Meer und vom Meer aufs Land blickt, ist also auf Thukydides verwiesen, und das keineswegs nur als den Historiker des Peloponnesischen Krieges, sondern zugleich als den, der das Narrativ eines prinzipiellen Konflikts zwischen Maritimem und Terranem entwickelt hat, eines Konflikts, der tiefer greift und grundsätzlicher ist als jede bewaffnete Konfliktaustragung zwischen Landmächten. Dabei ist unter einem Narrativ nicht nur ein Erzählmuster zu verstehen, ein Gerüst, an dem die Darstellung konkreter Ereignisse orientiert ist, sondern Narrative strukturieren die Wahrnehmung und Beurteilung von Entwicklungen und organisieren neben den unmittelbaren Erfahrungen auch den „Erwartungshorizont“ (Reinhart Koselleck), unter dessen Einfluss politische und wirtschaftliche Entscheidungen getroffen werden. Es handelt sich bei Narrativen also nicht nur um eine nachträgliche Sortierung von bereits Vergangenem, sondern auch um eine Vorgabe, unter deren Einfluss Entscheidungen getroffen und Entschlüsse gefasst werden. Narrative erklären nicht nur die Vergangenheit, sondern bemächtigen sich auch der Zukunft. An vier Beispielen aus dem 19. und 20. Jahrhundert lässt sich das erläutern.

Napoleonisches Frankreich vs. parlamentarisches Großbritannien

Da ist zunächst das Ringen um die europäische Hegemonie zwischen dem napoleonischen Frankreich und dem parlamentarisch regierten Großbritannien in einem sich über mehr als ein Jahrzehnt hinziehenden Krieg. Aus britischer Sicht ging es dabei um den Gegensatz zwischen einer bürokratisch organisierten Despotie und einer politisch partizipativen Verfassung, in der alter Land- und neuer Geldadel das Sagen hatten. Im Hintergrund dieses Konflikts aber stand, so das Narrativ, die Frage, ob Großbritannien weiterhin das „Zünglein an der Waage“ für das kontinentaleuropäische Gleichgewicht bilden oder ob es von einer ausschlaggebenden politischen und wirtschaftlichen Einflussnahme auf die kontinentaleuropäischen Angelegenheiten ausgeschlossen würde. Das war eine Variante des geopolitischen Gegensatzes von Maritimem und Terranem, denn die politisch komfortable und finanziell attraktive Rolle eines „Züngleins an der Waage“ war den Briten wesentlich aus ihrer geographischen Lage zugewachsen, durch die sie dem Sicherheitsdilemma der kontinentaleuropäischen

[7] Auch Titus Livius, der Historiker der drei Punischen Kriege zwischen Rom und Karthago, hat nur am Rande auf den Gegensatz zwischen einer Land- und einer Seemacht abgehoben und statt dessen die unterschiedlichen Verfassungen beider Mächte, die plutokratische Oligarchie Karthagos und die bäuerliche Republik Roms, herausgestellt und daraus auch die unterschiedlichen Typen politisch-militärischer Führer erklärt.

Staaten enthoben waren und gleichzeitig mit Subsidienzzahlungen oder durch die Entsendung von Hilfstruppen in deren Kriege intervenieren konnten, um zu verhindern, dass einer der kontinentaleuropäischen Staaten die Oberherrschaft über die anderen erlangte.[8] So waren die Briten im Verlauf des 18. Jahrhunderts zum Kontrolleur und Regulator der europäischen Machtverhältnisse aufgestiegen. In den Kriegen der napoleonischen Zeit ging es – zumindest auch – um die Frage, ob das so bleiben oder stattdessen Frankreich zum Herrn über West- und Mitteleuropa aufsteigen würde.

So stellen sich die Verhältnisse nach den Vorgaben des Narrativs vom Gegensatz des Maritimen und Terranen dar. Dieses geopolitische Narrativ war indes nicht das einzige Erklärungsmuster, das die Veränderungen im Gefolge der Französischen Revolution und des Aufstiegs Napoleons zu erfassen suchte: Ein alternatives Narrativ, dem unter anderem Hegel, aber auch Goethe folgten, fasste die damalige Entwicklung als Durchsetzung der Vernunft auf und sah in Napoleon denjenigen, der die Verrechtlichung und Vereinheitlichung der Verhältnisse in West- und Mitteleuropa vorantrieb. Diese Erzählung war eine Variante des im 18. Jahrhundert entstandenen Fortschrittsnarrativs.[9] Die napoleonfeindliche Gegenerzählung, der Fichte, Arndt und Jahn etwa anhingen, folgte hingegen dem Identitätsnarrativ, das kulturelle Zugehörigkeit zur Leitlinie bei der angestrebten politischen Neuordnung Europas machte und dann zur Grundlage für die Ära des Nationalismus in Europa wurde. Politische Ideengeschichte schließt stets eine Beschäftigung mit dem Kampf der Narrative ein, zumal in diesem Kampf darüber mitentschieden wird, welche Richtung die soziopolitischen und sozioökonomischen Entwicklungen nehmen werden.

Unabhängig von den mit seiner Person verbundenen Narrationen ist Napoleon realpolitisch an Großbritannien und Russland gescheitert, was als Ereignis auf den ersten Blick zum Narrativ des Maritimen und Terranen quer steht, da Russland danach eine reine Landmacht war. Wenn man dieses jedoch noch einmal abstraktifiziert und von der Weite des Raumes spricht, in der Steppe und Ozean als strategische Analoga fungieren – mit Deleuze und Guattari könnte man auch vom Gegensatz zwischen „Glattem“ und „Gekerbtem“ sprechen –, dann ist Napoleon daran gescheitert, dass er, ein Virtuose des Agierens in politisch wie geographisch begrenzten Räumen, durch die unbegrenzte Weite eines Raumes strategisch überfordert war.[10] Vergleiche mit Hitler und dessen Krieg gegen die Sowjetunion liegen auf der Hand und sind in der militärgeschichtlichen Literatur auch immer wieder gezogen worden. Das Maritime ist hier also eine Chiffre für die Weite des Raumes.

---

[8] Zu den machtpolitischen Konstellationen im Europa des 18. Jahrhunderts: Heinz Duchardt: Balance of Power und Pentarchie. 1700–1785. Paderborn 1997, insbes. S. 7–94. – Zu den Theoretikern des Welthandels und des Gleichgewichts: Heinz Gollwitzer: Geschichte des weltpolitischen Denkens, Bd. 1. Göttingen 1972, S. 212–262. – Zur Vorstellung vom „Zünglein an der Waage“: Alfred Vagts: Bilanzen und Balancen. Aufsätze zur internationalen Finanz und internationalen Politik. Frankfurt/Main 1979, S. 131–160 und 281–286.

[9] Johannes Rohbeck: Die Fortschrittstheorie der Aufklärung. Französische und englische Geschichtsphilosophie in der zweiten Hälfte des 18 Jahrhunderts. Frankfurt/Main, New York 1987.

[10] Gilles Deleuze, Félix Guattari: Tausend Plateaus. Kapitalismus und Schizophrenie. Berlin 1992, S. 657–693.

Longue durée des geostrategischen Denkens
Oben: Herodot (490/480 v. Chr., † 430/420), Thukydides (vor 454 v. Chr., † ca. 395)
*Unten: Halford Mackinder (1861–1947), Herfried Münkler (*1951)*

Großbritannien vs. Russland oder: Liberalismus vs. autoritäre Ordnung

Eine weitere Konfrontation, die mit dem Narrativ des maritim-terranen-Antagonismus belegt worden ist, war die Konfrontation zwischen Großbritannien und Russland in der zweiten Hälfte des 19. Jahrhunderts, der paradigmatische Hegemonialkonflikt zwischen der großen Seemacht und der großen Landmacht, der zugleich ein Kampf zwischen der Vormacht politischer Liberalität und dem Hüter einer konservativ-autoritären Ordnung bzw. ein Gegensatz zwischen Industrieproduktion plus Freihandel und feudal-agrarischer Wirtschaftsweise war.[11] Dieser auch als Great Game bezeichnete Konflikt, bei dem sich die antinapoleonische Einheit der räumlichen Weite wieder in den Gegensatz des Maritimen und Terranen zurückverwandelt hatte, begann mit dem Krimkrieg, als ein britisch-französischer Flottenverband ins Schwarze Meer einlief und Bodentruppen zur Belagerung der Festungsstadt Sevastopol' angelandet wurden, um das Osmanische Reich vor seiner Zerschlagung durch eine expansive russische Politik zu retten, und er fand seine Fortsetzung in den Afghanistanfeldzügen der Briten, die einen strategischen Puffer zwischen Russland und Britisch-Indien, dem Kronjuwel des Empire, schaffen sollten. In beiden Fällen musste sich die Seemacht aufs Land begeben, was sie mit hohen Verlusten an Menschen und Material begleichen musste.[12] Die strategische Devise, die hinter beiden Feldzügen aus Sicht der Seemacht stand, lief darauf hinaus, dass die große Landmacht in möglichst großer Distanz zum „warmen Wasser" und den dort gelegenen Häfen gehalten werden sollte. Häfen nämlich sind Orte des Übergangs zwischen Land und Meer, die der Seemacht als Zugang zum Land und der Landmacht als Sprungbrett ins offene Meer dienen und deswegen als Gelenkstellen der Weltherrschaft angesehen werden können.

Der Ost-West-Konflikt

Gemäß dem Narrativ vom Gegensatz zwischen Maritimem und Terranem lässt sich auch der Gegensatz zwischen den USA, der Nachfolgerin Großbritanniens als große Seemacht, und der UdSSR als Nachfolgerin des zarischen Russlands in der Position der großen Landmacht beschreiben. In den meisten Darstellungen des Kalten Krieges stehen Wertfragen und Verfassungsordnungen im Mittelpunkt,[13] doch lässt sich der Ost-West-Konflikt auch als eine geopolitische Konfrontation beschreiben, bei der es dem von den USA angeführten Block darum ging, die Sowjets von den Häfen des „warmen Wassers" fernzuhalten und ihre Macht auf die nordasiatische Landbrücke zu beschränken. Ging es den Briten im 19. Jahrhundert darum, den russischen Zugang zum „warmen Wasser" von Süden her zu blockieren, so konzentrierten sich die USA nach 1947/48 auf die Einschließung der euroasiatischen Landmasse von Westen und

[11] Schmitt hat auf die Ende des 19. Jahrhunderts verbreitete Vorstellung hingewiesen, in der dieses Ringen „als der Kampf eines Bären mit einem Walfisch" dargestellt wurde. Schmitt, Land und Meer [Fn. 3], S. 16.

[12] Orlando Figes: Krimkrieg. Der letzte Kreuzzug. Berlin 2011, S. 111–164 und 463–526.

[13] John Lewis Gaddis: Der Kalte Krieg. München 2007 konzentriert sich auf die Konkurrenz zwischen Kapitalismus und Kommunismus (S. 189ff.) und die Rolle von Moral und Gerechtigkeit (S. 197ff.). Ein kurzer Blick auf die geopolitischen Dimensionen des Konflikts findet sich hingegen bei Bernd Stöver: Der Kalte Krieg. Geschichte eines radikalen Zeitalters. 1947–1991. München 2007, S. 48–66.

Osten her; im Westen von Norwegen bis Portugal, um die Kontrolle des Nordatlantik sicherzustellen, und dann an der Südostflanke der NATO mit Griechenland und der Türkei, um den Sowjets den Zugang zum Mittelmeer und zu den Erdölgebieten des Nahen Ostens zu versperren; im Osten der asiatischen Landmasse zur Absperrung der Sowjets und des kommunistischen Chinas vom Pazifik durch eine Bündnispolitik, in der die der asiatischen Küstenlinie vorgelagerten Inseln von Japan über Taiwan bis zu den Philippinen und Indonesien eine zentrale Rolle spielten. Um Korea und Vietnam führten die USA dann auf dem Festland zwei Kriege, in denen es keineswegs um die Verteidigung der Demokratie nach westlichem Vorbild ging (tatsächlich handelte es sich bei Südkorea und Südvietnam um Diktaturen), sondern um geopolitische Positionen, die mit hohem Einsatz gehalten werden sollten.

Deutschland und England im Ersten Weltkrieg

Ein weiteres Beispiel für das Narrativ vom Gegensatz zwischen dem Maritimen und dem Terranen ist die Konfrontation zwischen Deutschland und England im Ersten Weltkrieg und deren Beurteilung durch deutsche Intellektuelle wie Werner Sombart, Georg Simmel oder Hans Delbrück. Wie die von ihnen herangezogenen Analogien aus der Antike zeigen, positionierten sie Deutschland überwiegend als terrane Macht,[14] was schon darum naheliegend war, weil in den beiden großen Referenzkriegen der deutschen Intellektuellen, dem Peloponnesischen und dem Punischen Krieg, am Schluss die als Landmacht apostrophierte Seite als Sieger aus dem jeweiligen Krieg hervorging. Aber gänzlich wollten diese Vordenker Deutschland doch nicht als Landmacht positionieren, hätten sie damit implizit doch den im Verlauf der zurückliegenden Jahrzehnte erfolgten Aufstieg Deutschlands zur Industriemacht negiert und dem Anspruch auf maritime Weltgeltung, der ein zentrales Element der wilhelminischen Ära war, eine nachgeordnete Bedeutung beigemessen. Das war indes noch das geringere Problem; das größere war der dauerhafte Dissens bei der Beantwortung der Frage, wer im gegnerischen Lager der Hauptfeind sei, gegen den man seine Hauptkräfte mobilisieren müsse. Ihn nämlich müsste man ausschalten, wenn man den Krieg gewinnen oder doch zumindest ein Patt erzwingen wollte: Russland, Frankreich oder Großbritannien? Konkret hieß das: Handelte es sich um einen klassischen Staatenkrieg, den Frankreich als Revanche für die Niederlage von 1870/71 und zur Rückgewinnung von Elsass und Lothringen eingefädelt hatte? Oder war Russland als die autokratische Macht des Ostens und selbsternannter Schutzherr aller Slawen der Hauptfeind? Oder aber verbarg sich hinter der Fülle der Kriegsmotive doch ein Konflikt zwischen dem Maritimen und dem Terranen? Dann war Großbritannien der Hauptfeind.[15] Das Schwanken der Intellektuellen bei der Beantwortung dieser Frage hatte eine Entsprechung in den Entscheidungen der Obersten Heeresleitung über die Konzentration der Kräfte, um einen der drei Gegner niederzuwerfen: 1915 legte sie den Schwerpunkt auf Russland (Durchbruchsschlacht von Gorlice-Tarnów), 1916 auf Frankreich (Verdun), und 1917 konzentrierte sie sich mit der Eröffnung des uneingeschränkten U-Bootkrieges auf die Briten.[16]

---

[14] Herfried Münkler: „Die Antike im Krieg“, in: Zeitschrift für Ideengeschichte, 2/2014, Sommer 2014, S. 55–70.

[15] Herfried Münkler: Der Große Krieg. Die Welt 1914–1918. Berlin 2013, S. 229ff.

[16] Ebd., S. 342ff., 413ff. und 508ff.

Spezifika einer maritimen Kriegsstrategie

Thukydides ist der Begründer eines Narrativs, das politische und kulturelle Werte mit geopolitischen Konstellationen verbindet. Insofern er dabei Werte und Wertschätzungen auf geographische Konstellationen zurückführt, findet sich bei ihm auch ein ideologiekritischer Blick auf das, was die politischen Protagonisten als Motive und Ziele ihres Handelns behaupten. Das Wissen um die geopolitischen Konstellationen wird zum Einspruch gegen die großen Reden von den Werten, für die man stehe, und von den Versprechen, die sich damit verbänden. Diese Linie der politischen Ideengeschichte kann hier nicht weiter verfolgt werden. Neben der ideologiekritischen Dimension der Geopolitik gegenüber der Rhetorik der Werte lässt sich freilich auch eine Verbindung herstellen, bei der geopolitische und geoökonomische Konstellationen tatsächlich die Grundlage bestimmter moralischer Werte und politischer Ordnungen ist. Hier soll es jedoch um Thukydides' Analyse der athenischen Kriegsstrategie gehen, die von ihm als Paradigma einer maritimen Strategie gegen eine Landmacht entworfen worden sind. Auch für sie gilt, was Thukydides am Anfang seines Buches zur Art seiner Darstellung bemerkt hat: Er habe auf das Erzählerische weitgehend verzichtet, weswegen sein Werk für ein unterhaltsames Vortragen wenig geeignet sei. Damit grenzte er sich gegen Homer und etwaige an ihm orientierte Erwartungen ab.

> Wer aber klare Erkenntnis des Vergangenen erstrebt und damit auch des Künftigen, das wieder einmal nach der menschlichen Natur so oder ähnlich eintreten wird, der wird mein Werk für nützlich halten, und das soll mir genügen.[17]

Dieser Anspruch gilt auch für die Analyse der Strategie einer Seemacht: Am spezifischen Fall entwickelt Thukydides, was er für allgemein gültig hält.

Perikles, der von Thukydides überaus bewunderte „erste Mann" Athens,[18] veranlasste der thukydideischen Darstellung nach die Athener, die lakedämonischen Forderungen zurückzuweisen und damit in den Krieg gegen Sparta einzutreten, indem er ihnen einen Kriegsplan vorschlug, der bei geringen Verlusten an eigenen Soldaten den Sieg verhieß: Man solle sich auf eine strategische Defensive verlegen, einer Schlacht gegen die spartanischen Elitesoldaten ausweichen und statt dessen die Zeit als eine für die eigene Sache und gegen die Landmacht Sparta arbeitende Ressource nutzen. Im Prinzip sind es danach zwei unterschiedliche Zeitregime, die im Kampf einer See- gegen eine Landmacht miteinander konfrontiert werden: Die Landmacht muss darauf aus sein, dass es schnell zu einer Entscheidungsschlacht kommt, denn ihre Krieger leben von ihrer Hände Arbeit und sind schwerlich zu einer sich über Jahre hinziehenden Kriegführung in der Lage. Die Seemacht dagegen hat Zeit und kann es sich leisten, die Entscheidungsschlacht mitsamt all ihren Unwägbarkeiten zu meiden, und sie sollte

[17] Thukydides, Der Peloponnesische Krieg [Fn. 1] (I, 22, 4), S. 24.

[18] So ebd. (I, 139, 4), S. 105. Zu Perikles' Strategie in Verbindung mit der „imperialistischen" Politik Athens: Donald Kagan: Perikles. Die Geburt der Demokratie. Stuttgart 1992, S. 156ff. – Dagegen betont Gustav Adolf Lehmann die Härte des spartanischen Kriegswillens und sieht Athen eher in einer reaktiven Position. Gustav Adolf Lehmann: Perikles. Staatsmann und Stratege im klassischen Athen. München 2008, S. 221ff.

das auch tun, da ihre Erfolgsaussichten mit der Dauer eines Krieges wachsen. Dieser Unterschied, so Perikles in der von Thukydides überlieferten Rede, resultiere aus der Verfügung über Geld: In einer Handelsstadt sei man gewohnt, mit Geld umzugehen, und verfüge selbstverständlich auch in hinreichendem Umfang über Geld, während man in einem Agrarstaat von seiner eigenen Hände Arbeit lebe, mit dem eigenen Leib kämpfe und mit Geld nicht nur unvertraut sei, sondern auch keines habe.[19]

Diese Strategie hatte freilich zwei Voraussetzungen: erstens die Uneinnehmbarkeit Athens, weder durch einen direkten Sturmangriff auf die Stadt noch durch eine auf Aushungern angelegte Belagerung, und zweitens die Verbindung der strategischen Defensive mit begrenzten Angriffsoperationen, die den Gegner fühlbar schädigten, ohne dass er die Angreifer zum Gefecht stellen konnte. Ersteres war durch die „langen Mauern" sichergestellt, die Athen mit dem Hafen Piräus verbanden, so dass die Bevölkerung der Stadt mitsamt der in sie geflüchteten Bauern Attikas über das Meer versorgt werden konnte, wobei die Aufrechterhaltung der Seeherrschaft eine zentrale Rolle spielte. Und die Verbindung von strategischer Defensive mit taktischen Offensivoperationen war ein ausdrücklicher Bestandteil von Perikles' Kriegsplan: Die Seeherrschaft machte schnelle amphibische Operationen der Athener möglich, bei denen sie für begrenzte Zeit an Land gingen, dieses verwüsteten und sich danach wieder auf die Schiffe zurückzogen. Das war ein zentrales Element von Perikles' „Ermattungsstrategie".[20] Die Gegenseite konnte sich einer solchen Strategie hingegen nicht bedienen, weil sie die See nicht beherrschte und ihre Schiffe bei einer amphibischen Operation von der überlegenen athenischen Flotte gestellt und vernichtet worden wären. Heißt: die Seemacht konnte sich zu Wasser und zu Lande bewegen, während die Landmacht nur den terranen Raum als Operationsgebiet zur Verfügung hatte. Obendrein stand die Landmacht unter Zeitdruck, während die Seemacht Zeit als eine strategische Ressource nutzen konnte. Obendrein, so Perikles' Überlegung, sei eine Landmacht der Ungewissheit und dem Spiel der Friktionen[21] sehr viel stärker ausgesetzt als eine Seemacht.

Und doch ist Perikles' Kriegsplan nicht aufgegangen; am Ende des Krieges musste Athen kapitulieren, und Sparta ging als Sieger aus dem Krieg hervor. Thukydides hat, wiewohl sein Buch unvollendet geblieben ist und er die letzten Kriegsjahre nicht mehr dargestellt hat, darum gewusst, und in vielerlei Hinsicht ist seine Darstellung des Kriegsverlaufs eine groß angelegte Erklärung für das Scheitern der maritimen Kriegsstrategie, an deren grundsätzlicher Richtigkeit er indes unbeirrt festgehalten hat.[22] Drei Gründe für den unerwarteten Kriegsausgang bringt Thukydides ins Spiel: zunächst den frühen Tod des Perikles und den fehlenden Weitblick seiner Nachfolger, die sich durch kleinere militärische Erfolge zu einem Überwechseln in die strategische Offensive verleiten ließen und daran prompt scheiterten; sodann die infolge dieses Strategiewechsels eintretende Überdehnung der athenischen Kräfte, die vor allem nach dem Scheitern der sizilianischen Expedition zutage trat; schließlich das Eingreifen

[19] Thukydides, Der Peloponnesische Krieg [Fn. 1], S. 107–111.

[20] Hans Delbrück: Die Strategie des Perikles, erläutert durch die Strategie Friedrichs des Großen. Berlin 1890.

[21] Zum Begriff der Friktion und deren unvorhersehbarem Einwirken auf den Kriegsplan Carl von Clausewitz: Vom Kriege. Hg. von Werner Hahlweg. Bonn [19]1980, S. 261–265.

[22] Das ist die Ausgangsthese von Eduard Schwartz' nach wie vor herausragender Analyse des thukydideischen Werks in seinem Buch Das Geschichtswerk des Thukydides. Bonn 1919.

Persiens auf Seiten Spartas mit Hilfe phönizischer Seestreitkräfte, womit die athenische Dominanz in der Ägäis zu Ende war. Was man aus Thukydides' Analyse von strategischem Plan und Kriegsverlauf lernen kann, läuft darauf hinaus, dass Seemächte im Konflikt mit Landmächten mehr strategische Optionen, einen besseren Zugriff auf die erforderlichen Ressourcen und deswegen auch die größeren Siegchancen haben, dass aber auch sie dabei keine Fehler machen dürfen. Perikles' Fehler bestand darin, dass er die Wahrscheinlichkeit des Ausbruchs von Krankheiten in einer belagerten Stadt nicht ins Kalkül zog und nicht damit rechnete, dass er selbst einer solchen Seuche zum Opfer fallen würde.[23]

Seegestützte Großreichsbildungen

Der Geograph Ernst Kapp hat in der Mitte des 19. Jahrhunderts, die Überlegungen seines Lehrers Carl Ritter mit denen Hegels in dessen „Philosophie der Geschichte" zusammenfassend, das Bild einer historischen Evolution zu immer größeren und umfassenderen Reichsbildungen entworfen und dabei die Größe der Reichsbildung als eine von der Weite des beherrschten Seeraums abhängige Variable angesehen.[24] Dementsprechend hat er eine heliotrope Entwicklungslinie gezeichnet, die von den Mächten an den großen Strömen zu denen reicht, die Binnenmeere beherrschen, und schließlich bei jenen Mächten endet, die Kontrolle über die Ozeane haben. Auf die potamischen folgten demnach die thalassischen Reichsbildungen und auf die wiederum die ozeanischen Großreiche – jedenfalls im westasiatisch-europäischen Raum, weswegen Kapp auch von potamisch-orientalischen, thalassisch-klassischen und ozeanisch-germanischen Reichsbildungen spricht.[25] Im Unterschied dazu ist, wenn man Kapp weiterdenkt, die Geschichte Ostasiens im Potamischen (Jangtse, Gelber Fluss und großer Kanal) steckengeblieben, womit sich die seit der ozeanischen Großreichsbildung zunehmend deutlicher hervortretende Überlegenheit der Europäer gegenüber den Chinesen erklären lässt.
Dadurch, dass sie dem Potamischen verhaftet waren, blieben nicht nur die Chinesen, sondern alle ostasiatischen Großreichsbildungen in den bürokratisch-organisatorischen Erfordernissen einer hydraulischen Landwirtschaft stecken – einer Landwirtschaft also, die auf umfassende Bewässerungssysteme und Flussregulationen angewiesen ist und zur Bewältigung dieser Aufgaben der Ausbildung einer despotischen Macht bedarf. Deswegen ist hier der Staat notorisch stärker und mächtiger als die Gesellschaft.[26] Im westasiatisch-europäischen Raum dagegen hatte der Entwicklungsprozess vom

[23] Wie oben die Steppe als ein Funktionsäquivalent des Ozeans mit analogen Folgen für die Strategiebildung erwähnt wurde, so ist hier darauf hinzuweisen, dass der Partisanenkrieg daraufhin angelegt ist, das Zeitregime der Seemächte auf die Landkriegführung zu übertragen – freilich bei einer wichtigen Differenz: Was für die Seekriegführung das Geld ist, ist für den Partisanenkrieg eine deutlich erhöhte Opferbereitschaft der die Insurgenten unterstützenden Bevölkerung.

[24] Ernst Kapp: Vergleichende allgemeine Erdkunde in wissenschaftlicher Darstellung [1845]. 2. verbesserte Aufl., Braunschweig 1868.

[25] Das Potamische ist auf den Fluss (griech. *potamos*) bezogen, das Thalassische auf das Binnenmeer (griech. *thalatta*) und das Ozeanische auf das Weltmeer (griech. *okeanos*), von dem die Landinsel nach antiker Vorstellung eingeschlossen wird.

[26] So in groben Zügen die Analyse von Karl August Wittfogel: Die orientalische Despotie. Eine vergleichende Untersuchung totaler Macht [1957]. Frankfurt/Main u.a. 1977.

Fluss zum (Binnen-)Meer, von Mesopotamien mit Euphrat und Tigris bzw. von Ägypten mit dem Nil als Lebensader zum Mittelmeer, und dann nach Nordwesteuropa, von wo aus die atlantischen Großreichsbildungen erfolgten, einen Zugewinn an politischer Freiheit und wirtschaftlicher Selbständigkeit zur Folge, der in einer bis vor wenigen Jahrzehnten völlig fraglosen Überzeugung von der Überlegenheit der Europäer und Nordamerikaner seinen Niederschlag gefunden hat.[27] Grundlage dessen war die Beobachtung, die Walter Raleigh, Seeabenteurer und Politiker zu Beginn der britischen Ozeanokratie, so zusammenfasste:

> Wer die See beherrscht, beherrscht den Handel der Welt, und wer den Handel der Welt beherrscht, dem gehören alle Schätze der Welt und tatsächlich die Welt selbst.[28]

Das Wesen der ozeanischen Reichsbildung war, dass sie das Meer aus einer Grenze in einen Zwischenraum verwandelte, der den einen mit dem anderen Kontinent verband und so zu einer Intensivierung des Handels und damit zur Revolutionierung der Weltwirtschaft führte.[29]

Die Verwandlung der Ozeane aus einer unüberschreitbaren Grenze in einen verbindenden Zwischenraum, aus einem Raum der tödlichen Gefahren, den man unter keinen Umständen befahren sollte, in einen Raum der Chancen und Risiken, somit der kalkulatorischen Erwägungen, zu Ruhm und Reichtum zu kommen, hat mit der Verfügung über gut gelegene und zugleich bei Stürmen oder feindlichen Überfällen sichere Häfen zu tun; weiterhin mit dem Bau von Schiffen, die den Herausforderungen einer Ozeanüberquerung gewachsen waren, so dass sich die damit nach wie vor verbundenen Gefahren in kalkulierbare Risiken verwandelten und bald auch versicherungsmathematisch beherrschbar waren; und schließlich kam noch die Sammlung und Aufbereitung eines nautischen Wissens hinzu, mit dem das Feld des Unbekannten zurückgedrängt und Neues in Vertrautes verwandelt wurde. Mit dem Übergang vom 15. zum 16. Jahrhundert, als die bisherige Dominanz des Thalassischen zunehmend durch das Ozeanische überschrieben wurde, verschoben sich hier die Konstellationen. Auf die Hafenmetropolen Europas bezogen hieß das, dass an die Stelle Venedigs und Genuas als Wirtschafts- und Finanzzentren schon bald erst Amsterdam und dann London traten.

Bevor die Unterschiede zwischen thalassischer und ozeanischer Seeherrschaft betrachtet werden, soll es zunächst um ihr Gemeinsames gehen. Das ist die wirtschaftliche Überlegenheit der Hafenstadt und der Seerepublik gegenüber den Handels- und Handwerkerstädten im Landesinnern. Letzten Endes sind im Hinblick auf Reichtum und Mehrwertabschöpfung nur die Hauptstädte von Territorialstaaten mit großen Hafenstädten vergleichbar, wobei sich die beiden Stadttypen grundlegend in der Art der Mehrwertabschöpfung und der Form, wie sie Reichtum generierten, unterscheiden:

---

27 David Landes: The Wealth and Poverty of Nations. Why Some Are So Rich and Some So Poor. New York 1998. – Christopher A. Baily: The Birth of the Modern World. 1780–1914. Oxford 2004. – Niall Ferguson: Civilization. The West and the Rest. London 2001.

28 Zit. nach Schmitt, Land und Meer [Fn. 3], S. 87.

29 Diese Verwandlung der Ozeane aus einer Grenze in einen Zwischenraum beschreibt eingehend: Jürgen Elvert: Europa, das Meer und die Welt. Eine maritime Geschichte der Neuzeit. München 2018.

Erfolgt dies bei Hafenstädten durch den Handel, also wirtschaftliche Tätigkeit, Austausch und Vermittlung, wobei die daraus resultierenden Einkünfte durch Zölle ergänzt werden, so lebt die Hauptstadt von einer Konzentration bürokratischer Tätigkeiten und dem Umstand, dass die im Land erhobenen Steuern und Abgaben in der Hauptstadt zusammenfließen. Das brachte in den Hafenstädten ein Ethos der Selbständigkeit und Eigeninitiative hervor, während in den städtischen Zentren der entstehenden Territorialstaaten, im Herzen des Terranen also, die Vorstellung einer administrierten Ordnung und die Erwartung von Unterordnungsbereitschaft dominierten. So wurden die Hafenstädte bzw. das seaborn empire der Niederländer[30] seit dem 16. Jahrhundert zu Refugien politischer Freiheit und wirtschaftlicher Eigeninitiative in einem Raum, der ansonsten zunehmend durch eine Verdichtung von Herrschaft gekennzeichnet war.
Neben der unterschiedlichen Art der Mehrwertabschöpfung und des Vermögensaufbaus stellte der Umgang mit dem Gewaltapparat die zentrale Differenz zwischen der maritimen und einer terranen Ordnung dar. Bei einer Seemacht verbinden sich Handel und Gewaltanwendung häufig miteinander, und über lange Zeit waren Handelsschiffe auch als Kriegsschiffe nutzbar, während die Heere der Landmächte eigentlich nur für die Kriegführung nutzbar waren und insofern in ganz anderer Weise zum Kostenfaktor wurden. Die Eintreibung der zur Heeresfinanzierung erhobenen Steuern macht eine entsprechende Bürokratie erforderlich, während Seemächte darauf, zumindest in erheblichem Maße, verzichten könnten. Insofern hatten das Maritime und das Terrane auch Folgen für die Verfassungsentwicklung der jeweiligen Länder. Die Hafenstädte, in denen sich Maritimes und Terranes begegnen, sind Räume der Verbindung und Vermischung von Elementen beider Ordnungen. In den Anfängen der thalassischen wie der ozeanischen Reichsbildungen waren die Händler fast immer auch Krieger, und der Handel entwickelte sich Hand in Hand mit einer Praxis der Raubüberfälle und Eroberungen. Die Separation von „Händlern und Helden" (Werner Sombart) zog sich lange hin, und auch nachdem sie vollzogen war, war sie jederzeit von Rückfällen bedroht. Die prominenteste Gestalt eines solchen Rückschlags war der Pirat. Thalassokratien, wie der attisch-delische Seebund, von dem bereits mehrfach die Rede war, zeichneten sich dadurch aus, dass sie die Piraten aus ihrem Machtbereich herausdrängten und für eine relativ zuverlässige Trennung von Handel und Kriegführung sorgten.[31] Das hatte zur Folge, dass die Risiken des Seehandels kleiner und in der Folge die über See transportierten Waren billiger wurden, was wiederum zu dem im Vergleich mit den Ackerbürgerstädten des Landes erhöhten Wohlstandsniveau der Seehandelsrepubliken und Hafenstädte beitrug. In diesem Sinn waren in der Antike die athenische und die phönizische Thalassokratie Wohlstandszonen, später dann das den gesamten mittelmeerischen Raum umfassende Imperium Romanum und im Mittelalter erneut die Seerepubliken Genua und Venedig.[32] Nach den Berechnungen von Ian

30 Zum Begriff des „seaborn empire" und dem Aufstieg der Niederlande von der Seehandelsrepublik zum maritimen Imperium Charles R. Boxer: The Dutch Seaborn Empire, 1600–1800. London 1992.

31 Raimund Schulz: Die Antike und das Meer. Darmstadt 2005. – Philip de Souza: Piracy in the Graeco-Roman World. Cambridge 2002. – Iris Samotta: „Störungen antiker Verkehrswege: Kilikische Piraten im östlichen Mittelmeerraum", in: Andreas Obenaus, u.a. (Hg.): Schrecken der Händler und Herrscher. Piratengemeinschaften in der Geschichte. Wien 2012, S. 9–32.

32 Manfred Pittioni: Genua – die versteckte Weltmacht. 1000–1700. Wien 2011, insbes. S. 90–120. – Frederick Lane: Seerepublik Venedig. München 1980.

Morris war den in diesen Wohlstandszonen Lebenden ein deutlich höherer Kalorienverbrauch möglich als jenen, die abseits der See und der Küsten in terranen Räumen siedelten.[33]

Der Schlüssel zur Herrschaft über ein Binnenmeer, zu einer Thalassokratie, war die Kontrolle von Meerengen und zentral gelegenen Inseln mit guten Häfen. In der Umgebung solcher Meerengen und in der Nähe dieser Inseln fanden zumeist auch die großen Seeschlachten statt, in denen Thalassokratien begründet wurden oder aber untergingen – im Mittelmeer in den Seeschlachten von Salamis über Lepanto bis Aboukir.[34] Außerdem wurde im Fall der mediterranen Thalassokratien regelmäßig um die Kontrolle der Meerengen gekämpft, die den ägäischen Wirtschaftsraum mit dem des Schwarzen Meeres verbinden – beginnend bei Homers *Ilias*, in der die Erinnerung an die endlosen Kämpfe um den ägäischen Zugang zu den Meerengen verarbeitet worden ist, über den 4. Kreuzzug von 1204, den die Venezianer vom „Heiligen Land" nach Konstantinopel umlenkten, das sie eroberten, um die Kontrolle über die für sie wichtigen Meerengen zu erlangen, und den Krimkrieg Mitte des 19. Jahrhunderts bis zu dem von Winston Churchill im Ersten Weltkrieg vorangetriebenen Gallipoli-Unternehmen, das die Meerengen zwischen Ägäis und Schwarzem Meer für die Westalliierten öffnen und die Mittelmächte, insbesondere Deutschland, vom Zugang zum Nahen Osten abschneiden sollte. Ziel dessen war es, den Krieg frühzeitig zu beenden – was bekanntlich fehlschlug.[35] Der Kampf um Inseln steht bei der Errichtung und Verteidigung einer Thalassokratie neben dem um die Kontrolle über Meerengen, von der schrittweisen Eroberung der ägäischen Inseln durch die Athener nach dem Ende der Perserkriege über den Kampf um Sizilien in den punischen Kriegen und das inselgestützte Vordringen der Osmanen gegen die italienischen Seerepubliken sowie die christlichen Ritterorden im 16. und 17. Jahrhundert, bis zur Eroberung Kretas durch deutsche Fallschirmjäger im Jahre 1941, mit dem die Aorta des britischen Empire durchtrennt werden sollte. Diese reichte von London über Gibraltar, Malta, Kreta, Suez, Aden bis nach Bombay. Da Rommels Vorstoß in Nordafrika, der bis zum Suezkanal führen sollte, jedoch bei El-Alamein gestoppt wurde, blieb die Eroberung Kretas aus der Luft ein strategisch folgenloser Sieg, denn die britische Kontrolle übers Mittelmeer brach nicht zusammen. Die Besetzung und Annexion der Krim durch Russland im Frühling 2014 lässt sich als jüngstes Beispiel für die Erringung und Behauptung von Seeherrschaft durch die Kontrolle von (Halb-)Inseln rubrizieren.

Eine alternative Strategie, die Herrschaft über ein Binnenmeer zu erringen, wurde vom schwedischen König Gustav Adolf vor seinem Eintritt in den Dreißigjährigen Krieg verfolgt, als er von der Neva bis zur Weichsel schrittweise alle Flussmündungen im baltischen Teil der Ostsee unter seine Kontrolle brachte, um dort Steuern und Zölle erheben zu können, die dann neben den französischen Subsidien zum finanziellen Rückgrat des schwedischen Durchhaltevermögens im Dreißigjährigen Krieg wurden. Man kann Gustav Adolfs Eingreifen in diesen Krieg indes auch als strategische Fort-

---

[33] Ian Morris: Beute, Ernte, Öl. Wie Energiequellen Gesellschaften formen. München 2020, S. 79f., 131ff. und 300ff.

[34] Arne Karsten, Olaf B. Rader: Große Seeschlachten. Wendepunkte der Weltgeschichte. München 2013, S. 25ff. sowie 151ff.

[35] Churchills strategisches Vorhaben, den verlustreichen Kampf der „gepanzerten Fäuste" in Nordfrankreich und Belgien zu vermeiden, indem man die Blut- und Nervenbahnen des Kriegsgegners durchtrennte, war ein typisches Projekt maritimer Kriegführung gegen terrane Mächte. Dazu ausführlich: Münkler, Der Große Krieg [Fn. 15], S. 333–342.

setzung seines Vorhabens ansehen, gegen die bisher dominanten Dänen die Ostseehegemonie zu erringen, was für ihn nur durch die Kontrolle der deutschen Ostseeküste möglich war.[36] Die Flussmündungen brachten die Schweden mit Landstreitkräften unter ihre Kontrolle, weswegen man diese Strategie auch als die einer zweitrangigen See-, aber erstrangigen Landmacht im Kampf gegen eine zur See überlegene Macht ansehen kann, gegen die man sich zunächst die Entscheidung in einer Seeschlacht nicht zutraut. So wurde die Ostsee für ein halbes Jahrhundert zum zentralen Raum eines schwedischen Imperiums in Nordeuropa, das dann durch das aufstrebende Russland Peters des Großen zurückgedrängt und abgelöst wurde.[37]

Im Vergleich mit einer Thalassokratie verlieren in einer ozeanischen Seeherrschaft Meerengen und Inseln relativ an Bedeutung. Das heißt nicht, dass sie bedeutungslos würden, aber sie haben in den ozeanischen Weiten nicht mehr die strategische Relevanz, die sie in Binnenmeeren haben. Mit dem Aufkommen der Dampfschiffe in der zweiten Hälfte des 19. Jahrhunderts wurde eine Reihe von Inseln in der Mitte der Ozeane mit Kohlebunkern ausgestattet, aus denen der Betriebsstoff für die Dampfmaschinen nachgefüllt wurde. Diese Inseln wurden zu logistischen „Trittsteinen" bei der Verwandlung der Ozeane aus Grenzen in Zwischenräume. Mit der Umstellung der Schiffsmotoren von Kohle- auf Ölantrieb verloren sie wieder an Relevanz. Das galt auch für die Inselwelten und Meerengen, die einige Zeit noch als Rückzugsgebiete der Piraten dienten, von denen aus sie Schifffahrtslinien bedrohten, weswegen dann immer wieder Flottenverbände der Seemächte in diese Gebiete entsandt werden mussten. Diese Räume waren über lange Zeit so etwas wie die „Unterwelt" der Seeherrschaft, die jedoch immer weiter zurückgedrängt und aufgelöst wurde.[38]

Die Herausforderung des Welthandels durch die somalischen Piraten und die militärische Sicherung der Seehandelsrouten im Indischen Ozean vor allem in den 2000er Jahren hat jedoch vor Augen geführt, dass es sich hier um ein Problem von periodisch wiederkehrender Relevanz handelt. Ausschlaggebend für die Beherrschung der Weltmeere ist jedoch die Verfügbarkeit schnell in Krisengebiete zu entsendender Flottenverbände, die sowohl die Sicherheit der Seewege wiederherstellen können, womit sie zum Garanten eines zuverlässigen Welthandels werden, als auch vermittels von Luftstreitkräften über eine militärische Interventionskomponente verfügen, die über die Küstenlinie hinaus bis weit ins Landesinnere hineinreicht. Obendrein können solche Seestreitkräfte jederzeit den Handel missliebiger Mächte im maritimen Raum strangulieren. Über eine solche Seemacht verfügen seit Jahrzehnten nur noch die USA, und es ist nicht absehbar, dass ein weiter aufstrebendes China sie hierin ablösen kann. Das heißt: Solange der Welthandel wesentlich in Gestalt von Seehandel stattfinden wird, werden die USA die dominierende Weltmacht bleiben – trotz Chinas Aufstieg zum Hauptproduzenten industrieller Massengüter.

---

[36] Zur schwedischen Strategie Herfried Münkler: Der Dreißigjährige Krieg. Europäische Katastrophe, deutsches Trauma. Berlin 2017, S. 422ff. und S. 758ff.

[37] Klaus von Beyme: „Schwedisches Imperium im Deutschen Reich: Ein vergessenes Kapitel der Imperien- und Mythenbildung"; in: Harald Bluhm, Karsten Fischer, Marcus Llanque (Hg.): Ideenpolitik. Geschichtliche Konstellationen und gegenwärtige Konflikte. Berlin 2011, S. 71–88.

[38] Das 18. Jahrhundert war der Höhepunkt einer Piratenökonomie, zu deren typischer Verbindung von Händlerwesen und Räubertum sich in dieser Zeit mit den Underdogs der atlantischen Ökonomie noch proto- und pseudorevolutionäre Existenzen hinzugesellten. Peter Linebaugh, Marcus Rediker: Die vielköpfige Hydra. Die verborgene Geschichte des revolutionären Atlantiks. Berlin/Hamburg 2008.

Das Maritime und das Terrane in den geopolitischen Debatten des 20. Jahrhunderts

Die Frage nach dem Verhältnis von Land- und Seemacht ist zu Beginn des 20. Jahrhunderts von dem Briten Halford J. Mackinder neu aufgeworfen worden, als er unter dem Eindruck des inzwischen weit fortgeschrittenen Eisenbahnbaus das Zentrum der Weltherrschaft vom Meer aufs Land, aus dem Nordatlantik nach Westsibirien verlegte.[39] Das war ein an die britische Politik gerichteter Warnhinweis, dass sich das weltpolitische Gewicht von London nach Moskau bzw. St. Petersburg verschieben könne, und zugleich ein Gegenentwurf zu der damals hegemonialen Vorstellung, wonach Weltherrschaft auf Seeherrschaft beruhe. Der US-Amerikaner Alfred Thayer Mahan hatte diese Auffassung in seinem Werk *Der Einfluss der Seemacht auf die Geschichte* an Beispielen vom 17. bis zum 19. Jahrhundert dargelegt und daraus eine Theorie vom Primat der Seemacht gegenüber der Landmacht beim Kampf um globale Dominanz gemacht.[40] In Abgrenzung davon stellte Mackinder die These auf, dass mit dem Bau der großen Eisenbahnlinien, den vom Atlantik zum Pazifik reichenden Bahnverbindungen in den USA, der Transsibirischen Eisenbahn in Russland und der wesentlich von den Deutschen finanzierten Bagdadbahn, die von Hamburg bis Basra, also von der Nordsee bis zum Indischen Ozean führen sollte, das Zeitalter der Seedominanz – Mackinder spricht unter Bezug auf Kolumbus auch vom „Kolumbianischen Zeitalter" – vorüber sei und das Zentrum der Weltherrschaft sich von den Ozeanen auf die asiatische Landmasse, von Mackinder als „Herzland" bezeichnet, zu verlagern beginne. Um dieses Herzland herum entwirft Mackinder ein System strategischer Halbmonde („inner crescent", „outer crescent"), das dazu führe, dass die Weltherrschaft bei derjenigen Macht lag, die das geopolitische Weltzentrum mit einer Reihe von Häfen zu verbinden vermochte.

Angesichts der fortbestehenden Bedeutung der Weltmeere und des Umstands, dass das Frachtaufkommen der großen Containerschiffe das des Eisenbahntransports bei weitem übertrifft, kann man Mackinders Thesen als weitgehend obsolet ansehen.[41] Doch sein Hinweis auf ein für das Empire bedrohliches Bündnis zwischen der großen Landmacht und einem industriell fortgeschrittenen Küstenstaat, also konkret: zwischen Russland und Deutschland, hat sicherlich dazu beigetragen, dass sich die Briten in der Zeit vor dem Ersten Weltkrieg den Russen annäherten und das *Great Game* in Zentralasien als zweitrangig gegenüber einer deutsch-russischen Annäherung ansahen. In der geostrategischen Nachfolge dessen haben die USA nach 1948, wie bereits erwähnt, eine Bündnisstruktur aufgebaut, in deren Folge die Sowjetunion vom Zugang zum Atlantik, vor allem vom Zugang zu über das gesamte Jahr nutzbaren Häfen fern-

---

[39] Halford I. Mackinder, „The Geographical Pivot of History"; in: The Geographical Journal, 4/1904, S. 421–437. Eine deutsche Übersetzung ist unter dem Titel „Der Schlüssel zur Weltherrschaft", Frankfurt/Main 2019, erschienen.

[40] Alfred Th. Mahan: Der Einfluss der Seemacht auf die Geschichte, 1660–1812. Überarbeitet und herausgegeben von Gustav-Adolf Wolter. Herford 1967. – Zur Rolle Mahans in der Seekriegsstrategie vgl. Beatrice Heuser: Den Krieg denken. Die Entwicklung der Strategie seit der Antike. Paderborn u.a. 2010, S. 231–283.

[41] Im Unterschied zum Eisenbahntransport haben seit Anfang des 20. Jahrhunderts im Schiffbau technologische Entwicklungen von revolutionärem Ausmaß stattgefunden, die Mackinders Erwartung einer Verlagerung der Handelsrouten von der See aufs Land konterkariert haben.

gehalten wurde. Es war eine Verbindung der Überlegungen Mahans mit den Hinweisen Mackinders, von der die geopolitischen Konstellationen des Ost-West-Konflikts geprägt waren.

Was lässt sich daraus für die geopolitischen Konstellationen der Gegenwart sowie deren prospektive Weiterentwicklung lernen? Zunächst lässt sich daraus der seit einigen Jahren wieder verstärkt zu beobachtende Drang Russlands zum „warmen Wasser" erklären: Die Besetzung und Annexion der Krim sollte verhindern, dass Russland weitgehend im Raum des Schwarzen Meeres marginalisiert wurde, nachdem es zu Beginn der 1990er Jahre aus der Ostsee verdrängt worden war. Denn der Zugang zum Hafen von Sankt Petersburg ist leicht zu bewachen und das Gebiet von Kaliningrad ist, als Exklave, zumindest exponiert. Russlands Unterstützung für das syrische Regime in Damaskus sollte auch seine dauerhafte Präsenz im östlichen Mittelmeer sowie die Verfügungsgewalt über einen Tiefseehafen sicherstellen. Was im Westen als eine Abfolge weithin friedlicher Revolutionen wahrgenommen wurde, in denen eine Mehrheit der Bevölkerung zunächst im Baltikum, in Georgien und dann in der Ukraine ihre Zugehörigkeit zu Europa und dessen politischen wie wirtschaftlichen Strukturen bekundet habe, wurde in Moskau als immer weitere Zurückdrängung in den terranen Raum angesehen, in dessen Folge Russland seinen Status als Weltmacht verlieren und auf das Niveau einer Regionalmacht zurückgestuft werden sollte.

Wohlgemerkt: Hier geht es um machtpolitische Perzeptionen, die sich deutlich von dem unterscheiden, was eine historische Analyse als tatsächliche Entwicklung beschreibt. Im „Spiel" der großen Mächte sind solche Perzeptionen ausschlaggebend, mehr jedenfalls als die Normen des Völkerrechts oder auch die Willensbekundungen einer Mehrheit der Menschen in bestimmten Gebieten. Was der Westen als aggressives Auftreten der Russen wahrnahm, war aus russischer Perspektive eher der Versuch, den geopolitischen Status quo beizubehalten und eine geopolitische Marginalisierung durch Abdrängung von den Binnenmeeren am östlichen Rand des Nordatlantiks zu verhindern. Die Vorlage für diese Sichtweise westlicher Politik konnte die russische Elite bei Mackinder finden.

Auch China, das in den letzten vier Jahrzehnten eine beeindruckende wirtschaftliche Entwicklung genommen hat, sieht sich durch die fortbestehende US-amerikanische Seeherrschaft herausgefordert und sucht nach strategischen Optionen, die es bei einer Zuspitzung der wirtschaftlichen Konflikte ins Spiel bringen kann. Dabei ist hier zunächst anzumerken, dass „Wirtschaftskriege" eine für maritime Mächte typische Form der Konfliktaustragung darstellen, wie ja auch der thukydideische Perikles in der Auseinandersetzung mit Sparta den Einsatz des Geldes als eine die athenische Macht verstärkende Ressource geltend gemacht hat. Die Mächte, die den Welthandel beherrschen und in der Lage sind, unliebsame Teilnehmer davon auszuschließen, verfügen damit über ein Machtmittel von imperialer Qualität, gegenüber dem nur jene Staaten oder Staatenblöcke tendenziell unverwundbar sind, die entweder infolge ihrer ökonomischen Rückständigkeit (noch) nicht in den Welthandel integriert sind oder einen eigenen autarken Wirtschaftsraum aufgebaut haben, der mit die Weltmeere betreffenden handelspolitischen Sanktionen allenfalls randständig zu treffen ist. Das hatte während des Ost-West-Konflikts über längere Zeit für die sozialistischen Staaten des *Rats für gegenseitige Wirtschaftshilfe* (RGW) gegolten. Auch das China der maoistischen Ökonomie war durch handelspolitische Sanktionen der USA kaum verwundbar; erst der wirtschaftliche Aufstieg des Reichs der Mitte und seine Integration

in die globale Ökonomie hat der die See beherrschenden Macht, den USA, nichtmilitärische Zwangsmittel gegenüber China in die Hand gegeben.
Damit befindet sich China gegenüber den USA in einer ähnlichen geopolitischen wie geoökonomischen Lage wie das Deutsche Reich vor dem Ersten Weltkrieg gegenüber Großbritannien.[42] Die Verwundbarkeit beider ist ihre Integration in die Weltwirtschaft bei gleichzeitiger Ausschließbarkeit aus dieser Weltwirtschaft durch die jeweils führende Seemacht, mit der die Nachzügler infolge ihrer geographischen Lage militärisch nicht mit Erfolgsaussicht in Konkurrenz treten können. Geographische Lage heißt hier: weniger gut gelegene Häfen und vor allem die Gefahr, dass sie im Konfliktfall leicht zu blockieren sind. Deutschland spielte vor 1914 die Möglichkeiten des Gegenhandelns durch und wählte dann mit der Entscheidung für die Tirpitz'sche Risikoflotte eine besonders ineffektive Option.[43] Tatsächlich gelang es im Kriegsverlauf zu keinem Zeitpunkt, die britische Fernblockade aufzusprengen, um sich der Ressourcen des atlantischen Handels bedienen zu können. Die Alternative zu dem Versuch, mit Hilfe von Kriegsschiffen den Zugang zum Welthandel zu erzwingen, war einerseits der Versuch, in Form des uneingeschränkten U-Bootkriegs selbst die Strategie der wirtschaftlichen Strangulation gegen die Briten anzuwenden. Das zeitigte nicht die erhoffte Wirkung.[44] Andererseits gab es den Plan, einen vom atlantischen Handel unabhängigen, tendenziell autarken Wirtschaftsraum mit für eine Seemacht unangreifbaren Verbindungslinien zu schaffen. Dieser Gedanke fand in Friedrich Naumanns 1915 erschienenem Buch *Mitteleuropa* seinen programmatischen Niederschlag.[45] Für Naumann ging es dabei zunächst nur um die Schaffung eines eigenständigen Raumes zwischen der großen See- und der großen Landmacht, doch als der Krieg sich in die Länge zog und das zarische Russland dann zusammenbrach, wurde daraus das kurzlebige Projekt eines deutschen „Ostimperiums",[46] das in den späteren Plänen Hitlers zur Eroberung und Annexion Mittelosteuropas wieder auftauchte.
Ein geostrategisch geschulter Blick auf die Politik Chinas legt nahe, in den diversen Varianten der „Seidenstraßeninitiative" ein geographisch spiegelverkehrtes Analogon zu Naumanns Mitteleuropaprojekt zu sehen.[47] Der geopolitische Gegensatz zwischen dem Maritimen und dem Terranen hat offenkundig zur Folge, dass die auf ihn bezogenen Strategien in Variationen ein ums andere Mal wiederkehren. Es ist also keineswegs von bloß antiquarischem Interesse, sich mit der Geschichte maritimer Strategien zu beschäftigen, sondern die Beschäftigung mit diesen Strategien schult den Blick für gegenwärtige Herausforderungen. Oder umgekehrt betrachtet: Unkenntnis geostrategischer Projekte hat zur Folge, dass politische Akteure ständig von angeblich neuen Entwicklungen überrascht werden. Das Neue ist aber zumeist nur das Ergebnis einer Unkenntnis des Alten.

---

42 Carl Schmitt hat den ökonomischen Aufstieg Deutschlands und sein Gleichziehen mit Großbritannien als Industrieland festgehalten, aber kein Wort über die dadurch entstandene geoökonomische Verwundbarkeit Deutschlands verloren. Schmitt, Land und Meer [Fn. 3], S. 103f.
43 Münkler, Der Große Krieg [Fn. 15], S. 481ff.
44 Ebd., S. 508ff.
45 Friedrich Naumann: Mitteleuropa. Berlin 1915.
46 Münkler, Der Große Krieg [Fn. 15], S. 661ff.
47 Peter Frankopan: Die neuen Seidenstraßen. Gegenwart und Zukunft unserer Welt. Berlin 2019.

Oben: Ein Eisbär attackiert Barents Mannen. Zeichnung aus dem Tagebuch von Gerrit de Veer (1598). Unten: Christiaan Julius Lodewijk Portman: „Der Tod des Willem Barentsz" (1836). Barents verstarb 1597 auf Novaja Zemlja.

Kristina Küntzel-Witt

Eisfrei über den Nordpol?

Die Suche nach einer Nordostpassage im 18. Jahrhundert

Die Suche nach einer Seeroute durch das Nordpolarmeer begann im 16. Jahrhundert. Sie hing stets von der globalen Lage im Überseehandel ab. Das Zarenreich hatte lange kein Interesse, eine solche Route nach China zu erkunden. Es waren britische und niederländische Seefahrer, die eine solche Passage im Eis suchten. Erst unter Peter I. begann die Erforschung der sibirischen Küste am Nordpolarmeer. Gelehrte vieler Länder glaubten an eine eisfreie Passage über den Nordpol nach China. Auch der Universalgelehrte Michail Lomonosov vertrat diese These. Er initiierte 1765/1766 Vasilij Čičagovs erste Expedition in Richtung Nordpol. Deren Misserfolg führte dazu, dass im Russländischen Reich die Vorstellung von einer Passage über den Nordpol aufgegeben wurde. In Westeuropa erlebte sie im 19. Jahrhundert eine Renaissance.

Als britische und niederländische Seefahrer im 16. Jahrhundert begannen, nach einem Seeweg entlang der skandinavischen und sibirischen Küste von Europa nach Asien zu suchen, zeigte das Moskauer Reich daran wenig Interesse. Richard Chancellor (ca. 1521–1556), Stephen Borough (1525–1584) und Hugh Willoughby (gest. 1553) steuerten 1553 im Auftrag der von Sebastian Cabot (ca. 1474–1557) gegründeten *Muscovy Company* auf der Suche nach der Nordostpassage erstmals die Küste am Weißen Meer an. Damals existierte dort noch keine größere Siedlung. Die Hafenstadt Archangel'sk wurde erst 1584 von Ivan IV. gegründet, um den Handel mit ausländischen Schiffen weiter zu entwickeln.[1]

Die Vorstellung von der Existenz einer möglichen nördlichen Seeroute entlang der Kontinente gab es seit der Antike. Bereits damals ging man davon aus, dass Ozeane die Kontinente umschlossen.[2] Als Sigmund von Herberstein (1486–1566) in seinen berühmten Aufzeichnungen „Rerum Moscoviticarum commentarii“ 1546 über das frühe

---

Kristina Küntzel-Witt (1969), Dr. phil., Historikerin, Habilitandin an der Universität Hamburg zum Thema „Sibirien und die Nordostpassage in der westeuropäischen Historiographie im 18. Jahrhundert“, freie wissenschaftliche Mitarbeiterin an der Academia Baltica

[1] Samuel H. Baron: Muscovy and the English Quest for a Northeastern Passage to Cathay (1553–1584), in: Ders.: Explorations in Muscovite History. Norfolk 1991, S. 1–17. – Kristina Küntzel-Witt: „Mythos Nordostpassage“: Der Traum vom kurzen Weg nach China, in: Friedrich Edelmayer, Gerhard Pfeisinger (Hg.): Ozeane. Mythen, Interaktionen und Konflikte. Münster 2017, S. 203–233, hier S. 212f.

[2] Eugen Seibold: Antike Vorstellungen und die Nordostpassage, in: Akademie der Wissenschaften und der Literatur: Abhandlungen der Mathematisch-naturwissenschaftlichen Klasse. 2/2005. Stuttgart 2005, S. 4f. – Eugen Seibold: Land am Nordpol? Spekulationen auf alten Karten, in: Helwig Schmidt-Glintzer (Hg.): Neue Blicke auf alte Karten und die Dynamik der europäischen Kulturgeschichte. Wiesbaden 2007, S. 97–136.

OSTEUROPA, 70. Jg., 5/2020, S. 23–37 doi: 10.35998/oe-2020-0028

Russland eine Karte publizierte, auf der hinter der Mündung des Ob' im äußersten Osten ein angeblicher *Kithay Lacus* eingezeichnet war, wurde damit in Westeuropa die Hoffnung auf einen kurzen Weg nach China geweckt.[3] Cabot und Chancellor wurden bei ihren Planungen von dem britischen Gelehrten und Astronomen John Dee (1527–1608) beraten, der mit Gerhard Mercator (1512–1594) eng befreundet war. Wahrscheinlich war es Dee, der Cabot mit Herbersteins Karte vertraut machte.[4]

Bis weit ins 16. Jahrhundert hinein betrieb Russland wenig Schifffahrt an der Weißmeerküste. Häufig waren es die einheimischen finno-ugrischen Ethnien wie die Nenzen (damals Samoeden), die Fischfang von kleineren Booten aus an der Küste betrieben. Auch nach der Gründung von Archangel'sk entwickelte sich die Hochseeschifffahrt in Russlands Norden nur äußerst schleppend. Das lag einerseits an den ungünstigen klimatischen Bedingungen, denn der Hafen fror häufig von Oktober bis Mai zu, andererseits zeigte der Moskovitische Staat auch kein Interesse am Aufbau einer eigenen Handelsflotte oder am Walfang.[5]

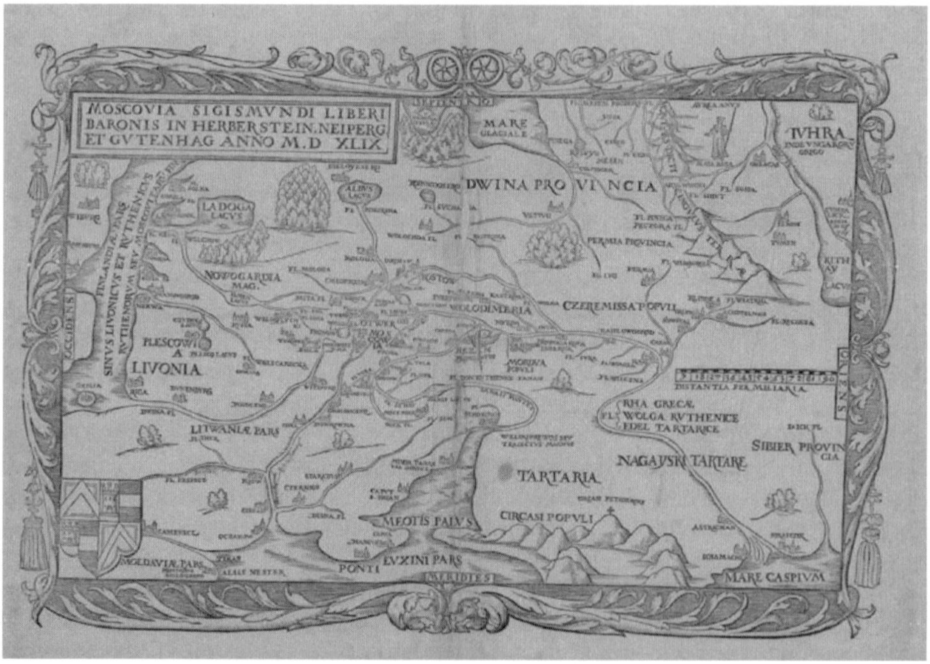

Karte aus Herbersteins „Rerum Moscoviticarum commentarii" mit „Chinesischem See"

[3] Peter Sager: Zu Sigismund Herbersteins Karte von Moscovia, in: Nordost-Archiv. Zeitschrift für Sammler und Landeshistoriker, 30/1974, S. 3–13.

[4] Zwischen Samuel H. Baron und Walter Leitsch gab es eine lebhafte Debatte darüber, wie groß Herbersteins Einfluss auf die britische Expedition war: Walter Leitsch: Herberstein's Impact on the Reports about Muscovy in the 16th and 17th centuries: Some Observations on the Technique of Borrowing, in: Forschungen zur osteuropäischen Geschichte, Bd. 24. Wiesbaden 1978, S. 163–177, hier S. 173. – Baron, Muscovy and the English Quest for a Northeastern Passage [Fn. 1], S. 6, Anm. 11. – Zur Rolle von Dee als Cabots Berater: Ulla Ehrensvärd: The History of the Nordic Map. From Myth to Reality. Helsinki 2006, S. 112. – Küntzel-Witt, Mythos Nordostpassage [Fn. 1], S. 211f.

[5] Aleksei Krajkovski: Profits from under the water: The international blubber market. Russian monopolistic companies and the idea of whaling development in the eighteenth century, in: The International Journal of Maritime History, 1/2019, S. 34–49, hier S. 35.

Solange Spanier und Portugiesen die südliche Schifffahrtsroute nach Asien für britische und niederländische Schiffe sperrten, suchten diese immer wieder nach einer Passage entlang der sibirischen Küste. Am berühmtesten sind sicherlich die drei Entdeckungsfahrten von Willem Barents (1550–1597), dem es auf seiner letzten Fahrt gelang, die nördliche Spitze von Novaja Zemlja zu umrunden und in die Karasee einzufahren, wo sein Schiff im August 1596 einfror. Barents kartographierte auf dieser Fahrt die westliche Küste und Spitze der Doppelinsel sehr genau. Nicht zufällig wurde die davor liegende See nach ihm benannt.[6] Auf einer Karte, die 1598 nach seinem Tode erschien, kann man genau sehen, welche Teile der Küste von Novaja Zemlja Barents untersucht hatte. Alle Buchten und Fjorde der zerklüfteten Küstenlinie sind eingetragen bis zu dem Punkt, wo man im Eis stecken blieb. Barents erkundete auch die Meerenge Matočkin Šar, die Novaja Zemlja zu einer Doppelinsel macht. Doch er erkannte diese Möglichkeit einer Passage in die Karasee nicht, vielmehr hielt er die Meerenge für einen weiteren Fjord.

Alle diese Entdeckungsfahrten endeten in der Karasee, da dort dichte Eisfelder unvorhersehbar auftreten konnten und sich als undurchdringlich erwiesen. Dabei hatte Barents nach den Vorschlägen des niederländischen Astronomen und Geographen Peter Plancius (1552–1622) einen Kurs möglichst fern von der Küste einhalten wollen, um den Eismassen in Küstennähe zu entgehen. Plancius und andere Gelehrte des 16. Jahrhunderts waren der Meinung, Eisberge könnten sich nur gespeist aus dem Süßwasser der Flüsse vor allem in der Nähe der Küste bilden. Mithin war es ihrer Ansicht nach möglich, dass es eine eisfreie Passage in größerem Abstand zur Küste gab.[7]

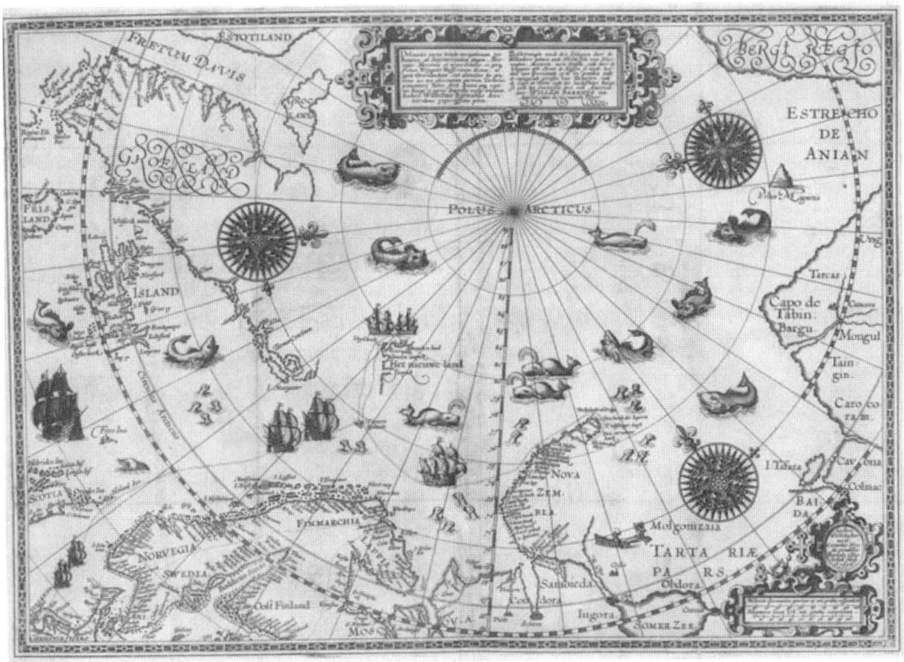

1598 erschienene Karte der Polarregion von Willem Barents

[6] Rayner Unwin: A Winter Away from Home. William Barents and the North-East Passage. London 1995, S. 59.

[7] Ebd., S. 24.

Barents selbst überlebte zwar die Überwinterung auf Novaja Zemlja, aber er verstarb 1597 auf dem Rückmarsch an Skorbut. Das Schiff hatte man aufgeben müssen. Als dann das spanische und portugiesische Monopol auf die Südroute nach Asien rund um Afrika zerfiel, stellten die neuen großen Seemächte England und die Niederlande die Suche nach einem nördlichen Seeweg zu Beginn des 17. Jahrhunderts ein.
Auch als sich in dieser Zeit in Westeuropa der Walfang infolge des Bedarfs an Tran zu einer regelrechten Protoindustrie entwickelte, zeigte das Moskovitische Russland weiterhin keinerlei Interesse daran. Es fehlten nach wie vor eine Handelsflotte oder Walfangschiffe, denn der Fang von großen Robben und Walrossen reichte, um den russischen Bedarf an Tran zu decken. Da man diese im Frühjahr auf dem Eis oder an den Küsten von Novaja Zemlja fing, benötigten die russischen *pomory*[8] keine größeren Schiffe für die Jagd.[9]
Bezeichnenderweise wurde der Hafen von Mangazeja, der über den Fluss Taz mit der Mündung des Ob' verbunden ist, 1618/1620 unter Zar Michail F. Romanov sogar geschlossen, als er von zu vielen ausländischen Schiffen angesteuert wurde. Die offizielle Begründung lautete, dass dort nur ungenügend Steuerabgaben erfolgten.[10] Das Moskovitische Reich definierte sich eindeutig als Landimperium, das an Schifffahrt und Flotte wenig interessiert war, ebenso wenig wie an der Suche nach der Nordostpassage.[11]

Die Suche nach einer Nordostpassage im 18. Jahrhundert

Bekanntlich änderte sich das Verhältnis des Russländischen Reiches zum Meer und seinen Möglichkeiten grundlegend mit dem Regierungsantritt von Peter I. Ganz im Gegensatz zu seinen Vorgängern begann der neue Zar umgehend damit, sowohl eine Handelsflotte als auch eine Marine aufzubauen. Peters großes Ziel, einen eisfreien Hafen zu bekommen, ist hinlänglich bekannt. In seiner Regierungszeit zeigte das Russländische Imperium erstmals Interesse an der Suche nach einer Schiffspassage entlang seiner nördlichen Küste. Auch die Sichtweise auf seinen asiatischen Teil veränderte sich.[12] Fedor Saltykov formulierte 1714 in einem Memorandum an den Zaren die Zweckmäßigkeit einer Schifffahrtsroute entlang der sibirischen Küste, umso schneller nach Asien zu gelangen und den Handel zu beleben.[13] Auch in Westeuropa flammte die Diskussion

---

[8] Als „pomory" werden die russischen Küstenbewohner am Weißen Meer oder an der Barentssee bezeichnet, die sich mit den dort ansässigen finno-ugrischen Ethnien vermischt hatten.

[9] Krajkovski, Profits from under the water [Fn. 5], S. 35, 40.

[10] Andreas Renner: Goldsprudel an der Nordost-Passage, in: Helena Holzberger, Andreas Renner, Sören Urbansky (Hg.): Russlands Orte in Asien. Berlin 2021, im Erscheinen, hierzu Manuskript, S. 4–5.

[11] Vgl. Mark Bassin: Expansion and Colonialism on the Eastern Frontier. Views of Siberia and the Far East in pre-Petrine Russia, in: Journal of Historical Geography, 14/1988, S. 2–21, hier S. 19–21.

[12] Andreas Renner: Peter der Große und Russlands Fenster nach Asien, in: Historische Zeitschrift, 1/2018, S. 71–96.

[13] Martina Winkler: Imagining the Arctic, the Russian Way: Concepts and Projects for the Arctic Ocean in the Eighteenth Century, in: New Global Studies, 2/2013, S. 73–99, hier S. 77–83. – Saltykovs Memorandum ist abgedruckt in: Basil Dmytryshyn, Elisabeth A.P. Crownhart-Vaughan, Thomas Vaughan (Hg.): Russian Penetration of the North Pacific Ocean 1700–1797. Portland 1988, S. 59–63.

über eine mögliche nördliche Seeroute wieder auf und wurde von Gottfried Wilhelm Leibniz (1646–1716) und dem königlichen französischen Geographen Guillaume Delisle (1675–1726) an den Zaren herangetragen.[14]

Dazu musste allerdings aus Sicht der Gelehrten erst einmal die Frage geklärt werden, ob eine Passage überhaupt möglich war oder ob eine Landverbindung zwischen Asien und Amerika existieren würde, die eine „Durchfahrt" unmöglich machen würde. Auf jeden Fall war Peters Interesse geweckt. Nach seiner Rückkehr nach Russland begann er ab 1719 damit, Sibirien und dessen Küsten und vor allem die Küste am Nordpazifik untersuchen zu lassen. Er veranlasste die erste Kamčatka-Expedition (1725–1730), die nach einer Landverbindung zwischen den Kontinenten suchen sollte. Als diese Frage von Vitus Bering (1681–1741), dem Leiter der Expedition, nicht eindeutig geklärt werden konnte, folgte daraufhin unter Zarin Anna Ivanovna mit der zweiten Kamčatka-Expedition (1733–1743) eine noch größere Unternehmung, auf der nicht nur der Seeweg von Kamčatka nach Alaska entdeckt wurde, sondern auch die gesamte sibirische Küstenlinie kartographisch erfasst wurde.[15]

Durch diese zweite Expedition, die in der sowjetischen Geschichtsschreibung die „Große Nordische Expedition" genannt wurde, konnte zweifelsfrei nachgewiesen werden, dass es keine Landverbindung zwischen Nordasien und Nordamerika gab. Dennoch kam es anschließend zu einer lebhaften Diskussion über die Möglichkeit einer Nordostpassage in Westeuropa, nachdem erste Ergebnisse der Expedition veröffentlicht worden waren. Angeregt hatte diese Diskussion Joseph-Nicolas Delisle (1688–1768), der jüngere Bruder von Guillaume Delisle, der 1726 nach Russland gekommen war, um zunächst in Petersburg ein Observatorium aufzubauen und später als einer der ersten Professoren an die neugegründete Akademie der Wissenschaften berufen wurde.[16]

Joseph-Nicolas Delisle hatte seinen älteren Bruder Louis Delisle de la Croyère (ca. 1687–1741) mit nach Russland gebracht und in Petersburg zum Astronomen ausgebildet.[17] Delisle de la Croyère gehörte zur Gruppe der Wissenschaftler, die an der Zweiten Kamčatka-Expedition beteiligt war. Er hatte auf dem Schiff von Aleksej Čirikov (1703–1748) 1741 an der Überfahrt nach Alaska teilgenommen. Delisle de la Croyère starb auf der Rückfahrt an Skorbut, und sein Bruder, der nach wie vor in Petersburg arbeitete, erhielt dessen Aufzeichnungen von der Expedition.

---

14 Kristina Kuentzel-Witt: Peter the Great's Intermezzo with G.W. Leibniz and G. Delisle, in: Quaestio Rossica, 1/2018 [DOI 10.15826/qr.2018.1.282.], S. 63–78, hier S. 66, 68.

15 Wieland Hintzsche (Hg.): Briefe und Dokumente zur II. Kamčatka-Expedition 1730–1733 – Akademiegruppe. Bearbeitet von Wieland Hintzsche in Zusammenarbeit mit Natasha Ochotina Lind, Peter Ulf Møller unter Mitarbeit von Heike Heklau, Kristina Küntzel und Bert Meister. Halle 2004. – Natal'ja Ochotina-Lind, Peter Ul'f Mëller (Hg.): Vtoraja Kamčatskaja ėkspedicija. Dokumenty 1730–1733. Čast' 1. Morskie otrjady. Moskau 2001.

16 Kristina Küntzel-Witt: Wie groß ist Sibirien? Die russischen Entdeckungen im Pazifik und die Kontroverse zwischen Joseph Nicolas Delisle, Samuel Engel und Gerhard Friedrich Müller im 18. Jahrhundert, in: Jörn Happel, Christophe von Werdt (Hg.): Osteuropa kartiert – Mapping Eastern Europe. Unter Mitarbeit von Mira Jovanović. Berlin, Zürich 2010, S. 155–172, hier S. 164f.

17 Den Beinamen „de la Croyère" hatte sich Louis zugelegt, um das Erbe seines Großvaters mütterlicherseits antreten zu können. Wegen des Namenzusatzes wird in der Literatur häufig gesagt, er sei nur ein Halbbruder von Joseph-Nicolas gewesen, aber das ist unzutreffend. Nelson-Martin Dawson: L'Atelier Delisle. L'Amerique du Nord sur la table à dessin. Avec la collaboration de Charles Vincent. Sillery 2000, S. 21. – Lucie Lagarde: Le Passage du Nord-Ouest et la Mer de l'Ouest dans la Cartographie française du 18e Siècle, Contribution à l'Etude de l'Ouevre des Delisle et Buache, in: Imago Mundi, 41/1989, S. 19–43, hier S. 20.

1747 durfte Joseph-Nicolas Delisle nach Paris zurückkehren, was zu Verwerfungen zwischen ihm und der russländischen Regierung und der Akademie der Wissenschaften führte, als bekannt wurde, dass er ohne Genehmigung russische Karten nach Paris geschickt hatte.[18] Noch angespannter wurde das Verhältnis zwischen ihm und Petersburg, als er 1752 mit dem Schwiegersohn seines verstorbenen Bruders Guillaume, Philippe Buache (1700–1773), eine Karte veröffentlichte, die den Nordpazifik und die angrenzende asiatische und nordamerikanische Küste zeigte. Auf dieser Karte sind drei Inseln eingezeichnet, die es in dieser Form nicht gibt: „Jeso“, „Yeço, Compagnieland“ und „da Gama-Land“.[19] Delisle zeichnete diese Inseln zwischen dem Ochotskischen Meer und Japan ein. Yeço hat eine beinahe sichelförmige Form und liegt unterhalb von Sachalin. Die anderen kleineren Inseln sind zwischen Yeço und den Kurilen eingezeichnet. Eigentlich hatten Bering und Čirikov mit ihrer Überfahrt bereits belegt, dass entweder die Lage dieser Inseln auf den Karten falsch eingezeichnet sein musste oder sie gar nicht existieren. Eine beigefügte Erklärung Delisles offenbarte zudem sein Unwissen über den Verlauf von Berings Überfahrt. Denn er behauptete, Bering sei bereits auf dem Hinweg auf der Beringinsel vor Kamčatka notgelandet. Bering war dort erst auf dem Rückweg mit seinem Schiff, der St. Peter, gestrandet. Vor allem hatte er auf der Überfahrt die Inselkette der Aleuten entdeckt, wovon in Delisles Ausführungen keine Rede war und er sie daher auch nicht auf der Karte eingezeichnet hatte.[20]

Darüber hinaus lieferte die Karte noch weiteren Gesprächsstoff, weil auf ihr ein großes „Westmeer“ auf dem nordamerikanischen Kontinent zu sehen war, dessen Existenz auf den apokryphen Bericht eines angeblichen spanischen Admirals de Fonte zurückging. Erst Jahrzehnte später sollte sich herausstellen, dass der Bericht von dem englischen Publizisten James Petiver erdacht worden war, um die Auflage seines Journals „Monthly Miscellany, or Memoirs for the Curious“ zu steigern.[21]

Die Karte rief das allgemeine Interesse der führenden Geographen des 18. Jahrhunderts hervor, da es in Frankreich bereits vorher eine lebhafte Diskussion über die Lage von Kamčatka gegeben hatte, wobei diskutiert wurde, ob es sich bei der Insel Jeso um Kamčatka handeln würde. Tatsächlich hatte man Jeso mit der japanischen Insel Hokkaido verwechselt.[22] Diese Diskussion zeigt anschaulich, wie vage das Wissen über den nordpazifischen Raum in der Mitte des 18. Jahrhunderts in Westeuropa noch war.

---

[18] Bis heute heißt es in manchen russischen historischen Darstellungen, Delisle sei ein Spion gewesen. Elena Gusarova: K voprosy ob ėtičeskoj storone „al’ternativnogo“ vzgljada na dejatel’nost’ astronoma Delilja v Rossii, in: Petrovskie vremja v licach – 2013. K 400-letiju Doma Romanovych (1613–2013). Materialy naučnoj konferencii. Sankt Petersburg 2013, S. 121–136, hier S. 133. – Dem haben Irina und Dmitrij Gouzévitch nachdrücklich widersprochen: „V načale byl Delisle“, ili gipoteza o pričinach razformirovanija odnoj francuzskoj kollekcii, in: Petrovskie vremja v licach – 2014. K 300-letiju pobedy pri Gangute (1714–2014). Materialy naučnoj konferencii. Sankt Petersburg 2014, S. 112–120.

[19] Karte abgedruckt in Einschub I in diesem Band.

[20] Joseph-Nicolas Delisle: Histoire Abregée Des Nouvelles Découvertes Au Nord De La Mer Du Sud, Lûe dans l’Assemblée publique de l’Académie Royale des Sciences le 8 Avril 1750 par M. De L’Isle de la même Académie. Paris 1750, S. 7. – Küntzel-Witt: „Mythos Nordostpassage“ [Fn. 1], S. 225.

[21] Der Bericht war bereits im August 1708 veröffentlicht worden, ohne zunächst Aufsehen zu erregen. Henry R.Wagner: Cartography of the Northwest Coast of America to the year 1800. Berkeley 1937, S. 158.

[22] Nicolas Verdier: Des Cartes en situation d’intercertitude: La controverse sur le Kamtchatka entre 1737 et 1738 comme révélateur d’une crise de la cartographie française, in: S.Ja. Karp, E.E. Ryčalovskij, Jean-Yves Sarazin (Hg.): Vek Prosveščenija. Vyp. 5: Geografija ėpochi Prosveščenija: meždu voobraženiem i real’nost’ju. Moskva 2015, S. 100–120, hier S. 108–110.

Der russische Hof zeigte sich sehr verärgert über Delisles Veröffentlichung. Der deutschstämmige Gelehrte und Teilnehmer an der Zweiten Kamčatka-Expedition Gerhard Friedrich Müller (1705–1783) wurde gebeten, eine Gegendarstellung zu veröffentlichen, in der Berings Verdienste entsprechend den Tatsachen dargestellt werden sollten. Müller veröffentlichte seine Replik anonym in der „Bibliothèque Germanique".[23] Damit wurde die Diskussion über die Entdeckungen im Nordpazifik nur noch stärker angeheizt, vor allem erregte in Westeuropa Misstrauen, dass Müller seinen vorgeblichen Brief anonym veröffentlicht hatte. Man zweifelte am Wahrheitsgehalt der russischen Angaben.

Gleichzeitig aber lebte die Diskussion um eine mögliche Passage nach Asien entlang der sibirischen Küste wieder auf, weil Delisles Karte eindeutig zeigt, dass keine Landverbindung zwischen den Kontinenten existiert. Zudem veröffentlichte Müller etwas später in seinen „Nachrichten von Seereisen" in seiner „Sammlung Russischer Geschichte" den Bericht des Kosaken Semen Dežnev aus dem Jahre 1648, der damals das nordöstliche Kap umrundet hatte.[24] Dadurch konnte zweifelsfrei belegt werden, dass es eine Meeresstraße am Kap gab, die man durchqueren konnte, d.h. aus geographischer Sicht stand einer, wie es in den damaligen Texten immer wieder heißt, „Durchfahrt" nichts im Wege.

In Westeuropa zeigte sich insbesondere der Berner Geograph Samuel Engel (1702–1784) an der Möglichkeit einer Nordostpassage äußerst interessiert. Er begann zu dieser Frage zu publizieren und polemisierte gegen Müllers Schriften, weil er sich nicht vorstellen konnte, dass Eismassen eine Passage unmöglich machen würden. Er glaubte, genau wie 150 Jahre zuvor Peter Plancius, dass nur Süßwasser gefrieren würde, aber kein Salzwasser – und daher Eisberge nur in der Nähe von Küsten auftreten könnten.[25] Unabhängig von ihm entwickelte auch der russische Universalgelehrte Michail V. Lomonosov (1711–1765) eine Theorie von einer eisfreien Passage durch das arktische Polarmeer in Höhe des 80° Breitengrades aufgrund desselben Grundgedankens, wie ihn Engel vertrat, dass Salzwasser nicht gefrieren kann. Er veröffentlichte darüber einige Experimente in der Zeitschrift der Schwedischen Akademie der Wissenschaften. Diese Artikel kannte Samuel Engel.[26] Aber Lomonosovs Memorandum konnte Engel nicht kennen, da Lomonosov es direkt an die Admiralität richtete, ohne die Akademie der Wissenschaften, an der er lehrte, zu informieren.

---

[23] Lettre d'un Officier de la Marine Russienne à un Seigneur de la Cour concernant la Carte des nouvelles Découvertes au Nord de la Mer du Sud, & le Mémoire qui y sert d'explication publié par Mr. De l'Isle. A Paris en 1752. Traduit de l'Original Russe, in: Nouvelle Bibliothèque Germanique, 13/1753, S. 46–87.

[24] Gerhard Friedrich Mueller: Nachrichten von Seereisen, und zur See gemachten Entdeckungen, die von Russland aus längst den Küsten des Eismeeres und auf dem östlichen Weltmeere gegen Japan und Amerika geschehen sind. Zur Erläuterung einer bey der Akademie der Wissenschaften verfertigten Landkarte, in: ders. (Hg.): Sammlung Rußischer Geschichte, Bd. 3. St. Petersburg 1758, S. 1–304.

[25] Samuel Engel: Nachrichten und Anmerkungen über die Lage der nördlichen Gegenden von Asien und Amerika und dem Versuch eines Weges durch die Nordsee nach Indien, 2. Teil. Basel 1777, S. 164–168.

[26] Ebd. – Peter Hoffmann: Ostsibirien und Nordpazifik in der zweiten Hälfte des 18. Jahrhunderts. Die Diskussion um die Ausdehnung Asiens. Frankfurt/Main 2013, S. 143, wo er sich auf Aleksandr I. Andreev (Trudy Lomonsova po geografii Rossii, in: Lomonosov. Sbornik statej Bd. II. Moskva, Leningrad 1946, S. 139) bezieht.

Lomonosovs Memorandum über eine eisfreie Passage

Lomonosov stellte sein Memorandum *Kratkoe opisanie raznych putešestvij po severnym morjam i pokazanie vozmožnogo prochody sibirskim okeanom v vostočnuju indiju* (Kurze Beschreibung verschiedener Wege durch die nördlichen Meere und Darstellung möglicher Zugänge durch die sibirischen Ozeane nach Ostindien) 1763 dem Admiralitätskollegium vor. Diese Schrift war somit nur für das Militär bestimmt und wurde nicht veröffentlicht.[27]

Wie intensiv sich Lomonosov mit diesem Problemkreis beschäftigte, zeigt schon der Umfang der Studie. Knapp 80 Seiten umfasste das Memorandum, später fügte er sogar noch weitere Ergänzungen hinzu. Er schildert darin die frühen britischen und holländischen Versuche, eine Nordostpassage zu entdecken und geht auch auf die von Arthur Dobbs (1689–1765) finanzierte sogenannte Middleton Expedition von 1737 ein, auf der vergeblich nach der Nordwestpassage gesucht wurde.[28] Dobbs, ein irischer Landadliger und Parlamentarier, der 1754 zum Gouverneur von North Carolina ernannt wurde, hatte den von Müller anonym verfassten Brief eines „Russischen Offiziers von der Flotte" ins Englische übersetzt und vehement die russischen Angaben verteidigt.[29]

Interessanterweise heißt es im Titel des Memorandums, dass der Weg nach Ostindien gesucht werden sollte. China und Japan werden nicht erwähnt. Lomonosov erläutert das nicht weiter, aber es könnte ein Hinweis darauf sein, wie groß in Russland die Ernüchterung über den Handelsvertrag von Kjachta (1727) mit China war. Denn der Vertrag verbot Russland den Handel über die chinesischen Häfen. Außerdem hatte man seit der Entdeckung der Kurilen die Erfahrung machen müssen, dass Japan noch weniger als China an Handelsbeziehungen interessiert war. Daher versprach ein Seeweg zu den beiden asiatischen Großreichen für Russland Mitte des 18. Jahrhunderts keinen größeren Profit.[30]

Vor allem ging es Lomonosov jedoch um eine eisfreie Passage über den Pol. Ähnlich wie Engel beschäftigte Lomonosov sich mit der Wirkung der Sonnenstrahlung am Pol. Lomonosov war der Ansicht, da in den Sommermonaten die Sonne im Polgebiet unablässig scheint, müsste dadurch das Eis zum Schmelzen gebracht werden. Aufgrund dieser

---

[27] Michail Lomonosov: Trudy po russkoj istorii. Obščestvenno-ėkonomičeskim voprosam i geografii 1747–1765gg, in: Pol'noe sobranie sočinenij. Akademia Nauk SSSR. Band 6. Moskau, Leningrad, S. 417–498. – Peter Hoffmann: Michail Vasil'evič Lomonosov (1711–1765). Ein Enzyklopädist im Zeitalter der Aufklärung. Frankfurt am Main u.a. 2011, S. 213. – Martina Winkler: Das Imperium und die Seeotter. Die Expansion Russlands in den nordpazifischen Raum, 1700–1867. Göttingen 2016, S. 167f. – Winkler, Imagining the Arctic [Fn. 13], S. 84–88, wo sie hervorhebt, dass Lomonosov die klimatischen Gefahren der Tropen betonte, um den nördlichen Seeweg als attraktiver für Russland darzustellen.

[28] Lomonosov, Kratkoe opisanie raznych putešestvij, in: Ders.: Trudy [Fn. 26], S. 435. –Hoffmann, Ostsibirien und Nordpazifik [Fn. 25], S. 140, Anm. 32.

[29] A Letter from a Russian Sea-Officer, to a Person of Distinction at the Court of St. Petersburgh: Containing His remarks upon Mr. de l'Isle's Chart and Memoir, relative to the New Discoveries Northward and Eastward from Kamtschatka. Together with some Observations on that Letter. By Arthur Dobbs, Esq., Governor of North-Carolina. To which is added, Mr. de l'Isle's Explanatory Memoir on his Chart Published at Paris, and now translated from the Original French. London 1754. – Küntzel-Witt, Wie groß ist Sibirien? [Fn. 16], S. 167.

[30] Aleksandr Petrov, Aleksej Ermolaev: Značenie Kjachty v istorii Dal'nego Vostoka i Russkoj Ameriki", in: Rossijskaja Istorija, 2/2018, S.51–66, hier S. 56–58.

Annahme hatte in Europa lange die Vorstellung existiert, dass sich das Paradies am Pol befinden müsste.[31] Er glaubte deswegen genau wie Engel, dass das Polarmeer im Sommer befahrbar sein müsste. Genau wie der Berner Geograph interessierte sich Lomonosov sehr für Semen Dežnevs Entdeckerfahrt. Er war überzeugt davon, dass damals das Kap eisfrei gewesen sein musste. Außerdem gelang es auch Bering auf der Ersten Kamčatka-Expedition, die Küste zumindest bis zum Kap hochzufahren. Sie muss also damals ebenfalls eisfrei gewesen sein.[32] Genau das war der Punkt in den russischen Darstellungen, der Engels Argwohn geweckt hatte, weil er ihn als widersprüchlich empfand. Lomonosovs gesamte Schrift ähnelt Engels Ansichten sehr, aber Engel kann sie nicht gekannt haben, weil sie, wie erwähnt, nicht veröffentlicht worden war. Ansonsten hätte er sie sicherlich in seinen Schriften verwendet und damit seine Argumentation untermauert.

Den Fischreichtum des arktischen Ozeans sah Lomonosov als ein weiteres Indiz für ein pflanzliches Wachstum im Meer an, was es nur dank Sonneneinstrahlung geben kann.[33] Außerdem beschäftigte er sich intensiv mit den Windverhältnissen in der Arktis und auch da glaubte er, belegen zu können, dass es im Sommer zum Abschmelzen der Eismassen am Pol kommen müsste.[34]

Zudem vermutete Lomonosov, dass sich in der Nähe des Pols Inseln befinden müssten, wodurch sich die Existenz der Eisberge erklären ließe.[35] An dieser Stelle erwähnt er zwar genauso wenig wie Engel Gerhard Mercator, aber es ist offensichtlich, dass sich beide von dessen Polkarte aus dem Jahr 1595 inspirieren ließen.[36] Auf dieser wird rund um den Nordpol (Polus Arcticus) eine große Insel gezeigt, die durch vier Flüsse geteilt wird. Hier spiegelt sich die Vorstellung von einem großen Süßwasservorkommen am Pol. Nach antikem Vorbild wird das Nordpolarmeer auf Mercators Karte „Oceanus Scythicus" genannt. Sehr interessant ist die Frage, warum Mercator Novaja Zemlja als Doppelinsel darstellt. Wie erwähnt, hat selbst Barents die Durchfahrt nicht erkannt und Novaja Zemlja ohnehin erst ein Jahr nach Erscheinen von Mercators Karte detailliert kartographiert.[37]

Lomonosov schätzte eine Passage über den Pol auf insgesamt etwas über 3000 km Länge. Er hält sie ausdrücklich für möglich und legt am Ende der Schrift konkrete Anweisungen für eine Expedition über den Pol vor.[38] Zudem fügte er ihr eine eigene Polkarte bei.[39] Sie wurde in Westeuropa wesentlich bekannter als die Denkschrift, von der es keine vollständige deutsche Übersetzung gibt.[40]

---

[31] Benedicte Gamborg Briså: In den Norden an den Rand der Welt. Honningsvåg. Nordkapmuseum 2010, S. 10.

[32] Lomonosov, Kratkoe opisanie [Fn. 27], S. 449–451.

[33] Ebd., S. 458.

[34] Ebd., S. 459ff.

[35] Ebd., S. 469.

[36] Karte abgedruckt in Einschub I in diesem Band.

[37] Gerhard Mercator: Septentrionalium Terrarum Descriptio, Amsterdam 1595, hier Kopie von 1613, abgedruckt in Briså, In den Norden [Fn. 30], S. 43. Auf einer Karte von Plancius wird Novaja Zemlja ebenfalls als Doppelinsel dargestellt; vgl. Petrus Plancius, Europam ab Asia et Africa segregant Mare mediterraneum, Amsterdam 1594. Universiteitsbibliotheek van Amsterdam, Sig. OTM:HB-KZL O. K. 119. Permalink: hdl.handle.net/11245/3.2702.

[38] Lomonosov, Kratkoe opisanie [Fn. 27], S. 483–498.

[39] Ebd., S. 424.

[40] Michail Lomonossow: Ausgewählte Schriften in zwei Bänden, Berlin 1961, Band II. Vorwort und Schlussbemerkungen des Memorandums, S. 144ff.

Fakten und Phantasien: Lomonosovs Polkarte von 1763

Die Karte sollte die möglichen Routen über den Pol illustrieren. Eine davon verläuft zwischen Grönland und Spitzbergen jenseits des 80° Breitengrades.[41] Eine zweite Route, die Lomonosov in seinem Text vorschlägt, läuft über die Spitze von Novaja Zemlja und am später als Kap Dežnev bezeichneten Landvorsprung vorbei. Sowohl die Ostküste von Novaja Zemlja als auch das Kap Dežnev sind gestrichelt eingezeichnet. Ebenso eine größere Insel, die sich vor der Mündung der Kolyma im Eismeer befinden sollte, deren Existenz Lomonosov als „zweifelhaft" angibt. Weitere Inseln sind nicht eingezeichnet, obwohl Lomonosov im Begleittext angibt, dass es sie geben muss. Beim nordasiatischen Kap Dežnev hat er sich offenbar an Müllers Angaben gehalten, aber das gestrichelte Einzeichnen ist ein klarer Hinweis darauf, dass er sie für unbewiesen hielt. Tatsächlich ist das Kap zu groß gezeichnet. Die gegenüberliegende amerikanische Seite hat Lomonosov nur skizziert, aber stark vorspringend eingezeichnet und einige vorgelagerte Inseln dazu. Weiter südlich, an der amerikanischen Pazifikseite, findet sich auch ein „more zapadnoe" ein „Westmeer". Das hat er aber nicht als Binnenmeer eingezeichnet wie Delisle und Buache, sondern als Einbuchtung. Dafür hat er im Norden einen großen „Lac Bernardo" (Bernardovo Ozero) angelegt, von dem ebenfalls nur im

[41] Lomonosov hat die Karte nicht selbst gezeichnet, sondern von seinem Schüler Il'ja Abramov 1763 zeichnen lassen. Lydia T. Black: Russians in Alaska, 1732–1867. Fairbanks 2004, S. 82.

De Fonte-Report berichtet wird, den Delisle zitiert hatte. Insgesamt mischen sich auf der Karte belegte und phantastische Angaben sehr stark. Vor allem die amerikanische Seite ist eher als phantasievoll zu charakterisieren, doch auch die sibirische Halbinsel Tajmyr ist viel zu weit vorspringend und zu schmal angegeben.[42]
Lomonosov hatte sich zweifellos intensiv mit der Möglichkeit einer Passage beschäftigt, aber an keiner Stelle ist ein Bezug auf Engels Artikelserie in der „Nouvelle Bibliothèque Germanique" sichtbar. Engels Monographien erschienen ohnehin erst später. Die beiden Gelehrten entwickelten also zeitgleich und weitgehend unabhängig voneinander die gleichen Hypothesen. Das war nur möglich, weil sie über die gleiche Wissensbasis verfügten. Dieser Wissensstand begann sich dank der Expeditionen entlang der sibirischen Eismeerküste und dank Cooks Entdeckungsfahrten in arktische Gewässer langsam zu ändern. Bei der Entstehung seines Memorandums dürfte auch Lomonosovs Kindheit eine Rolle gespielt haben, denn er wuchs an der Küste von Archangel'sk auf und gehörte damit zu den erwähnten „pomory".[43] Allerdings stellt die Küste am Weißen Meer klimatisch gesehen im Vergleich zur angrenzenden sibirischen Küste und dem Nordpolarmeer eine Besonderheit dar, denn in der Barentssee bringt der Ausläufer des Golfstroms das Eis im Frühjahr schneller zum Schmelzen als in der Kara- und der Laptevsee. Wegen des Golfstroms friert das Nordkap an der norwegischen Küste selbst im Winter nicht zu im Gegensatz zum nordasiatischen Kap Dežnev. Damals war jedoch das Phänomen des Golfstroms noch unbekannt.
Lomonosovs pragmatische Herangehensweise äußert sich noch an einer anderen Stelle seines Memorandums. Dort verweist er darauf, am besten solle man den Walen folgen, denn sie würden die eisfreien Gewässer instinktiv kennen und dorthin schwimmen.[44] Außerdem empfahl er die Mitnahme von Dolmetschern, vor allem Čukčen, und Jägern, die Eisbären erlegen konnten. Sehr wichtig war ihm auch die Verpflegung. Es sollte für drei Jahre ausreichend Proviant mitgenommen werden.[45]
Seine Schrift fand den Zuspruch der Admiralität. Ein Jahr später finanzierte Katharina II. die erste russische Expedition in den arktischen Ozean, die sogenannte Čičagov-Expedition. Auch bei den späteren Expeditionen wurde immer wieder Lomonosovs Schrift herangezogen.[46] Sie spielte damit für die Geschichte der russischen Expeditionen in der zweiten Hälfte des 18. Jahrhunderts eine wichtige Rolle.

Die Čičagov-Expeditionen zum Nordpol 1765 und 1766

Die Admiralität bestimmte Vasilij Ja. Čičagov (1726–1809) zum Leiter der Expedition, für die in Archangel'sk drei Schiffe mit verstärktem Rumpf extra gebaut wurden. Wegen der Vorbereitungen konnte die Expedition erst 1765 beginnen, kurz zuvor war Lomonosov an einer fiebrigen Erkrankung verstorben. Čičagov sollte von der Kola-Halbinsel

[42] Ebd., S. 82f.
[43] Lomonosov, Kratkoe opisanie [Fn. 27], S. 478.
[44] Ebd., S. 490.
[45] Ebd. S. 485f.
[46] Diana Ordubadi unterstreicht in ihrer Arbeit explizit die Bedeutung von Lomonosovs Manifest für die folgenden Expeditionen. Diana Ordubadi: Die Billings-Saryčev-Expedition 1785–1795. Eine Forschungsreise im Kontext der wissenschaftlichen Erschließung Sibiriens und des Fernen Ostens. Mit einer Übersichtskarte. Göttingen 2016, S. 30–42.

aus Spitzbergen ansteuern, wohin bereits eine Expeditionsgruppe voraus entsandt worden war, um dort ein Lager für den Fall einer notwendigen Überwinterung einzurichten. Dieses Camp steuerte Čičagov zunächst an, um dort einen kurzen Halt einzulegen, Vorräte auszutauschen und danach weiter gen Norden zu segeln, wo er in Höhe des 80°26'' Breitengrades am 23. Juli so plötzlich von einem Eisfeld umschlossen wurde, dass er nur mit Mühe herausfand. Unterwegs traf er auf mehrere Walfänger aus Hamburg und den Niederlanden, die ihm alle berichteten, niemals weiter nördlich als bis zum 80° Breitengrad gekommen zu sein.[47] Er hielt dennoch einige Tage weiter einen nördlichen Kurs ein, aber nachdem er wieder auf Eisfelder traf, drehte er am 29. Juli um und kehrte, ohne die auf Spitzbergen zurückgelassene Mannschaft mitzunehmen, nach Archangel'sk zurück. Dort traf er am 20. August 1765 mit allen drei Schiffen ein.[48]

Diese frühe Rückkehr brachte ihm viel Kritik von der Admiralität ein, die mit den Ergebnissen der Expedition nicht zufrieden war. Man hatte auf spektakuläre neue Entdeckungen gehofft, aber Čičagov hatte keine neuen Inseln gefunden. Darüber hinaus warf man ihm vor, das Lager auf Spitzbergen auf dem Rückweg nicht besucht zu haben, wo die zurückgebliebenen Matrosen eine zweite Überwinterung überstehen mussten. Man warf dem Kapitän vor, zu vorsichtig gewesen zu sein und zu früh aufgegeben zu haben. Deshalb wurde für das nächste Jahr eine zweite Expedition angeordnet. Čičagov und seine Besatzungen mussten statt in Archangel'sk auf der Kola-Halbinsel überwintern, damit sie im nächsten Jahr früher in See stechen konnten.[49] Aber dieser zweite Versuch 1766, eine eisfreie Passage jenseits des 80° Breitengrades zu finden, blieb ebenso erfolglos wie die erste Expedition. Immer wieder drohten die Schiffe von Eisfeldern umschlossen zu werden, Eisberge versperrten ihnen den Weg, bis sie schließlich umkehren mussten.

Eine Anekdote verdeutlicht die geplanten Dimensionen dieser Expedition, denn im Grunde war die Čičagov-Expedition weitreichender oder auch „phantastischer“ angelegt, als es zunächst den Anschein hatte. In einem geheimen Zusatz des Admiralitätskollegiums wurde bestimmt, dass Čičagov bei einer erfolgreichen Überquerung des Pols mit der gleichzeitig stattfindenden Krenicyn-Levašov-Expedition im Nordpazifik zusammentreffen sollte. Auch diese Expedition fand unter der Führung der Admiralität statt. Auf ihr sollten von 1764 bis 1771 die Beringstraße sowie die Küste Alaskas und die Aleuten untersucht werden. Lydia Black schreibt, nach Anweisung der Admiralität sollten dort die Mannschaften ausgetauscht werden, um anschließend die Rückfahrt anzutreten.[50] Diana Ordubadi behauptet, dort hätten die gesammelten Materialien ausgetauscht werden sollen.[51] Und Lev Usyskin weiß zu berichten, dass im Falle, dass sich die beiden Expeditionen getroffen hätten, sie ihre Berichte austauschen und auf der Route der anderen Expedition hätten heimkehren sollen.[52] Doch selbst wenn es hier Differenzen in der Darstellung der Instruktionen gibt, so ist letztendlich der Eindruck

---

[47] Lev Usyskin: Vasilij Čičagov. Rassuždenija o morskich delach doblestnogo admirala Ekateriny Velikoj, slavnoj rossijskoj imperatricy. Moskva 2009, S. 75.

[48] Ordubadi bietet einen sehr guten Überblick über die Čičagov-Expedition: Die Billings-Saryčev-Expedition [Fn. 44], S. 43–47.

[49] Usyskin, Vasilij Čičagov [Fn. 45], S. 75.

[50] Black, Russians in Alaska [Fn. 39], S. 84.

[51] Ordubadi, Die Billings-Saryčev-Expedition [Fn. 44], S. 49. Erstaunlicherweise berufen sich Black und Ordubadi jeweils auf V.A. Perevalov: Lomonosov i Arktika. Moskva 1949.

[52] Usyskin, Vasilij Čičagov [Fn. 45], S. 69.

entscheidend, dass sowohl bei der Admiralität als auch bei der Regierung eine gewaltige Fehleinschätzung der Dimensionen des Polarmeers und des Nordpazifiks vorliegt, denn wie sich die beiden Expeditionen in der Weite des Nordpazifiks finden sollten, wo und in welchem Jahr, wurde im Admiralitätskollegium nicht diskutiert. In der Realität wurde die Krenicyn-Levašov-Expedition so lange in Ochotsk aufgehalten, da sich der Bau der benötigten Schiffe verzögerte, dass sie erst im August 1766 den Hafen von Ochotsk in Richtung Kamčatka verließ. Zu dem Zeitpunkt kehrte Čičagov gerade wieder von der zweiten Expedition nach Archangel'sk zurück.[53]
Die Krenicyn-Levašov-Expedition gilt als ähnlich erfolglos wie die Expeditionen unter Čičagov, weil sie ebenfalls keine neuen Entdeckungen vorweisen konnte. Petr K. Krenicyn (gest. 1770), der Leiter der Expedition, erlitt vor Bol'šereck auf Kamčatka Schiffbruch, weshalb auf der Halbinsel neue Schiffe gebaut werden mussten. Erst 1768 konnte er endlich mit der eigentlichen Expedition in den Nordpazifik beginnen. Die Expedition erreichte die Aleuten, aber da die Mannschaften bereits schwer von Skorbut geschwächt waren, gelang es nicht, die Inseln weiter zu erforschen. Nur Unalaska wurde von Michail D. Levašov (auch Levašev, 1739–ca. 1775) kartographisch erfasst und näher untersucht. Krenicyn starb 1770 auf Kamčatka, woraufhin Levašov die Leitung der Expedition übernehmen musste. 1771 kehrte er nach St. Petersburg zurück, ohne neue Entdeckungen präsentieren zu können.[54]
Genau wie die Expeditionen unter Čičagov wurde diese Expedition geheim gehalten. Westeuropa hatte lange Zeit keine Kenntnis von den Expeditionen. Erst Jahrzehnte später erlaubte Katharina II. Peter Simon Pallas (1741–1811) und dem schottischen Historiker William Robertson (1721–1793), darüber zu berichten.[55]

Die große Ernüchterung: keine eisfreie Passage in Sicht

Mindestens drei Faktoren sind an der Čičagov-Expedition bemerkenswert: Erstens handelte es sich um die erste Expedition in die Arktis überhaupt. Zuvor waren nur Walfänger so weit in die Nähe des Nordpols gekommen. Zweitens stand die Expedition unter strenger Geheimhaltung. Im Unterschied zur späteren Billings-Saryšev-Expedition von 1785–1795 unter Katharina II. drangen tatsächlich keinerlei Neuigkeiten nach Westeuropa. Bis heute ist Čičagovs-Expeditionsbericht auch nicht auf Russisch veröffentlicht worden. Er befindet sich nach wie vor im Marinearchiv. Das dürfte mit ein Grund dafür sein, dass der Bericht in Vergessenheit geriet.[56]

---

53 Glynn Barratt: Russia in Pacific Waters 1715–1825. A Survey of the Origins of Russia's Naval Presence in the North and South Pacific. Vancouver, London 1981, S. 62.

54 Ordubadi, Die Billings-Saryčev-Expedition [Fn. 44], S. 49f.

55 Robertson bedankt sich ausdrücklich bei Katharina II. für die ihm zugänglich gemachten Berichte: William Robertson: The history of America, 3 Volumes, a new Edition, Basel, Tourneisen, Legrand, 1790 (Erstausgabe Dublin 1777), hier vol. 1: Preface S. X, XI. – Peter Simon Pallas: Bericht von der in den Jahren 1768 und 1769 auf allerhöchsten Befehl der rußischen Monarchin unter Anführung des Capitains Krenitzyn und Lieutenants Lewaschef von Kamtschatka nach den neuentdeckten Inseln und bis an Uläska oder das feste Land von America vollbrachten Seereise, in: Nordische Beyträge, 1/1781, S. 249–272. Kurz darauf veröffentlichte Pallas den etwas ausführlicheren Artikel: Nachricht von den russischen Entdeckungen in dem Meer zwischen Asia und Amerika, in: Magazin für die neue Historie und Geographie, 16/1782, S. 235–286.

56 Nach Ordubadi, Die Billings-Saryčev-Expedition [Fn. 44], S. 46 wird der Report im Rossijskij Gosudarstvennij Archiv Voenno-Morskogo Flota (RGAVMF), fond 212, delo 38 aufbewahrt.

Drittens wurde die Expedition von keinem Wissenschaftler begleitet. Zunächst hatte Lomonosov seinen Kollegen S.Ja. Rumovskij, einen Astronomen, mitschicken wollen, aber nachdem es zwischen beiden zum Streit gekommen war, unterrichtete Rumovskij nur vor der Expedition Čičagov und seine Offiziere, die entsprechenden Messinstrumente für die Observationen zu bedienen.[57] Damit war die Expedition vergleichbar mit der ersten Kamčatka-Expedition, die ausschließlich unter militärischer Führung stattfand und deren Hauptzweck nicht in der wissenschaftlichen Erforschung der bereisten Region, sondern in der Entdeckung einer neuen Schiffsroute bestand.

Die fehlende wissenschaftliche Dokumentation der Expedition hat dazu geführt, dass die Rezeption der Čičagov- und der Krenicyn-Levašov-Expeditionen bis heute defizitär ist. Da die russländische Regierung sie damals als Desaster ansah, hatte sie kein Interesse daran, dieses Fiasko öffentlich zu machen. Trotzdem bleibt die Frage, warum sie die Expeditionen von Anfang an geheim hielt.[58] Nur um ein etwaiges Scheitern nicht zugeben zu müssen? Zweifellos war es von Anfang an ein ambitioniertes Projekt mit ungewissem Ausgang. Andererseits war Katharina II. immer bemüht, Russland auch als neue wissenschaftlich bedeutsame Macht zu präsentieren. Praktisch gleichzeitig zu den geheim gehaltenen Expeditionen drängte sie Peter Simon Pallas, den Reisebericht von seiner Expedition durch Sibirien möglichst schnell zu veröffentlichen.[59] Allerdings handelte es sich bei Pallas' Reise um eine Expedition innerhalb der russländischen Grenzen, während die oben genannten Expeditionen die territorialen Grenzen des Russländischen Imperiums überschritten.[60] Trotzdem hatte die russländische Regierung unter Zarin Elisabeth mit Müllers Veröffentlichung der „Nachrichten von Seereisen" bereits mehr Öffentlichkeit gewagt.

Vor allem bleibt festzuhalten, dass die Theorie von einer eisfreien Passage durch die arktischen Gewässer in Russland keine Anhänger mehr fand. Auch in Westeuropa wurde daran Kritik geübt, die erstaunlich aktuell klingt. So heißt es in einer Rezension zu Engels Schriften:

> Allein will der Mensch denn immer die Natur zwingen? Glaubet man denn, ewig ihren Gesetzen widerstreben zu können? Ist es denn weise, Herrschaften und Reichthümer in der Ferne zu suchen, die man um sich herum vernachläßiget? Ist es denn noch nicht genug, daß wir die schönsten Gegenden von Europa und America besitzen, und daß wir einen geraden Weg zum Mittelpuncte der neuen Welt haben? Müssen wir denn noch durch beyde Pole dahin gehen wollen?[61]

---

[57] Usyskin, Vasilij Čičagov [Fn. 45], S. 67.

[58] Martina Winkler betont, dass auch andere Nationen eine strikte Geheimhaltungspolitik betrieben. Winkler, Imagining the Arctic [Fn. 13], S. 92.

[59] Dittmar Dahlmann: Peter Simon Pallas' wissenschaftliches Werk und die Entfaltung der Wissenschaften an der Wende vom 18. zum 19. Jahrhundert, in: Friedrich Wilhelm Graf, Edith Hanke, Barbara Picht (Hg.): Geschichte intellektuell. Theoriegeschichtliche Perspektiven. Tübingen 2015, S. 314–334, hier S. 316.

[60] Winkler, Imagining the Arctic [Fn. 13], S. 92f.

[61] Auszug aus den Reisen und Entdeckungen längst den Küsten des Eismeers, in: Allgemeine Historie der Reisen, Bd. 20. Leipzig 1771, S. 380–395, hier S. 386. Leider ist der Verfasser unbekannt.

Trotz dieser Kritik lebte in Deutschland in den 1870er Jahren noch einmal die Theorie über eine eisfreie Passage über den Nordpol durch den Geographen August Petermann auf.[62]

Es ist unübersehbar, dass die Suche nach einer nördlichen Seeroute immer von der globalen Lage im Überseehandel abhing. Fraglos waren ökonomische Motive für die westeuropäischen Staaten bei der Suche nach einer Passage ausschlaggebend, während sie für das Russländische Reich eine weniger große Rolle spielten. Schließlich hatte Russland eine gemeinsame Grenze mit China und war nicht auf den Seeweg angewiesen.

Gleichzeitig ist das Zusammenwirken von Gelehrten und Entdeckern an all diesen Expeditionen bemerkenswert. Ohne die Einflussnahme von Dee, Plancius, Lomonosov und Engel hätte es möglicherweise keine dieser Expeditionen gegeben. Denn auch Engels Schriften blieben nicht ohne Wirkung: Sie entfachten das Interesse der britischen Regierung an einer erneuten Suche nach der Nordwestpassage, und so wurde 1773 Kapitän Constantine Phipps auf die (erfolglose) Suche danach geschickt.[63]

Was bis heute an diese Zeit und die lebhaften Diskussionen über eine mögliche Passage durch den arktischen Ozean erinnert, sind nicht zuletzt die geographischen Bezeichnungen wie Barentssee oder der unterseeische Lomonosov-Rücken, wo vor einigen Jahren Russland eine Nationalflagge in den Meeresboden rammen ließ und damit weltweit Aufmerksamkeit erregte.

Bildnachweise für die Karten

Herberstein, „Rerum Moscoviticarum commentarii . . .“ Wien 1549. Quelle: Staats- und Universitätsbibliothek Göttingen (Sig. 4 HIST RUSS 180-21).

Willem Barentsz: Deliniatio Cartae Trium Navigationum per Batavos, ad Septentrionalem Plagam, Norvegiae, Moscoviae, et Novae Semblae . . . Amsterdam 1598. Ginsberg, W.B. (Scandinavia) #47, fig. 47.0; TMC 9, S. 10.

J.N. Delisle, Ph. Buache: „Carte des Nouvelles Découvertes au Nord de la Mer du Sud“ 1752 Karte: Quelle: Sammlung Ryhiner, Universitätsbibliothek Bern (Sig. Ryh 130241) [Abbildung in Einschub I]

Gerhard Mercator: Septentrionalium Terrarum descriptio 1595. Quelle: http://libweb5.princeton.edu/visual_materials/maps/websites/northwest-passage/mercator.htm

Michail V. Lomonosov: Trudy po russkoj istorii. Obščestvenno-ėkonomičeskim voprosam i geografii 1747–1765gg. In: Pol'noe sobranie sočinenij. Akademia Nauk SSSR, tom 6. Moskva, Leningrad 1952, S. 425.

---

[62] Philipp Felsch: Wie August Petermann den Nordpol erfand. München 2010. – Ders.: Der arktische Konjunktiv. Auf der Suche nach dem eisfreien Polarmeer, in: OSTEUROPA, 2–3/2011, S. 9–20. Felsch konzentriert sich ganz auf Petermann und die von ihm initiierten Expeditionen unter Koldewey (1868, 1869/1879), Payer und Weyprecht (1872).

[63] Ann Savours: „A very interesting point in geography“: The 1773 Phipps Expedition Towards the North Pole, in: Arctic. Journal of Arctic Institute of North America, 4/1984, S. 402–428, hier S. 422. In Anm. 8, S. 426, ist sogar die Rede von einem geheimen Memorandum von Engel „das von Seiner Majestät mit vielen weiteren Dokumenten gnädig angenommen wurde“. Es befindet sich in den Dartmouth papers, Staffordshire County Record Office, D (W) 1778/III/320.

„Einen bolschewistischen Gruß an die kühnen Eroberer des Nordpols!"
„Es gibt keine Festung, die die Bolschewiki nicht einnehmen können." I. Stalin. 1938

Andreas Renner

Markt, Staat, Propaganda

Der Nördliche Seeweg in Russlands Arktisplänen

Durch den Klimawandel könnte der Nördliche Seeweg zu einer profitablen Verbindung zwischen Atlantik und Pazifik werden. Russland, das schon in der Zarenzeit mit der Erschließung des Polarmeers begonnen hatte, rechnet mit wachsendem Transitverkehr und Güterexport. Der Ausbau der Infrastruktur zur Nutzung des Seewegs und zur Rohstoffausbeutung sind zentrale Projekte in Russlands Arktisstrategie. Gleichzeitig bildet der arktische Ozean eine Projektionsfläche für Moskaus Machtansprüche in der Partnerschaft mit China.

Der kürzeste Seeweg zwischen Westeuropa und Ostasien verläuft durch das Nordpolarmeer. Im letzten Jahrzehnt haben internationale Handelsgesellschaften begonnen, die Route nördlich der eurasischen Küste zu befahren, weil dort der Rückgang des mehrjährigen Eises deutlich schneller voranschreitet als in der Nordwestpassage vor Kanada. Nahezu alle derzeit genutzten Strecken führen größtenteils durch Russlands Ausschließliche Wirtschaftszone, die 200 Seemeilen nördlich der Hoheitsgewässer endet. Moskau besteht in einer engen Auslegung der Rechtslage darauf, die Schifffahrt in diesem Seegebiet zu regulieren. Ungefähr von Anfang Juli bis Ende November ist das eurasische Polarmeer aktuell befahrbar, in der westlichen Hälfte sogar ganzjährig. Der Transitverkehr verschafft Russland Einnahmen und internationalen Einfluss. Noch wichtiger ist aber für das auf Rohstoffexporte angewiesene Land die Erschließung und Vermarktung insbesondere von Rohöl und Erdgas über die arktische Seeroute.[1] Doch deren Bedeutung erklärt sich nicht allein aus ökonomischen Interessen. Als „historisch gewachsene nationale Verkehrsverbindung der Russländischen Föderation"[2] besitzt die Nördliche Seeroute vor den Küsten Sibiriens einen symbolischen Wert. Sie ist mit Erinnerungen an Eroberungen und Entdeckungen sowie mit geopolitischen Ambitionen verknüpft, die in den westeuropäischen Vorstellungen von einem polaren Seeweg nach Asien nicht vorkommen. Von dieser historischen Nordostpassage ist Russlands Nördliche Seeroute der Gegenwart klar zu unterscheiden.

Andreas Renner (1964), Prof. Dr. phil., Historiker, Inhaber des Lehrstuhls für Russland-Asien-Studien an der Ludwig-Maximilians-Universität München

Von ihm erschien in OSTEUROPA: Globale Ikone des Kalten Kriegs? Der Atompilz und die sowjetische Nuklearkultur, in: OE, 6–7/2016, S. 215–236. – Čaadaevs zweiter Ellenbogen. Eine „asiatische Wende" für die Geschichte Russlands? In: OE, 5–6/2015, S. 5–20. – Ein Ort, drei Erinnerungen. Hiroshima aus sowjetischer Sicht, in: OE, 7/2013, S. 139–168.

1 Marlène Laruelle: Russia's Arctic policy. A power strategy and its limits. Paris 2020, S. 13f., 16.

2 Art. 14, FZ ot 31.7.1998 goda 155-FZ „O vnutrennich morskich vodach, territorial'nom more i priležaščej zone Rossijskoj Federacii; geändert durch Art. 2 „O vnesenij izmenenij v otdel'nye zakonodatel'nye akty Rossijskoj Federacii v časti gosudarstvennogo regulirovanija torgovogo moreplavanija v akvatorii Severnogo morskogo puti, Nr. 132-FZ, 28.7.2012.

OSTEUROPA, 70. Jg., 5/2020, S. 39–59 **doi: 10.35998/oe-2020-0029**

Vier Visionen einer Route

März 2020. Während auf einer Tagung in Hamburg Osteuropa-Experten über den Nördlichen Seeweg diskutierten, bereitete sich in Archangel'sk der atomgetriebene Polarfrachter *Sevmorput'* für den Transport von Bauteilen auf die westsibirische Gyda-Halbinsel vor.[3] Auf dieser Halbinsel zwischen den Mündungsregionen von Ob' und Enisej baut *Novatėk*, Russlands größtes Öl- und Gasunternehmen, ein zweites Flüssiggas-Terminal in der Region, doppelt so groß wie das erst vor wenigen Monaten geöffnete in Sabetta. Die Gyda-Halbinsel soll jährlich bis zu 40 Millionen Tonnen verflüssigtes sibirisches Erdgas, auf ein Sechshundertstel seines Volumens komprimiert, nach Europa und Asien liefern. Die Produktion von Flüssiggas (Liquefied Natural Gas, LNG) hat auf der Nördlichen Seeroute schon jetzt zu einer Verdreifachung des Gütertransports seit 2017 geführt; von den 31 Millionen verschifften Tonnen im Jahr 2019 machte Flüssiggas etwa ein Drittel aus. In einer Verordnung verkündete Präsident Vladimir Putin am 8. Mai 2018, dass im Jahr 2024 das Transportvolumen 80 Millionen Tonnen betragen werde.[4] Diese Vorgabe ist so ehrgeizig wie umstritten,[5] doch hat sie der Nördlichen Seeroute so viel Aufmerksamkeit beschert wie zuletzt in den 1930er Jahren.

In den letzten zwei Jahrzehnten flossen Milliarden Dollar nicht nur in die Förderung von fossilen Rohstoffen, sondern auch in die maritime Infrastruktur der Arktis (Häfen, Eisbrecher, Kommunikations- und Rettungssysteme). Als Lebensader von globaler Bedeutung soll eine modernisierte Nördliche Seeroute nicht nur die Exportwirtschaft prosperieren lassen, sondern Wohlstand und Lebensqualität in der russländischen Arktis signifikant verbessern. Auch diese Vision ist Chefsache: Abermals per Erlass verfügte Putin am 5. März 2020, dass sie bis zum Jahr 2035 zu verwirklichen sei.[6] Die Nördliche Seeroute werde ganzjährig den Zugang zu den Rohstoffen des Nordens ermöglichen, ausländische Investitionen anziehen und die arktischen Häfen Russlands zu Knotenpunkten des Welthandels machen. Von solchen Wirtschaftsnetzen hatten sibirische Handelshäuser und ihre Geschäftspartner in Europa schon in der ausgehenden Zarenzeit geträumt und auch erste Verbindungen geknüpft.[7] Ein gutes Jahrhundert später nehmen diese Ideen konkrete Gestalt an.

---

3 Meere als Raum von Kooperation und Konflikt. Jahrestagung der DGO, 5.–6.3.2020, Hamburg. – Snova dlja Arktik SNG-2. Atomnyj kontejnerovoz Sevmorput' vstal pod pogruzku v morskom portu Archangel'sk. Neftegaz.ru, 5.3.2020.

4 Ukaz prezidenta Rossijskoj Federacii: O nacional'nych celjach i strategičeskich zadačach razvitija Rossijskoj Federacii na period do 2024 goda, 7.5.2018, Art. 15a, <www.static.kremlin.ru/media/acts/files/0001201805070038.pdf>. – Ob"em gruzoperevozok po Sevmorputi uveličilsja na 56,7 % v 2019 godu, 21.2.2020. Tass, 21.2.2020. – Atle Staalesen: New Arctic terminal will be built twice bigger than planned. The Barents Observer, 16.4.2020.

5 Atle Staalesen: Russian Arctic shipping could follow this new route. The Barents Observer, 19.5.2020. – Sčetnaja palata Rossijskoj Federacii: Otčet o promežutočnych rezul'tatach ėkspertno-analitičeskogo meroprijatija „Monitoring choda realizacii meroprijatij Kompleksnogo plana modernizacii i rasširenija magistral'noj infrastruktury na period do 2024 goda". Moskva 2020, <http://audit.gov.ru/en/audit-national/9508>, S. 14.

6 Plenary session of the International Arctic Forum in Petersburg, Speech by Vladimir Putin, 9.4.2019, <www.en.kremlin.ru/events/president/news/60250>. – Vladimir Putin podpisal Ukaz „Ob osnovach gosudarstvennoj politiki Rossijskoj Federacii v Arktike na period do 2035 goda, 5.3.2020, <www.kremlin.ru/acts/news/62947>, I, Art. 5.

7 Vladimir Turbin: Morskoj poljarnyj put' v Sibir' i ego značenie dlja ėkonomičeskogo i kul'turnogo razvitija kraja. Sankt Petersburg 1891. – Dmitrij M. Pinchenson: Problema Severnogo morskogo puti v ėpochu kapitalizma. Leningrad 1962, S. 61–88, 377–425.

September 2009. In Europa, das Gas traditionell über Pipelines bezieht, blieben Russlands arktische Ambitionen im global wachsenden LNG-Handel weitgehend unbeachtet. Größere Aufmerksamkeit fand hingegen vor gut einem Jahrzehnt eine südkoreanische Lieferung von Kraftwerk-Komponenten in den Öl-Hafen Novyj Port im Ob'-Busen. Zwei Schwergutfrachter der Bremer *Beluga*-Reederei hatten die Ladung nicht wie üblich durch den Suez-Kanal, sondern über die Nördliche Seeroute transportiert. „Nord-Ost-Passage geglückt. *Beluga*-Frachter bezwingt Eismeer vor Sibirien" – triumphierte die *Bild*-Zeitung. Die Schiffe hätten etwa 3000 Seemeilen und 600 000 Dollar Kosten eingespart und einen neuen Handelsweg zwischen dem atlantischen und dem pazifischen Wirtschaftsraum erschlossen. Der Warenverkehr der Zukunft werde durch das zunehmend eisfreie Polarmeer laufen.[8] Tatsächlich wuchs der arktische Transithandel seitdem um ein Vielfaches; zeitweilig machte er ein Drittel des gesamten Frachtvolumens auf dem Nördlichen Seeweg aus (Tabelle 1).

Tabelle 1: Frachtvolumen auf dem Nördlichen Seeweg

Jahr	Frachtvolumen in Mio. Tonnen	davon Transit in Mio. t.	(in Prozent)	Transitpassagen Anzahl
1987	6,58			
1992	3,91			12
1997	1,95			2
1998	1,46			k.A.
2003	1,70			k.A.
2008	2,22			3
2009	1,80			5
2010	2,09	0,11	5,3	10
2011	3,23	0,82	25,5	41
2012	3,75	1,26	33,6	46
2013	3,91	1,18	30,1	71
2014	3,99	0,28	6,9	31
2015	5,41	0,04	0,7	18
2016	7,27	0,22	3,0	19
2017	9,93	0,19	2,0	27
2018	20,18	0,49	2,4	27
2019	31,53	0,70	2,2	37

Quellen: Edinaja meževedomstvennaja informacionno-statističeskaja sistema. Ob"em perevozok gruzov v akvatorii Servernogo morskogo puti, <www.fedstat.ru/indicator/51479>. – Centre for High North Logistics, <www.arctic-lio.com/category/statistics>.

[8] Nord-Ost-Passage geglückt. Beluga-Frachter bezwingt Eismeer vor Sibirien. Bild, 16.9.2009, – German ships successfully make „Arctic Passage". Reuters, 10.9.2009.

Erstbezwinger: Der 1909 vom Stapel gelaufene eisverstärkte Dampfer „A. Sibirjakov"

Einzelstück: Der seit 1988 eingesetzte atomgetriebene Frachter „Sevmorput'"

Eine Nordostpassage nach Asien hatten europäische Kaufleute gesucht, seit Christoph Kolumbus den Seeweg nach Indien verfehlt hatte. Endlich schien diese alte Seefahrer-Legende aus der Frühzeit der Globalisierung Wirklichkeit zu werden

Dass dieser Traum durch den Klimawandel Realität werden könnte, prägt die westliche Wahrnehmung der arktischen Schifffahrt.[9] Doch nach den euphorischen Erwartungen im Jahr 2009 machte sich zunehmend Ernüchterung breit. Denn ein genauerer Blick auf die Zahlen lieferte einige Erkenntnisse: Zum einen setzte das Transitwachstum auf einem sehr niedrigen Niveau ein. Schon wenige Transporte bewirkten eine sprunghafte prozentuale Steigerung. Zum anderen bedeutet der Rückgang des mehrjährigen Eises noch lange nicht, dass sich die Nördliche Seeroute in eine normale Schifffahrtsroute verwandelt, die ohne Eisbrecher befahren werden könnte. Neben Treibeis verursachen Nebel und gefrierender Regen, Dunkelheit und Untiefen hohe Kosten für eine arktistaugliche Ausstattung der Schiffe sowie für Versicherungen.[10] Drittens wiegen die Entwicklung des internationalen Frachtgeschäfts und die administrativen Zugangshürden zum Nördlichen Seeweg schwerer als der Klimawandel. Trotz der fortschreitenden Erwärmung der Arktis brach der Transitverkehr 2014/15 um 75 Prozent ein – eine Folge der fallenden Weltmarktpreise insbesondere für Rohstoffe. Sie reduzierten die Gewinnmargen für die kleineren, polarmeertauglichen Handelsschiffe viel stärker als für die immer größeren Containerschiffe auf den anderen Ozeanrouten.[11] Weil immer mehr chinesische Handelsschiffe die Nördliche Seeroute befahren, steigen zwar inzwischen die Transit-Zahlen wieder, aber sie liegen trotzdem noch fast 50 Prozent unter den 71 Passagen aus dem Rekordjahr von 2013 (Tabelle 1). Mit dem Suezkanal kann sich die Nördliche Seeroute ohnehin nicht einmal ansatzweise messen; diese Wasserstraße zwischen Mittelmeer und Rotem Meer durchfuhren im Jahr 2019 fast 52 Schiffe – jeden Tag, insgesamt 18 880.[12]

Oktober 1932. Anders als es die *Bild*-Zeitung nahe legte, war die Nordostpassage nicht erst im Jahr 2009 bezwungen worden, sondern 75 Jahre eher, als vom Klimawandel noch keine Rede war. Als der sowjetische Eisbrecher *Aleksandr Sibirjakov* im Herbst 1932 in Yokohama anlegte, hatte er als erstes Schiff ohne Überwinterung das eurasische Eismeer durchquert. Noch im Dezember des gleichen Jahres wurde die Nördliche Seeroute als Binnenschifffahrtsstraße zwischen Weißem Meer und Beringstraße ins Leben gerufen und der „Hauptverwaltung Nördlicher Seeweg" unterstellt. Im Stalinismus war die Nördliche Seeroute aber nicht einfach ein Seeweg, sondern ein Großprojekt der brutalen Industrialisierung und Propaganda. Seit dem zweiten Fünfjahresplan (1933–1937)

---

9 Hans-Joachim Viecens: Eis, Sturm und Sonne. Die Eroberung der Erde. Remscheid 2014, S. 222–230. – Kristina Küntzel-Witt: „Mythos Nordostpassage": Der Traum vom kurzen Weg nach China, in: Friedrich Edelmayer, Gerhard Pfeisinger (Hg.): Ozeane. Mythen, Interaktionen und Konflikte. Münster 2017, S. 203–232.

10 Oil Companies International Marine Forum (Hg.): Northern Sea Route Navigation. Best Practices and Challenges. London 2017.

11 Frédéric Lasserre: Arctic Shipping: A contrasted expansion of a largely destinational market, in: Matthias Finger, Lassi Heininen (Hg.): The global Arctic handbook. Cham 2019, S. 83–100, hier S. 95–98.

12 Claes L. Ragner: Northern Sea Route Cargo Flows and Infrastructure. Present State and Future Potential. Fridtjof Nansen Institute Report 13. Lysaker 2000, S. 14f. – Suez Canal Authority: Yearly Statistics, <www.suezcanal.gov.eg/English/Navigation/Pages/NavigationStatistics.aspx>.

diente der Nördliche Seeweg dem Sowjetregime als Beweis für die Fähigkeit sowjetischer Wissenschaft und Technik, die zum Feind erklärte polare Natur zu unterwerfen.[13] Auch wenn diese Vision in der Nachkriegszeit verblasste – die Nördliche Seeroute entwickelte sich ab den 1950er Jahren tatsächlich zur wichtigsten Versorgungsachse für die Wirtschafts-, Forschungs- und Militärstandorte im sowjetischen Norden. Schon im Zweiten Weltkrieg war sie ein arktisches Pendant zur (ungleich wichtigeren) transsibirischen Eisenbahn, mit der sie über die sibirischen Ströme zu einem grobmaschigen Infrastrukturnetz verbunden war. Das Transportvolumen auf der Nördlichen Seeroute wuchs stetig von 0,13 Millionen Tonnen im Jahr 1933 auf 6,58 Millionen Tonnen im Jahr 1987. Atomgetriebene Eisbrecher verlängerten die jährliche Navigationsperiode von wenigen Wochen auf mehrere Monate, die Strecke von Murmansk nach Dudinka am Enisej war ab den späten 1970er Jahren ganzjährig befahrbar. Ausländischen Schiffen blieb der Korridor allerdings nahezu vollständig verschlossen, nicht zuletzt, weil dort die submarine Nuklearstreitmacht der UdSSR in Bereitschaft lag.[14]

Oktober 1987. Genau 55 Jahre nach der *Sibirjakov*-Expedition verkündete der Generalsekretär der KPdSU Michail Gorbačev in Murmansk eine Vision. Es sei Zeit, die Politik der Abrüstung und Öffnung gegenüber dem Westen auf die Arktis auszudehnen.[15] In der *Perestrojka* wurde auch die Nördliche Seeroute als Handelsweg neu konzipiert. Ausländische Schiffe durften sie seit dem Sommer 1990 befahren.[16] Hinter dieser Wende stand die Hoffnung, mit Hilfe wissenschaftlich-technischer Kooperationen die erdrückend hohen Kosten der militärischen und zivilen Präsenz in der Arktis zu senken und zugleich die internationalen Wirtschaftsbeziehungen der UdSSR auszubauen. Doch das Kalkül ging nicht auf. Der Wegfall staatlicher Subventionen und die Transformationskrise der 1990er Jahre ließen die Infrastruktur in der sowjetischen oder bald russländischen Arktis kollabieren. Hafenanlagen verfielen, Schiffe wurden verschrottet und verkauft, Militäranlagen geschlossen. Fachkräfte wanderten in andere Regionen ab. Danach brach der Handelsverkehr bis zur Rubelkrise von 1998 um fast 80 Prozent ein (Tabelle 1). Unter diesen Umständen scheuten ausländische Reeder erst recht die Kosten und Risiken der polaren Schifffahrt. Kaum ein Schiff wagte die Passage.[17]

Die vier skizzierten Perspektiven auf die Entwicklung des Nördlichen Seewegs lassen drei unterschiedliche Definitionen dieser Seestrecke erkennen. Die älteste, die zunächst nur vermutete Nordostpassage zu den Reichtümern Asiens, ist in Westeuropa die bekannteste. Sie nahm in der späten Zarenzeit unter der Bezeichnung „Nördliche Seeroute" erstmals Gestalt an. Nach der Hydrographischen Expedition von 1910–1915

---

[13] John MacCannon: Red Arctic. Polar Exploration and the Myth of the North in the Soviet Union. 1932–1939. Oxford 1998, S. 33–61.

[14] Aleksandr Dmitriev, Jurij Gorbunov, Vladimir Sokolov: Istorija moreplavanija na trasse Severnogo morskogo puti v XX i načale XXI veka. V trech tomach. Tom II: Značitel'nye uspechi i razvitii narodnogo chozjajstva Krajnego Severa i moreplavanii po trasse Severnogo morskogo puti v period s 1968g. po 1987g. Sankt Peterburg 2015. – Willy Østreng, Lawson W. Brigham: The Natural and Societal Challenges of the Northern Sea Route. A Reference Work. Dordrecht, Boston 1999, S. 15–30.

[15] Kristian Åtland: Mikhail Gorbachev, the Murmansk Initiative, and the Desecuritization of Interstate-Relations in the Arctic, in: Cooperation and Conflict, 3/2008, S. 289–311.

[16] Rules for Navigation on the Seaways of the Northern Sea Route (14.9.1990), in: Paul A. Berkman, Alexander N. Vylegzhanin, Oran R. Young (Hg.): Baseline of Russian Arctic Laws. Cham 2019, S. 225–235.

[17] Aleksandr I. Arikajnen: Sudochodstvo v l'dach Arktiki. Moskau 1990. – Ola M. Johannessen u.a.: Application of SAR for ice navigation in the Northern Sea Route, in: Dies. (Hg.): Remote sensing of Sea Ice in the Northern Sea Route. Berlin 2007, S. 323–396, hier S. 325–332.

schlug sie sich auch auf modernen Seekarten nieder. Doch nordrussischen und westeuropäischen Kaufleuten ging es schon damals um die gemeinsame Erschließung des Seewegs zu den Reichtümern Sibiriens.[18] Ab 1932 bedeutete in der Sowjetunion dagegen die Bezeichnung „Nördliche Seeroute“ schlicht alle Gewässer zwischen dem Nordpol und der arktischen Küste der UdSSR. Im Rahmen des Aufbaus und der Verteidigung des Sozialismus in einem Land war die Nördliche Seeroute das Rückgrat für die Industrialisierung, Urbanisierung und Militarisierung des Nordens. Erst unter Gorbačev kehrten die vorrevolutionäre Idee des Transits und damit auch die Suche nach ausländischen Investoren und Handelspartnern zurück.

Seit 1990 ist der Nördliche Seeweg ein rechtlich klar demarkiertes Teilstück der vage definierten Nordostpassage,[19] auch wenn beide im allgemeinen (nicht-russischen) Sprachgebrauch weiterhin synonym verwendet werden, als Abgrenzung zur südlichen Seeroute durch den Suezkanal. Die Nördliche Seeroute beginnt im Westen hinter Novaja Zemlja und Franz-Josef-Land und endet im Osten in der Beringstraße, im Nordpolarmeer fällt ihre Grenze mit der von Russlands Ausschließlicher Wirtschaftszone zusammen.[20] Die Nördliche Seeroute stellt, ungeachtet ihres Namens, keine exakte Schifffahrtsroute dar, sondern einen Raum möglicher Strecken. Seit 2012 verwaltet die föderale Behörde *Administracija Severnogo Morskogo Puti* in Moskau den gesamten Schiffsverkehr in dem Seegebiet.[21] Ausländische Reedereien akzeptieren dieses faktische Monopol. Im Gespräch ist derzeit, die Nördliche Seeroute auf das gesamte Seegebiet zwischen Murmansk und Kamčatka auszuweiten. Das hätte den Vorteil, im Jahr 2024 mehr transportierte Güter in die Statistik aufnehmen und so die von Putin gesetzte Zielmarke von 80 Millionen Tonnen leichter erreichen zu können.

Auch wenn die Nördliche Seeroute gegenwärtig kürzer ausfällt als ihr sowjetisches Pendant, wird sie mit nicht weniger Ehrgeiz und weiterreichenden Ambitionen entwickelt. Ökonomische und geopolitische Motive aus der Zaren- und Sowjetzeit gehen eine Synthese mit global- und umweltpolitischen Zielen des 21. Jahrhunderts ein.

Geschichte einer Zukunftsstrategie

Russland ist seit fast vier Jahrhunderten das Land mit der längsten arktischen Küste. Anders als die West-, Süd- und Ostgrenzen des Zarenreichs stellte das Polarmeer eine feste und weitgehend konfliktfreie Grenzregion dar, aber auch eine mit wenigen Ressourcen und Untertanen. Entsprechend spärlich ist diese Seite der Geschichte Russlands erforscht. Die Nördliche Seeroute hat eine doppelte historische Bedeutung. Zum einen

---

18 German Gebel’: K voprosu o severnom morskom puti meždu okeanaimi Atlantičeskom i Tichim. Sankt Petersburg 1909. – Julij M. Šokal’skij: Morskoj put’ v Sibir’. Sankt Petersburg 1893. – L.M. Starokadomskiy, William Barr: Charting the Russian Northern Sea Route. The Arctic Ocean Hydrographic Expedition 1910–1915. Montréal 2000.

19 Pravila plavanija po trassam SMP (utv. Ministerstvom morskogo flota SSSR 14.9.1990). <https://pandia.ru/text/80/156/32367.php>. 1989 wurde der Nördliche Seeweg als Teilstrecke von Novaja Zemlja bis zur Beringstraße definiert: Prejsukrant N. 11-01. Tarify na perevozy gruzov morskim transportom v kabotažnom plavanii (utv. postanovleniem Goskomcen SSSR, 27.3.1989, <www.consultant.ru/cons/cgi/online.cgi? req=doc&base=ESU&n=7097#09646358259977699>.

20 Siehe dazu die Karte in Einschub I in diesem Band.

21 Administracija Severnogo Morskogo Puti, Northern Sea Route Administration, <www.nsra.ru>.

spielte sie zumindest eine Nebenrolle in der Eroberung Sibiriens und mehr noch im Diskurs über Russland als Schlüsselmacht zwischen Europa und Asien, der bis ins 18. Jahrhundert zurückgeht. Zum anderen sind es historische Argumente, die Moskaus Monopolanspruch auf die Verwaltung der Nördlichen Seeroute stützen. Schließlich, so die Moskauer Lesart, hätten russische und sowjetische Seefahrer die Gewässer entdeckt, benannt und kontinuierlich genutzt, ohne dass andere Länder dem widersprochen hätten.[22]
Die offizielle Bezeichnung des Nördlichen Seewegs als „historisch gewachsene nationale Verkehrsverbindung"[23] mag harmlos klingen, als international verbindliche Definition hätte sie erhebliche Folgen. Denn historische Gewässer sind seerechtlich den Territorialgewässern eines Küstenstaates gleichgestellt. Selbst wenn sie außerhalb seiner Zwölfmeilenzone liegen, gehören sie zum Hoheitsgebiet des jeweiligen Staates. Russland hat zwar keine Schritte unternommen, um die teils weit vor seinen Küsten verlaufende Nördliche Seeroute über internationale Abkommen als historische Gewässer einstufen zu lassen; ohnehin ist ein solcher Status bislang nur Buchten, Archipelgewässern oder Meeresstraßen zugesprochen worden.[24] Die Überlegungen des sowjetischen Juristen Semen Vyšnepol'skij, ganze Arktismeere wie die Karasee als historische Buchten zu definieren, sind nicht über das Entwurfsstadium hinausgekommen. Doch einzelne Abschnitte der Nördlichen Seeroute wie die Vil'kickij-, Šokal'skij-, Sannikov- und Laptevstraßen sind mit Verweis auf Russlands Geschichte als Territorialgewässer klassifiziert und werden de facto bis heute auch als solche anerkannt.[25]
Für diese Interpretation bieten historische Normen und Praktiken mehrere Anknüpfungspunkte. Die englische und später holländische Erforschung des Polarmeers im 16. und frühen 17. Jahrhundert ließ nicht nur Russlands Fernhandel über Archangel'sk aufblühen. Den Zaren in Moskau blieb auch das eigentliche Motiv der fremden Seefahrer nicht verborgen: die Suche nach der Nordostpassage. Sie untersagten kurzerhand ausländischen Schiffen die Weiterfahrt Richtung Novaja Zemlja – und versuchten gleichzeitig selbst, wenn auch auf dem Landweg, erste Handelskontakte nach China zu knüpfen. Hinter diesem Verbot stand die Angst vor ausländischen Stützpunkten an der Nordküste Sibiriens, das damals erst von Russland erobert wurde, beziehungsweise entlang der sibirischen Flüsse, die mutmaßlich nach China führten.[26] Letztlich stellte der Eisgang in der Karasee eine effektivere Barriere für europäische Entdecker dar als die wiederholten Erlasse aus Moskau. Aber diese Zaren-Ukaze sind die älteste Rechtsquelle unter einer ganzen Reihe von normativen Dokumenten, auf die Russland heute seine Rechtsansprüche

---

[22] Ivan Bunik: Meždunarodno-pravovye osnovanija regulirovanija Rossiej sudochodstva po Severnomu morskomu puti. Moskau 2007.

[23] O vnutrennich morskich vodach [Fn. 2].

[24] Thijs Duyzings: Der Nördliche Seeweg. Russlands Schifffahrtsregeln und das Völkerrecht, in: OSTEUROPA, 2–3/2011, S. 101–112. – Donat Pharand: Historic Waters in International Law with Special Reference to the Arctic, in: The University of Toronto Law Journal, 21/1971, S. 1–14, hier S. 2. – Sean Fahey: Access Control: Freedom of the Seas in the Arctic and the Russian Northern Sea Route Regime, in: Harvard National Security Journal, 9/2018, S. 154–200, hier S. 171.

[25] Semen A. Vyšnepol'skij: K probleme pravovogo režima Arktičeskoj oblasti, in: Sovetskoe gosudarstvo i parvo, 7/1952, S. 36–45. – Pier Horensma: The Soviet Arctic. London, New York 1991, S. 81–84. – Leonid Timchenko: The Northern Sea Route: Russian Management and Jurisdiction over Navigation in Arctic Seas, in: Alex Oude Elferink, Donald Rothwell (Hg.): The law of the sea and polar maritime delimitation and jurisdiction. Hague 2001, S. 269–293, hier S. 275–281.

[26] Andreas Renner: Mangazeja: Goldsprudel an der Nordost-Passage, in: Helena Holzberger, Andreas Renner, Sören Urbansky (Hg.): Russlands Orte in Asien. Berlin 2021 [im Erscheinen].

gründet.[27] Sie erklären vielleicht auch, warum die Nördliche Seeroute aus russländischer Sicht erst östlich von Novaja Zemlja beginnt.

Als zweite Säule der rechtshistorischen Argumentation dient die ständige und unwidersprochene Nutzung der polaren Gewässer. Die „Abenteurer-Unternehmer", die im 17. Jahrhundert Sibirien auf der Jagd nach Pelzen für die Zaren eroberten, drangen zwar hauptsächlich entlang der großen Flüsse durch den Subkontinent, aber die arktische Küste diente durchaus als Querverbindung. Die erste dokumentierte Umsegelung der Nordostspitze Asiens durch den Kosaken Semen Dežnev (1648) ist nur die bekannteste dieser Unternehmungen. Hinzu kam später die küstennahe Schifffahrt von Jägern, Kaufleuten und Polarforschern.[28] Seit dem 18. Jahrhundert waren einige dieser Expeditionen in globalökonomische Zukunftsentwürfe eingebunden. Einer der weniger bekannten – und einer der vielen unverwirklichten – Träume von Zar Peter dem Großen war die Verwandlung der Nordostpassage in einen von Russland kontrollierten Handelsweg. Auf Drängen Peters erfolgte in den 1730er Jahren die erste Kartographierung fast der gesamten eurasischen Küste. Diese überaus aufwändige Expedition bewies allerdings vor allem, dass größere Schiffe das Eismeer nur mit erheblichem Aufwand und Glück befahren konnten.[29]

Dennoch lebte die Idee von Russland als polarer Drehscheibe zwischen Ost und West fort. Es waren nordrussische Kaufleute, die immer wieder den Seeweg von Europa nach Sibirien erprobten und auch seine Verlängerung nach Ostasien im Blick behielten. Der Reeder Wilhelm Brandt aus Archangel'sk erhielt 1832 sogar ein Handelsmonopol für die arktische Direktroute zu Russlands Kolonie in Nordamerika; er konnte diesen Plan mit den damaligen Möglichkeiten aber nicht verwirklichen. Später unterstützten sibirische Händler finanziell und öffentlichkeitswirksam sowohl die erste Durchquerung der Nordostpassage durch Adolf Erik Nordenskjöld 1878/79 als auch die Polarmeer- und Sibirien-Expedition von Fridtjof Nansen 1913. Die beiden prominenten Forscher reisten nicht zufällig jeweils in den Anfangsjahren eines sibirischen Wirtschaftsbooms, der sich an steigenden Frachtraten zwischen dem Enisej und Nordeuropa ablesen ließ.[30]

Während des Russisch-Japanischen Kriegs von 1904/05 entdeckten Marineoffiziere den Nördlichen Seeweg als potenzielle Abkürzung zum fernöstlichen Kriegsschauplatz.[31] Selbst im Sommer war die weitgehend nicht kartierte Strecke aufgrund von Treibeis für eine Schlachtflotte völlig ungeeignet. Doch nach dem Krieg beschloss die Admiralität den Bau von Eisbrechern. Erst sie machten die Hydrographische Expedition von 1910–1915 überhaupt möglich. Deren Ergebnisse, insbesondere die spektakuläre Entdeckung

---

[27] Aleksandr Vylegžagin: Meždunarodno-pravovye osnovy nedropol'zovanija. Moskau 2007, S. 121f. – Ders.: Meždunarodno-pravovaja kvalifikacja morskich rajonov v kačestve istoričeskich vod (teorija i praktika gosudarstv). Moskau 2012, S. 48f.

[28] Michail Belov: Arktičeskoe moreplavanie s drevnejšich vremen do serediny XIX veka. Leningrad 1956.

[29] Martina Winkler: Imagining the Arctic, the Russian Way: Concepts and Projects for the Arctic Ocean in the Eighteenth Century, in: New Global Studies, 2/2013, S. 73–100.

[30] Delo ob organizacii ėkspedicii dlja issledovanija morskogo torgovogo puti ot beregov Novoj zemli i do ust'ja Eniseja, 1832–33, in: Rossijskij Gosudarstvennyj Istoričeskij Archiv, fond 18, opis' 5, delo 1452. – Pamjati Michaila Konstantinoviča Sidorova. Sredi l'dach v mrake poljarnoj noči. Moskau 1889. – Jonas Lied: Sibirisches Abenteuer. München 1953, S. 64–73.

[31] Leonid Brejtfus: Morskoj Sibirskij put' na Dal'nij Vostok. Kratkaja istorija plavanij Karskim morem i Sibirskim Ledovitym okeanom. Doklakd, čitannyj 19 marta 1904 g. v obščem sobranii Imperatorskogo Obščestva sudochodstva. Sankt Peterburg 1904, S. 19–22.

„375 Jahre Entdeckung der Meerenge zwischen Asien und Amerika. Der russische Seefahrer und Entdecker S.I. Dežnev." Sowjetische Postkarte aus dem Jahr 1966

„Der Eroberungszug Semën Dežnëvs". Aus dem Buch V. Bachrevskij: Semen Dežnev. Moskva 1984. Die Karte zeigt den Nordostausläufer Sibiriens mit dem Fluss Kolyma, der Tschuktschensee, der Tschuktschen-Halbinsel, dem Beringmeer und dem Fluss Anadyr.

von Severnaja Zemlja (1913), verstärkte in Regierung und Öffentlichkeit das (sicherheits-)politische Interesse am Polarmeer und seinen Inseln, von denen einige, wie etwa Teile des Wrangel-Archipels, auch von Russlands arktischen Nachbarn beansprucht wurden. Im Kriegsjahr 1916 verkündete die zarische Regierung offiziell ihren Souveränitätsanspruch auf alle Inseln vor Russlands Nordküste. Diesen Beschluss präzisierte die UdSSR zehn Jahre später und erklärte, dem Beispiel Kanadas folgend, zusätzlich alle noch nicht entdeckten Inseln in einem tortenförmigen Sektor zwischen der sowjetischen Nordküste und dem Pol zu ihrem Territorium. Auf diese Weise geriet 1926 auch Franz-Josef-Land, der nördlichste Landpunkt auf dem Nördlichen Seeweg, unter sowjetische Herrschaft.[32]

Die UdSSR beanspruchte ihr „polares Tortenstück" nicht explizit als Hoheitsgewässer. Die Grenzen zu Norwegen und den USA blieben bis ins 21. Jahrhundert ebenso umstritten wie der territoriale Status von Packeis oder das Durchfahrtrecht für ausländische Schiffe. Faktisch war der sowjetische Arktissektor eine einseitig erklärte militärische und ökonomische Interessenszone, in der auch die Erschließung des Nördlichen Seewegs erfolgte. Seine jahrzehntelange Nutzung allein durch sowjetische Schiffe diente Moskau dann wiederum als Begründung, um insbesondere die Meeresstraßen zwischen dem Festland und den sowjetischen Arktisinseln als Hoheitsgewässer zu deklarieren. Auf dieser Grundlage verweigerte Moskau US-Schiffen wiederholt die Durchfahrt durch arktische Meeresstraßen oder bot ihnen und Schiffen aus anderen Staaten 1967 die Befahrung der Nördlichen Seeroute gegen Bezahlung an. Das Angebot blieb ohne Nachfrage – schon aus Angst, auf diese Weise die sowjetische Position indirekt anzuerkennen.[33]

Mit dem Inkrafttreten des dritten Seerechtsübereinkommens der Vereinten Nationen (SRÜ) im November 1994 (verabschiedet 1982),[34] trat die Vorstellung von nationalen Arktis-Sektoren bis zum Pol in den Hintergrund. Die im Seerechtsübereinkommen definierten Ausschließlichen Wirtschaftszonen stellen die relevante Bezugsgröße für Rechtsansprüche im Nordpolarmeer dar. Mit Ausnahme der USA haben alle Arktisanrainer das Seerechtsübereinkommen ratifiziert. Unter Verweis auf diese Konvention beansprucht Russland die Nördliche Seeroute als historisches Seegebiet und damit weiterhin als arktische Interessensphäre.[35] Dies geschieht nicht mehr in markigen Souveränitätsbekundungen, sondern durch internationale Diplomatie. So erlaubt Artikel 76 des Seerechtsübereinkommens den Unterzeichnerstaaten auf Antrag und aufgrund nachzuweisender geologischer Bedingungen die exklusive Nutzung des Meeresgrunds in einer Zone, die bis zu 350 Seemeilen über ihre Hoheitsgewässer hinausreichen kann. Eine entsprechende Eingabe Russlands ist bei der UNO anhängig. Sie sieht vor, entlang des unterseeischen Lomonosov-Rückens vor der ostsibirischen Küste Russlands Kontinentalschelf

---

[32] Horensma, The Soviet Arctic [Fn. 255], S. 29f. – Lev M. Savatjugin, Marina V. Dorožkina: Archipelag Zemlja Franca-Iosifa. Istorija, imena i nazvanija. Sankt Peterburg 2012, S. 85–93.

[33] William E. Butler: Northeast Arctic Passage. Alphen 1978, S. 71–74, 82–90. – Willy Østreng, u.a.: Shipping in Arctic Waters. A Comparison of the Northeast, Northwest and Trans Polar Passages. Dordrecht 2013, S. 254–262. –Timchenko, The Northern Sea Route [Fn. 255], S. 279f.

[34] United Nations Convention on the Law of the Sea, 10.12.1982, <www.un.org/Depts/los/ convention_agreements/texts/unclos/unclos_e.pdf>.

[35] Ob osnovach gosudarstvennoj politiki Rossii v Arktike na Period do 2020 goda i dal'nejšuju perspektivu, 18.9.2008, <www.government.ru/info/18359>.

bis zum Nordpol auszudehnen. Dieses Gebiet nähme einen Gutteil des ehemaligen sowjetischen Arktissektors ein.[36] Die dort befindlichen oder vermuteten Rohstoffe stünden Russland zu, doch der Schiffsverkehr in dieser Zone, die weiterhin als Hohe See gälte, bliebe unbeeinträchtigt.

Nach dem Seerechtsübereinkommen darf der angrenzende Küstenstaat den internationalen Schiffsverkehr auch in seiner Ausschließlichen Wirtschaftszone nicht beschränken, wenn auch ihm allein die ökonomische Ausbeutung zusteht. Doch für eisbedeckte Gewässer sieht Artikel 234 aus Sicherheits- und Umweltschutzgründen besondere Regulierungsrechte vor. Dieser Artikel bildet mit dem in der Seerechtskonvention nur marginal behandelten Recht auf historische Gewässer die seerechtliche Grundlage für Russlands Anspruch auf die exklusive Verwaltung der Nördlichen Seeroute. Mit dem Rückgang des arktischen Eises werden die historischen Argumente zukünftig gegenüber Artikel 234 der Seerechtskonvention vermutlich an Bedeutung gewinnen.[37]

Eine nationale und globale Verbindung

Schon heute führen die südlichen und damit die am wenigsten eisgefährdeten Strecken der Nördlichen Seeroute durch Küstenmeere, Archipelgewässer und historische Buchten, die Russland als Hoheitsgewässer beansprucht. Im Einklang mit der Seerechtskonvention – und im Unterschied zur sowjetischen Praxis der 1960er Jahre – gewährt Russland ausländischen Schiffen die friedliche, direkte Durchfahrt. Doch behält es sich wie für alle Hoheitsgewässer das Recht auf eine Regulierung dieser Durchfahrt vor. Demgegenüber bestehen die USA und auch die EU auf dem Recht des freien, das heißt unregulierten und prinzipiell auch unentgeltlichen Transits, wie es standardmäßig in internationalen Meeresstraßen gilt. Als solche zählen regelmäßig genutzte Verbindungen von einem Teil der Hochsee in einen anderen oder durch Ausschließliche Wirtschaftszonen.[38] Gegen den Wunsch nach Unentgeltlichkeit der Passage kann Russland auf Artikel 234 des Seerechtsübereinkommens verweisen, gegen die Definition der Nördlichen Seeroute als internationale Straße darauf, dass die Verbindung vor dem 21. Jahrhundert so gut wie gar nicht international genutzt wurde.[39] Eben deshalb sei sie als nationale historisch nationale Verkehrsverbindung einzustufen.

Dass Russlands politische Führung die nationale Dimension der Nördlichen Seeroute so betont, hat aber nicht nur eine seerechtliche Funktion. Es geht auch um die symbolische und ökonomische Bedeutung dieser Seeroute für das Ziel, Russland wieder als Weltmacht zu etablieren. Dies soll aber gerade nicht wie zu Zeiten der Sowjetunion durch Abschottung des Nördlichen Seewegs gelingen, sondern durch seine Einbettung in die globalisierte Wirtschaft und Verkehrsinfrastruktur unter der Ägide Moskaus. Daher ist die

---

[36] Michael Byers: The Law and Politics of the Lomonosov Ridge, in: Myron Nordquist, John Moore, Ronán Long (Hg.): Challenges of the changing Arctic. Continental shelf, navigation, and fisheries. Leiden, Boston 2016, S. 42–52.

[37] Fahey, Access Control [Fn. 244], S. 164, 176–181.

[38] Michael Byers: International Law and the Arctic. Cambridge 2013, S. 147–149.

[39] Pavel Gudev: The Northern Sea Route: A National or an International Transportation Corridor? 24.9.2018, <www.russiancouncil.ru/en/analytics-and-comments/analytics/the-northern-sea-route-a-national-or-an-international-transportation-corridor>. – Byers, International Law [Fn. 38], S. 131f., 149.

Nördliche Seeroute als „eine auf dem Weltmarkt konkurrenzfähige nationale Transportverbindung" ein Grundmotiv in der Entwicklung der russländischen Arktisstrategie.[40] Die Nördliche Seeroute soll national und global zugleich sein.

Russlands Arktisstrategie ist eine offizielle politische Zielbeschreibung; sie wurde erstmals 2008 vorgelegt. Für das laufende Jahr 2020 ist die Verabschiedung einer neuen Fassung angekündigt.[41] Mit dieser Strategie definiert Russland seine grundlegenden Interessen im Hohen Norden und formuliert mittelfristige Entwicklungsvorgaben in den Bereichen Sicherheit, Wirtschaft und Umweltschutz. Spätestens seit Russland im Jahr 2007 eine Nationalflagge aus Titan auf den Meeresgrund des Nordpols setzte, sind seine Interessen in der Arktis zum Gegenstand politischer Analyse und dauerhafter Spekulation geworden. Zwei gegensätzliche Deutungen lassen sich in der Debatte unterscheiden: Vertreter der ersten Interpretation warnen vor einem neuen Kalten Krieg um die Rohstoffe der Arktis, ja sogar um den Nordpol. Sie sehen Russlands Arktispolitik als Teil der russländischen Macht- oder gar Expansionspolitik.[42]

Tatsächlich geht die wachsende Aufmerksamkeit für die Arktis mit einer stärkeren militärischen Präsenz in der Region einher – Russlands, aber auch der anderen Arktis-Anrainerstaaten, die allesamt NATO-Mitglieder sind. Zumindest mangelt es nicht an Machtdemonstrationen im Polarmeer. Russlands Nordflotte führte im August 2019 westlich vom Nordkap Manöver durch, während britische und amerikanische Verbände im Januar 2020 zum ersten Mal seit den 1980er Jahren wieder den Einsatz in der Barentssee probten.[43] Seit einem Jahrzehnt nimmt Russland nach 1991 geschlossene Militärstandorte wieder in Betrieb und baut neue. Es modernisiert Raketenbasen und die gesamte arktische Flotte. Der internationale Schiffsverkehr und der Rückgang des Packeises haben die Nordgrenze Russlands poröser – aus militärischer Sicht: bedrohter – gemacht. In der aktuellen Militärdoktrin von 2014 bezeichnet Russland die Arktis als Gebiet, in dem es besondere nationale Sicherheitsinteressen hat.[44]

Andere Beobachter betonen den defensiven Charakter der militärischen Aktivitäten und setzen darauf, dass letztlich das wechselseitige Interesse an Handelsbeziehungen und

---

[40] O strategii razvitija Arktičeskoj zony Rossijskoj federacii i obespečenija nacional'noj bezopasnosti na period do 2020 goda, 20.2.2013, <www.government.ru/info/18360>. – Rasporjaženie ot 21 dekabrja 2019 goda № 3120-r. Prinjatye rešenija napravleny na sozdanie infrastrukturnych uslovij dlja dal'nejšego razvitija Severnogo morskogo puti i pribrežnych territorij, <www.government.ru/docs/38714>. – Ob osnovach gosudarsvennoj politiki [Fn. 6], Art. 5d.

[41] Proekt Stratetegii razvitija Arktiki do 2035 goda vnesen Pravitel'stvo RF, 7.5.2020, <www.minvr.ru/press-center/news/24847>. – Marlène Laruelle: Russia's Arctic strategies and the future of the Far North. Armonk, New York 2014. – Pavel Devyatkin: Russia's Arctic Strategy: Aimed at Conflict or Cooperation? 6.2.2018, <www.thearcticinstitute.org/russias-arctic-strategy-aimed-conflict-cooperation-part-one>.

[42] Keir Giles, Mark A. Smith: Russia and the Arctic: the Last Dash North. Shrivenham 2007.

[43] Thomas Nilsen: American flags in the Barents Sea is the „new normal", says defence analyst, 8.5.2020, <www.thebarentsobserver.com/en/security/2020/05/american-flags-new-normal-barents-sea-says-defence-analyst>.

[44] Voennaja doktrina Rossijskoj Federacii, Art. 32. Rossijskaja gazeta, 30.12.2014. – Maria L. Lagutina: Russia's Arctic policy in the twenty-first century. National and international dimensions. Lanham 2019, S. 68–71. – Pavel Baev: Examing the execution of Russian military-security politics and programs in the Arctic, in: Veli-Pekka Tynkkynen, Shin'ichirō Tabata, Daria Gritsenko, Masanori Gotō (Hg.): Russia's Far North. The contested energy frontier. London 2018, S. 113–126.

Kooperation schwerer wiege als das Interesse an Konflikt und Konfrontation.[45] Dieses Urteil stützt sich auf Moskaus konstruktive Politik zum Seerechtsübereinkommen und im Arktischen Rat, dem wichtigsten Forum der arktischen Länder und Völker für alle nichtmilitärischen Fragen. In der Arktis werden etwa 13 Prozent der weltweit noch unentdeckten Ölfelder und 30 Prozent der weltweiten Gasreserven vermutet – ein großer Teil befindet sich aber bereits entweder auf dem Hoheitsgebiet der Russländischen Föderation oder in ihrer Ausschließlichen Wirtschaftszone. Die Nördliche Seeroute bildet den Schlüssel zur Vermarktung dieser Ressourcen. Zu ihrer Erschließung stellen ausländische Partner komplexe Fördertechniken bereit.[46] Zwar verzeichnet Russland auf dem Nördlichen Seeweg durch Eisbrecher, meteorologische Dienste und den wachsenden Arktis-Tourismus einige Einnahmen für die Staatskasse, doch nicht anders als in der Sowjetzeit stellt die Erschließung der Arktis eine hohe finanzielle Belastung dar. Investitionen sind willkommen.[47] So entstand die erste LNG-Anlage auf der Jamal-Halbinsel, das Terminal in Sabetta, als Projekt des Privatunternehmens *Novatėk*. 30 Prozent des investierten Kapitals sowie 80 Prozent der verbauten Technik stammen aus China.[48]
Russlands Zukunftspläne für den Nördlichen Seeweg sind von kostspieligem Geltungsdrang und nüchternen Handelsinteressen geprägt; beide sind nicht klar zu trennen. Der Übergang zwischen ziviler und militärischer Infrastruktur ist fließend. So gehört der Ausbau des Küsten- und Umweltschutzes oder der Funk- und Satellitenüberwachung zu den zentralen Punkten im Modernisierungsprogramm für den Nördlichen Seeweg. Die hochmodernen SU-34 Jagdbomber, die Russlands Luftwaffe im Juli 2019 auf die Kola-Halbinsel verlegte, sind hingegen eher als Signal an die USA zu verstehen. Sie unterstreichen Russlands Präsenz im Nordostatlantik. Diese Stationierung bedient jedoch ebenso wie das gesetzliche Verbot, sibirische Rohstoffe auf fremden Schiffen zu exportieren, xenophobe Reflexe der Öffentlichkeit. Für die bereits unter ausländischer Flagge fahrenden LNG-Tanker von *Novatėk* gilt das Verbot indes nicht.[49] Diese Ausnahmeregelung berührt indes nicht das eigentliche Ziel des Gesetzes, das die Definition der Nördlichen Seeroute als nationales Transportgewässer untermauert.

---

[45] Jørgen Staun: Russia's Strategy in the Arctic. Copenhagen 2015. – Laruelle, Russia's Arctic policy [Fn. 1], S. 11f.

[46] Circum-Arctic Resource Appraisal: Estimates of Undiscovered Oil and Gas North of the Arctic Circle, U.S. Geological Survey Fact Sheet, U.S. Department of the Interior. Washington 2008, <www.pubs.usgs.gov/fs/2008/3049/fs2008-3049.pdf>. – Nikolay Laverov, Vasiliy Bogoyavlensky, Igor Bogoyavlensky: Hydrocarbons of the Arctic Zone of the Russian Federation in the World Oil and Gas Industry, in: The Arctic Herald, 3/2015, S. 46–53.

[47] Stephen Blank: Putin's Arctic Dream Evolving into Nightmare? Eurasia Daily Monitor, 45/2015, <www.jamestown.org/program/putins-arctic-dream-evolving-nightmare>.

[48] Camilla Sørensen, Ekaterina Klimenko: Emerging Chinese-Russian cooperation in the Arctic. Possibilities and constraints. Solna 2017, S. 33.

[49] Sergej Lavrov: RF namerena povyšat' bezopasnost' ispol'zovanija Severnogo morskogo puti, 12.4.2016, <www.tass.ru/politika/3197550>. – Atle Staalesen: Russia establishes new Arctic air squadron to protect its Northern Sea Route, 19.7.2019, <www.thebarentsobserver.com/en/security/2019/07/russia-establishes-new-arctic-air-squadron-protect-its-northern-sea-route>. – Federal'nyj zakon ot 29.12.2017 № 460-FZ „O vnesenii izmenij v Kodeks torgovogo moreplavanija Rossijskoj Federacii i priznanii utrativšimi silu otdel'nych položenij zakonodatel'nych aktov Rossijskoj Federacii, Art. 1, 2, 3, <www.publication.pravo.gov.ru/Document/View/0001201712290076>.

Auch jeder Eisbrecher auf der Nördlichen Seeroute muss die russländische Trikolore führen. Und ohne die Begleitung durch einen Eisbrecher ist Handelsschiffen die Befahrung des Korridors kaum möglich. Um die Voraussetzungen für das von Russlands Führung angestrebte Wachstum des Frachtverkehrs auf dem Nördlichen Seeweg zu verbessern, baut Russland zum ersten Mal seit Jahrzehnten wieder nukleargetriebene Eisbrecher. Seit 2016 sind drei vom Stapel gelaufen: *Arktika*, *Sibir'* und *Ural*; die nächste Generation ist bereits angekündigt. Diese Schiffe ersetzen vier noch aus Sowjetzeiten stammende Atomeisbrecher – und wie diese zu ihrer Zeit stellt auch die neue Flotte ein medienträchtiges Prestigeprojekt dar. Insbesondere mit seinen mehr als 200 Meter langen Eisbrechern der neuen Lider-Klasse (von engl.: leader) unterstreicht Russland sowohl seinen Führungsanspruch in diesem Bereich des Schiffsbaus als auch als arktische Macht generell. Für die Fertigstellung dieser futuristisch anmutenden Eisbrecher hat die Regierung im Januar 2020 Mittel im Wert von weiteren zwei Milliarden Dollar freigegeben. Atomkraft soll wieder eine Schlüsselrolle in der Entwicklung der arktischen Wirtschaft spielen. Bereits Ende 2017 hatte die staatliche Atomenergiebehörde *Rosatom*, die auch für die Entwicklung der nuklearen Eisbrecherflotte zuständig ist, die Verwaltung der Nördlichen Seeroute übernommen.[50]

Es griffe zu kurz, solche Pläne als Nostalgie für sowjetische Großprojekte abzutun oder aus dem Wunsch Putins zu erklären, die als Zeit des Niedergangs empfundenen 1990er Jahre zu kompensieren.[51]

Photoshop fürs Vaterland: der Eisbrecher „Lider" (Führer) – geplanter Stapellauf im Jahr 2027 – in einer Computergraphik

[50] Atle Staalesen: Nuclear icebreaker escorts up 54 %, <www.thebarentsobserver.com/en/arctic/2020/01/icebreaker-escort-54>. – Podpisal zakon o nadelenii „Rosatoma" rjadom polnomočij v oblasti razvitija Severnogo morskogo puti, 28.12.2018, <www.kremlin.ru/acts/news/59539>.

[51] Paul Josephson: The Conquest of the Russian Arctic. Cambridge 2014, S. 1, 346. – Pavel Baev: Russia's Race for the Arctic and the New Geopolitics of the North Pole. Washington 2007, S. 9f.

Zwar gilt die Arktis für Russlands politische Führung wieder als „Frontier“, an der sich Russlands „nationale Idee“ verwirklicht.[52] Der Nördliche Seeweg hat seit seiner Öffnung in der Stalinzeit nicht mehr so viel Beachtung gefunden wie heute, doch der Seeweg ist mehr als ein Signum der Putin-Ära. Trotz der damaligen ökonomischen Krise erforschten Norwegen, Russland und Japan in den 1990er Jahren gemeinsam die Wirtschaftlichkeit der polaren Schifffahrt. Bereits 1996 beschloss die Duma ein föderales Gesetz, in dem die Entwicklung des Nördlichen Seewegs zur Priorität für die Entwicklung der Arktis erklärt wurde.[53] Die heutige Konstellation ist insofern anders, als sich der Klimawandel in einer Situation veränderter internationaler Beziehungen vollzieht und Russland politisch selbstbewusst auftritt und kontinuierlich und massiv in der Arktis investiert. Es geht nicht nur um die symbolische Größe Russlands, sondern auch um seine ökonomische Zukunftsfähigkeit. Der Nördliche Seeweg soll das Land reicher machen.

Der Wirtschaftsaufschwung zu Beginn des 21. Jahrhunderts machte den Nördlichen Seeweg in doppelter Hinsicht attraktiver. Steigende Rohstoffpreise brachten die Strecke als Exportweg in Erinnerung, und der Staat begann, seine neuen Einnahmen in den Wiederaufbau der arktischen Infrastruktur zu investieren. Seitdem fließt Geld nicht nur in militärische Anlagen und spektakuläre Großprojekte wie das LNG-Terminal auf Jamal oder futuristische Atomeisbrecher. Auch konventionelle eismeertaugliche Schiffe werden gebaut, Satellitensysteme gestartet oder Glasfaserkabel zwischen Japan und Europa verlegt. Den 20 arktischen Häfen, von denen bislang nur vier einen Bahnhof besitzen, ist ein enger Anschluss an das nationale und internationale Schienen- und Flugnetz versprochen. Um den wachsenden Energiebedarf entlang der Nördlichen Seeroute zu decken, sollen kleine schwimmende Kernkraftwerke (Leistung 32 MW) zum Einsatz kommen. Ein erstes solches Schiff, die *Akademik Lomonosov*, versorgt seit Mai 2020 Pevek, die nördlichste Siedlung Eurasiens, mit Strom. In Vergessenheit geratene Zentren der Sowjetzeit wie Dikson im Mündungsgebiet des Enisej sollen Drehscheiben des Welthandels werden – im Falle von Dikson für Rohöl und Kohle aus der Pajjacha-Region. Internationale Seenotzentren entstehen entlang der arktischen Küste; Investoren wie *Novatėk* erhalten großzügige Steuervorteile.[54]

---

52 N.Ju. Zamjatina: Rossijskaja Arktika: K novomu ponimaniju processov osvoenija. Moskau 2018, S. 17. – A.N. Piljasov: Rossijskij arktičeskij frontier: Paradoksy razvitija, in: Region: Ėkonomika i sociologija, 3/2018, S. 3–36. – A.A. Sergunin, V.N. Konyshev: Russia in the Arctic. Hard or soft power? Stuttgart 2016, Kapitel 2.

53 Hiromitsu Kitagawa (Hg.): Northern sea route: future & perspective. Tokio 1996. – Douglas Brubaker, Claes Lykke Ragner: A review of the International Northern Sea Route Program (INSROP) – 10 years on, in: Polar Geography, 1–2/2010, S. 15–38. – Art. 3, Federal'nyj zakon ob osnovach gosudarstvennogo regulirovanija social'no-ėkonomičeskogo razvitija Severa Rossijskogo Federacii, 19.6.1996, 78-F3, <www.kremlin.ru/acts/bank/9606>.

54 Arild Moe, Lawson Brigham: Organisation and Management Challenges of Russia's Icebreaker Fleet, in: Svein Rottem, Ida Soltvedt, Geir Hønneland (Hg.): Arctic governance. London 2017, S. 48–68. – Natalija Zerščikova: Modernizacija morskich portov v razvitii arktičeskich kommunikacii, in: Severnyj morskoj put': razvitie kommunikacii v global'noj ėkonomike. Murmansk 2015, S. 36–38. – Utveržden plan razvitija infrastruktury Severnogo morskogo puti do 2035 goda, 30.12.2019, <www.government.ru/docs/38714>.

Drei Ansichten auf Pevek. Oben: Zwei Frachter und ein Eisbrecher sind im Winter 2016/2017 fünf Monate im Eis eingeschlossen. Mitte: Pevek von oben. Unten: Schwimmendes Klein-Atomkraftwerk für die Stromversorgung von Pevek

All diese Maßnahmen sind im föderalen Infrastrukturprogramm „Nördliche Seeroute" gebündelt, das staatliche und mehr noch privatwirtschaftliche Investitionen in die Arktis lenken soll. Ziel ist es, die Nördliche Seeroute als nördlichste Achse eines eurasischen Transportnetzes nicht nur mit der Infrastruktur im Binnenland, sondern auch mit anderen Ländern wie Indien zu verbinden.[55] Damit wird der polare Seeweg zu einem Schlüsselmoment in Moskaus „Wende nach Asien", jenem 2012 offiziell proklamierten geopolitischen Perspektivwechsel, der die Zukunft Russlands im Asien-Pazifik-Raum verortet. Die Nördliche Seeroute soll die Verflechtung mit dieser boomenden Wirtschaftsregion vorantreiben und zur Modernisierung des strukturschwachen Fernen Ostens in der Russländischen Föderation beitragen.[56] Zugleich zeigt aber gerade das Beispiel der Nördlichen Seeroute, dass die gelegentlich als Abwendung von Europa inszenierte Wende ebenso eine Wiederbelebung der Petrinischen Vorstellung von Russland als Drehscheibe zwischen atlantischem und pazifischem Handel ist.

Russlands Wende nach Asien ist zwar explizit auch als Signal an Japan, Südkorea und Indien gedacht, aber sie ist wie auch die Verwirklichung eines eurasischen Transportnetzes ohne die Einbindung Chinas undenkbar. Schließlich ist die Volksrepublik China, die Deutschland als Russlands größten Handelspartner abgelöst hat, an vielen der genannten Projekte finanziell beteiligt. Ohne Chinas größte Schifffahrtsgesellschaft COSCO könnte insbesondere das LNG des neuen Terminals auf der Gyda-Halbinsel schwerlich vermarktet werden. Die Verknüpfung der Nördlichen Seeroute mit Chinas panasiatischem Infrastrukturprojekt der Neuen Seidenstraße ist Thema auf den regelmäßigen Gipfeltreffen von Putin mit seinem chinesischen Amtskollegen Xi Jinping wie in den Verträgen zwischen COSCO und *Novatėk*.[57] Während Peking vor allem an der Transitverbindung zur Europäischen Union sowie an Rohöl, Erdgas, Kohle und Metallen aus Sibirien interessiert ist, bezieht Moskau über den Nördlichen Seeweg Technik und Maschinen für die Wachstumspunkte im Norden des Landes. Mit chinesischen Investitionen sollen Russlands arktische Gebiete, die schon heute etwa ein Fünftel seiner Wirtschaftsleistung erbringen, global vernetzt werden. Lange Zeit versuchte Russland, den Einfluss Chinas in der Arktis möglichst zu begrenzen und Peking etwa die Mitgliedschaft im Arktischen Rat (als Beobachter) zu verweigern. Doch dies änderte sich ab 2013 angesichts von milliardenschweren Handelsabkommen zwischen den beiden Ländern. Und während die Beziehungen zwischen Russland und dem Westen seit den Protesten auf dem Majdan in der Ukraine und Russlands Annexion der Krim im Frühjahr 2014 von Entfremdung gekennzeichnet sind, hat Moskaus Beziehung zu China an Bedeutung gewonnen und wurde zu einer „strategischen Partnerschaft" ausgebaut.

---

[55] Ob utverždenii Kompleksnogo plana modernizacii i rasširenija magistral'noj infrastruktury na period do 2024, 11.10.2018, <www.government.ru/docs/34297>. – Zasedanie diskussionnogo kluba „Valdaj", 3.10.2019, <www.kremlin.ru/events/president/news/61719>.

[56] K velikomu okeanu, ili novaja globalizacija Rossii. Analitičeskij doklad Meždunarodnogo diskussionnogo kluba „Valdaj". Moskau 2012, S. 73–76. – Poslanie Prezidenta Federal'nomu Sobraniju, 12.12.2012, <www.kremlin.ru/events/president/news/17118>. – Gilbert Rozman: The Russian Pivot to Asia, in: Gilbert Rozman, Sergey Radchenko (Hg.): International Relations and Asia's Northern Tier. Singapore 2018, S. 13–26.

[57] China, Russia Agree to Jointly Build „Ice Silk Road". Xinhuanet, 4.7.2017, <www.xinhuanet.com/english/2017-07/04/c_136417241.htm>. – NOVATĖK, COSCO Shipping, „Sovkomflot" i Fond Šelkogo puti podpisali soglašenie v otnošenii OOO „Morskoj arktičeskoj transport", 7.6.2019, <www.novatek.ru/ru/press/releases/index.php?id_4=3243>. – Vladimir Putin prinjal učastie v pervom zasedanii kruglogo stola pervogo Meždunarodnogo foruma v Pekine, 27.4.2019, <www.kremlin.ru/events/president/news/60393>.

Im Jahr 2013 durchquerte erstmals ein ausländisches Containerschiff die Nördliche Seeroute – die *Yong Sheng* aus Hongkong. Dies war nicht nur eine Testfahrt für den aufblühenden Handel, sondern gab der chinesisch–russländischen „Axis of Convenience" ein maritimes Gesicht.[58] Zwar unterscheiden sich die Arktis-Strategien der beiden Partner in einem zentralen Punkt: Moskau priorisiert seine nationalen Interessen und favorisiert eine engere Kooperation zwischen den fünf Arktisanrainern, während Peking die Erschließung der Arktis als globale Aufgabe sieht, das heißt mit angemessener chinesischer Beteiligung. Die Anerkennung der Souveränitätsrechte der Arktisstaaten durch China impliziert gleichzeitig, dass die Volksrepublik einstweilen Russlands Rechtsposition zur Nördlichen Seeroute als nationale Verbindung teilt. Doch schon erforschen Chinas Eisbrecher eine transpolare Seidenstraße in der noch eisbedeckten arktischen Hochsee, im Norden der Nördlichen Seeroute und ohne deren Untiefen, die für moderne Riesencontainer-Schiffe ohnehin nicht geeignet sind.[59]

Einstweilen gewinnt aber Chinas Warenverkehr, Kapital- und Technologietransfer entlang des Nördlichen Seewegs an Bedeutung. Selbst wenn nach wie vor der Großteil von Russlands Arktisexporten nach Westen geht, geschieht dies nicht selten auf chinesischen Schiffen. Als Schiffseigner oder über indirekte Beteiligungen ist COSCO längst der größte Operateur im Transitverkehr der Nördlichen Seeroute.[60] Für die exportabhängige Wirtschaft Chinas mag die Nördliche Seeroute bislang nur eine potenziell kostengünstige Abkürzung sein, aber sie besitzt schon jetzt den Charme der politischen Stabilität. Weder Piraten noch amerikanische Flugzeugträger behindern den Warenverkehr. Die Nördliche Seeroute stellt insofern einen chinesisch-russländischen Hebel dar, um den Weltmachtanspruch der USA herauszufordern, der nicht zuletzt auf der Kontrolle der internationalen Seehandelswege beruht. War die Nordostpassage bis zum 19. Jahrhundert ein verschlossener Weg Europas zu den Reichtümern Chinas, öffnet sie im 21. Jahrhundert den Reichtümern Chinas einen weiteren Weg in die Welt. Russland hoffte damals wie heute auf eine einträgliche Mittlerfunktion.

---

58 Atle Staalesen: First Container Ship on Northern Sea Route, 21.8.2013, <www.barentsobserver.com/en/arctic/2013/08/firstcontainer-ship-northern-sea-route-21-08>. – Sanna Kopra: China and its Arctic Trajectories, 17.3.2020, <www.thearcticinstitute. org/china-arctic-trajectories-the-arctic-institute-china-series-2020>. – Bobo Lo: Axis of Convenience. Moscow, Beijing, and the New Geopolitics. Washington 2008.

59 Heather Conley, Caroline Rohloff: The New Ice Curtain. Russia's Strategic Reach to the Arctic. Washington 2015. – Baev, Examing the execution [Fn. 44]. – China's Arctic Policy. State Council Information Office, 26.1.2018, <www.english.gov.cn/archive/white_paper/2018/01/26/content_281476026660336.htm>. – Paul Goble: China Preparing to Bypass Russia's Northern Sea Route in Arctic, in: Eurasia Daily Monitor, 122/2017, <www.jamestown.org/program/china-preparing-to-bypass-russias-northern-sea-route-in-arctic>.

60 Malte Humpert: Chinese Shipping Company COSCO to Send Record Number of Ships through Arctic, High North News, June 13, 2019, <www.highnorthnews.com/en/chinese-shipping-company-cosco-send-record-number-ships-through-arctic>. – „Jamal SNG" otpravil počti ves' proizvedennjy gaz v Evropu, 23.12.2019, <www.rbc.ru/business/23/12/2019/5dfca3dc9a7947a09a08fcd6>. – Martin Kossa: Sino-Russian Arctic Energy Resource and Infrastructure Cooperation: Prospects and Implications, in: Benjamin Beuerle, Sandra Dahlke, Andreas Renner (Hg.): Resources, Environment and Infrastructures between Russia and the Asia-Pacific: Cooperation and Conflicts. Heidelberg 2021 [im Erscheinen].

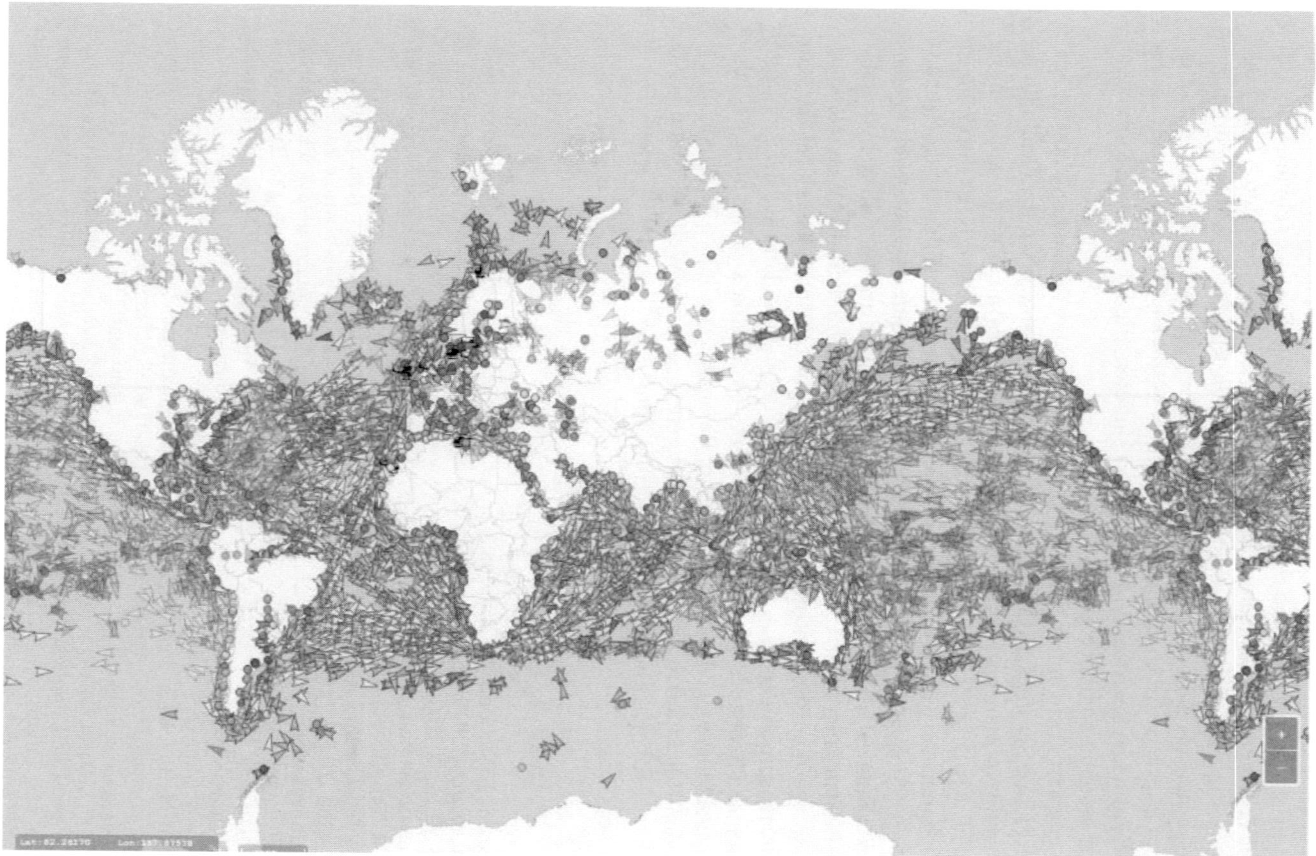

Schiffsverkehr auf den Weltmeeren Anfang Juni 2020. Im Nordpolarmeer sind nur in der Barentssee zahlreiche Fischkutter unterwegs, auf dem Nördlichen Seeweg fahren nahezu keine Schiffe. Quelle: vesselfinder.com

Perspektiven

Als der Polarforscher und Admiral Stepan Makarov 1897 das Zarenreich mit einem Gebäude verglich, dessen Vorderseite auf das Polarmeer schaue, fand er wenig Zustimmung.[61] Im Rückblick liest sich sein Bonmot wie eine Prophezeiung für das 21. Jahrhundert. Kein anderes Land außer Grönland ist heute so sehr vom Zugang zum arktischen Ozean abhängig wie Russland. Nach dem Zusammenbruch der UdSSR stellte die Arktis ein Politikfeld dar, auf dem Moskaus internationale Bedeutung ungebrochen blieb. Mit dem Klimawandel, der Erschließung neuer Ressourcen und der ökonomisch-politischen Aufwertung der Asien-Pazifik-Region hat die Arktis im 21. Jahrhundert weiter an Bedeutung gewonnen – und mit ihr die Nördliche Seeroute. Sie stellt aber eben nicht die Verwirklichung eines alten europäischen Seefahrertraums dar – die Bezwingung der Nordostpassage nach China. Die Nördliche Seeroute ist vor allem ein russländisches Unternehmen: ein ambitioniertes Infrastrukturprojekt und eine Projektionsfläche für historische und geopolitische Vorstellungen.

Der polare Seeweg ist die Nabelschnur nicht nur für Russlands arktische Wirtschaft; von ihr hängt Russlands Status als Rohstoff-Supermacht des 21. Jahrhunderts ab. War die Entwicklung der Nördlichen Seeroute in den 1990er Jahren zum Lippenbekenntnis geworden, ist sie in den letzten 20 Jahren in Moskaus Liste politischer Prioritäten vorgerückt. „Den Schlüssel zur Entwicklung der russländischen Arktis, der Regionen des Fernen Ostens stellt die Nördliche Seeroute dar“, betonte Präsident Putin etwa 2018 in seiner Rede an die Nation. „Wir werden wachsen und neue Grenzen überschreiten. Daran besteht kein Zweifel.“[62] Das Wachstum geht auch im Wirtschaftskrisenjahr 2020 weiter. Zumindest in den ersten vier Monaten des Jahres hat das Transportvolumen auf der Nördlichen Seeroute um 4,5 Prozent zugelegt. Mehr als einen Monat früher als in den Vorjahren hat der Schiffsverkehr mit China begonnen.[63]

Wie lange sich Export- und Transitverkehr bei weiter fallenden Rohstoffpreisen steigern lassen, mag dahingestellt bleiben. Doch so wichtig Kennzahlen zur wirtschaftlichen Entwicklung sind – wer nur diese addiert, übersieht die symbolische Aufladung der Nördlichen Seeroute. Ihre Definition als national gewachsene Verbindung enthält nicht nur einen rechtshistorisch begründeten Souveränitätsanspruch, sondern knüpft einerseits an das imperiale Erbe der Zarenzeit an: insbesondere an Vorstellungen von Russland als Drehscheibe zwischen Ost und West und als maritime Macht. Nicht zu übersehen sind andererseits die Rückgriffe auf die sowjetische Nördliche Seeroute und die industrielle und militärische Aneignung der Arktis. Gegenwärtig kommen diese Motive aus fünf Jahrhunderten erstmals zur Deckung.

---

61 Stepan Makarov: Ob issledovanii Severnogo Ledovitogo okeana. Sankt Petersburg 1897, S. 38.

62 Poslanie Prezidenta Federal’nomu Sobraniju, 1.3.2018, <www.kremlin.ru/events/president/news/56957>.

63 Gruzoperevozki po Sevmorputi za 4 mesjaca s načala goda vyrosla na 4,5 %, 7.5.2020, <www.portnews.ru/news/295448>. – Atle Staalesen: A record-early convoy is breaking its way through Russian Arctic ice with course for China, 19.5.2020, <www.thebarentsobserver .com/en/2020/05/years-first-convoy-breaking-its-way-through-russian-arctic-ice-course-china>.

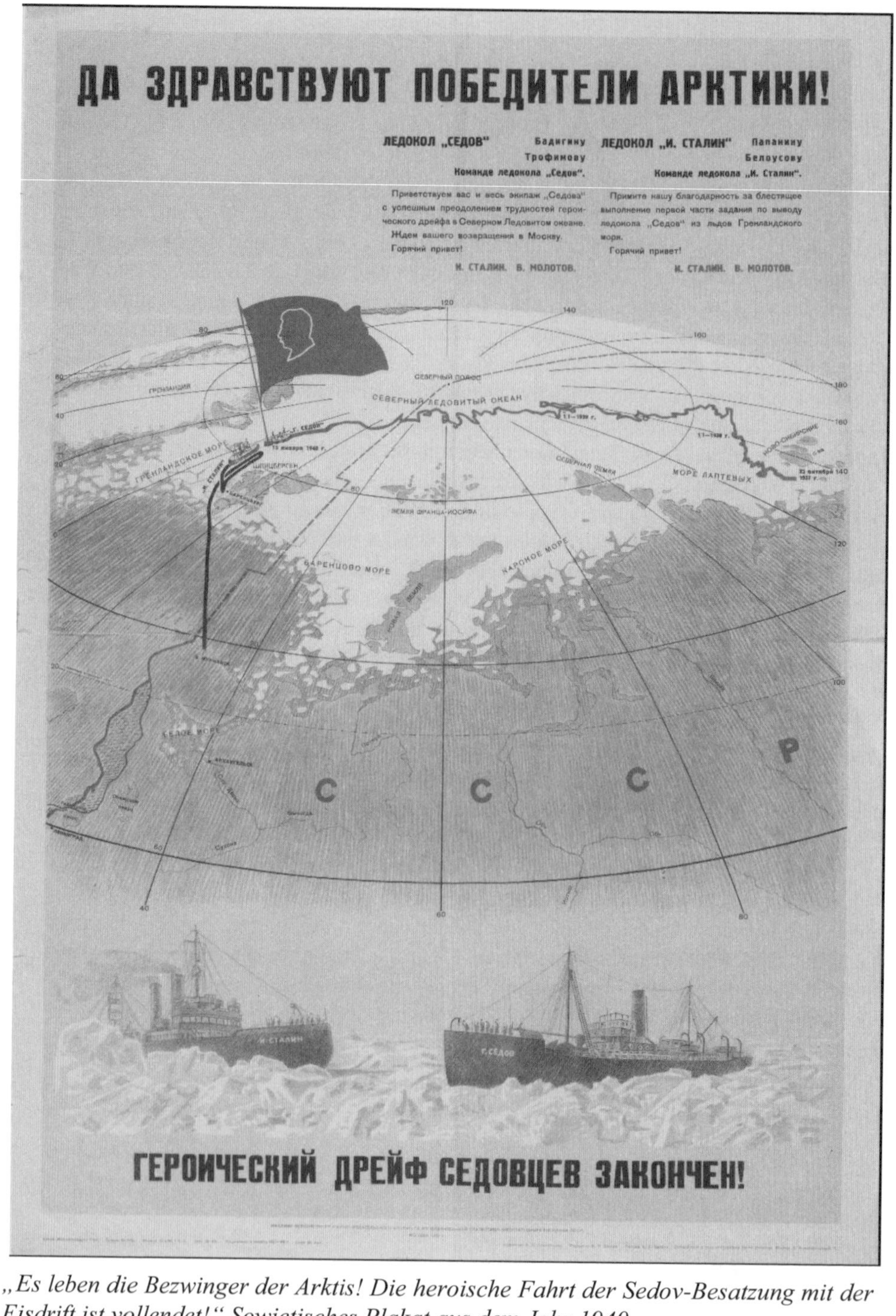

„Es leben die Bezwinger der Arktis! Die heroische Fahrt der Sedov-Besatzung mit der Eisdrift ist vollendet!" Sowjetisches Plakat aus dem Jahr 1940

Arild Moe

Russlands Nördlicher Seeweg

Nationale Exporttrasse statt internationaler Handelsroute

Russland versucht seit über 100 Jahren, eine regelmäßige Schifffahrt im Nordpolarmeer zu ermöglichen. Diese soll zur Erschließung des Hohen Nordens und der Arktis beitragen. Ging es in der Sowjetunion um Binnenschifffahrt, so wurde das zeitweilig wegen der enormen Kosten aufgegebene Projekt Mitte der 2000er Jahre mit einem neuen Ziel wieder aufgegriffen: Der Nördliche Seeweg sollte zu einer internationalen Handelsroute ausgebaut werden. Doch trotz dramatischer Klimaveränderungen, die das Meereis in den Sommermonaten schwinden lassen, ist die Schifffahrt dort weiter ein schwieriges Unterfangen. Lediglich ein kleinerer Abschnitt im westlichen Teil der Route, die Karasee, hat sich zu einer nationalen Exportroute für Erdgas und Erdöl entwickelt. In der Konkurrenz um die Kontrolle über die weiterhin unerlässliche Flotte der Atomeisbrecher sowie über die Investitionen in Infrastrukturprojekte hat sich der Staatskonzern *Rosatom* gegen die staatlichen Aufsichtsbehörden durchgesetzt.

In Russland werden die vor der Küste Sibiriens im Nordpolarmeer gelegenen Gewässer als „Nördlicher Seeweg" (Severnyj morskoj put') bezeichnet. Sie sind ein Teil der Nordost-Passage, wie die Verbindung zwischen Atlantik und Pazifik im Arktischen Ozean in historischen Dokumenten bezeichnet wird. Während der Begriff Nordost-Passage ein geographischer ist, handelt es sich bei dem „Nördlichen Seeweg" in Russland seit dem Jahr 2013 um einen Rechtsbegriff mit eindeutig definierten Grenzen.[1] Mit ihm wird das Meeresgebiet (akvatorija) bezeichnet, das sich in west-östlicher Richtung von der Einfahrt in die Karasee bis zur Bering-Straße erstreckt und nach Norden bis 200 Seemeilen von der Küstenlinie reicht. In diesem Gebiet gibt es mehrere Schifffahrtsrouten, deren Nutzung von der aktuellen Eissituation sowie dem Tiefgang des jeweiligen Schiffes abhängt. Im westlichen Teil des Nördlichen Seewegs, der Karasee, lassen die Eisbedingungen heute von Juni bis Oktober meist eine unproblematische Schifffahrt zu. Im Ob'-Busen sowie im Mündungsgebiet des Enisej ist jedoch die Zeit, in der keine Eisbrecher oder eisbrechende Schiffe benötigt werden, deutlich kürzer. Im östlichen Teil des Nördlichen Seewegs – der Laptevsee, der ostsibirischen See und der

---

Arild Moe (1955), leitender wissenschaftlicher Mitarbeiter am Fridtjof-Nansen-Institut, Lysaker, Norwegen

Der Text entstand im Rahmen des Programms *Norruss Plus* des Norwegischen Forschungsrats, Projekt Nr. 287576.

[1] O vnesenij izmenenij v otdel'nye zakonodatel'nye akty Rossijskoj Federacii v časti gosudarstvennogo regulirovanija torgovogo moreplavanija v akvatorii Severnogo morskogo puti, Nr. 132-FZ, 28.7.2012.

OSTEUROPA, 70. Jg., 5/2020, S. 61–79 doi: 10.35998/oe-2020-0030

Tschuktschensee – sind die Eisbedingungen schwieriger, nur in manchen Sommern ist dieses Gebiet im August und September eisfrei, Schiffe benötigen fast ganzjährig Eisbrecherbegleitung.[2]
Im Laufe der vergangenen Jahrhunderte gab es zahlreiche Versuche, einen Seeweg nach Asien durch das Nordpolarmeer zu finden. Doch erst im Jahr 1878 gelang es dem schwedischen Forscher Adolf Nordenskiöld erstmals, die gesamte Route zu befahren. Bis zum Ersten Weltkrieg trieb das Zarenreich die wissenschaftliche Erkundung dieser Meeresgebiete voran. Auch gab es erste Versuche einer kommerziellen Schifffahrt im westlichen Teil der Route – von der Mündung des Enisej in Richtung Europa. Nach der katastrophalen Niederlage im Russisch-Japanischen Krieg (1904–1905), in dem die Ostseeflotte des Zarenreichs nach einer monatelangen Fahrt durch den Atlantik, den Indischen Ozean und das Chinesische Meer in kurzer Zeit vernichtet wurde, begann sich Russlands Marine für die Möglichkeit zu interessieren, Schiffe auf kürzerem Weg von den Häfen im Nordwesten des Landes in den Pazifik zu verlegen.[3]

Die Verwaltung des Nördlichen Seewegs 1917–1991

Nach der Oktoberrevolution 1917 blieben die Fahrten im Nordpolarmeer weiter überwiegend auf die Route zwischen dem Mündungsgebiet von Enisej und Ob' und den nördlichen Häfen im europäischen Teil Russlands, vor allem Archangel'sk, beschränkt. Aus Sibirien wurden Getreide, Fische, Pelze und Holz nach Westen verbracht, von dort kam Ausrüstung für den industriellen Aufbau in Nordwest-Sibirien.[4] Auch die Erkundung des Nördlichen Seewegs für militärische und wissenschaftliche Zwecke wurde fortgesetzt. Erstmals passierte ein sowjetisches Schiff den gesamten Nördlichen Seeweg im Jahr 1932. Nachdem zuvor verschiedene Organisationen versucht hatten, die Entwicklung dieser Schifffahrtsroute voranzutreiben, unternahm die Sowjetführung im gleichen Jahr mit der Gründung der Hauptverwaltung Nördlicher Seeweg (Glavsevmorput') eine konzertierte Anstrengung.
Diese Behörde im Rang eines Ministeriums übernahm die meteorologischen Stationen ebenso wie die Radiostationen auf den Inseln entlang der Küste und erhielt die Aufgabe, einen Schifffahrtsweg vom Weißen Meer bis zur Bering-Straße zu schaffen und zu unterhalten.[5] 1934 wurden die Kompetenzen der Behörde massiv erweitert. Sie erhielt die administrative Verfügungsgewalt über alle Inseln und Seegebiete im zur Sowjetunion gehörenden europäischen Teil des Nordpolarmeers. Im asiatischen Teil der Sowjetunion – also östlich des Urals, einschließlich der Jamal-Halbinsel – erstreckte sich ihre Hoheit auf sämtliche Gebiete nördlich des 62. Breitengrads.
Große Teile der Wirtschaft in diesen Gegenden wurden der Hauptverwaltung Nördlicher Seeweg unterstellt. Die Behörde spielte eine wichtige Rolle beim Aufbau der Bergbau- und Metallindustrie in Noril'sk, einem der größten sowjetischen Industrieprojekte,

---

2 Siehe dazu die Karte in Einschub I.
3 Dis Distanz von Murmansk zum japanischen Hafen Yokohama beträgt über den Nördlichen Seeweg 5800 Seemeilen, über den 1869 eröffneten Suez-Kanal fast 13 000 Seemeilen.
4 A.I. Timošenko: Sovetskij opyt osvoenija Arktiki i Severnogo Morskogo Puti. Formirovanie mobilizacionnoj ėkonomiki, in: Istoriko-ėkonomičeskie issledovanija, 1–2/2013, S. 73–95.
5 Ėduard Veresockij, Leonid Grankov: SMP: Vosem' desjatiletij po odnomu puti, in: Morskoj flot, 6/2012, <www.morvesti.ru/themes/1700/53270>.

bevor dieses 1935 der Hauptverwaltung Lager (Gulag) unterstellt wurde. Jenseits von Noril'sk sollte Glavsevmorput' jedoch weiter die industrielle Entwicklung und die Rohstoffförderung fördern und erhielt dafür 1936 zusätzliche Kompetenzen.[6] 1938 wurden der Hauptverwaltung Nördlicher Seeweg diese Aufgaben allerdings weitgehend entzogen, nachdem es mehrere Schiffsunglücke und Rückschläge gegeben hatte. Mehrere hohe Beamte von Glavsevmorput' wurden hingerichtet oder zu Lagerhaft verurteilt. Die Behörde sollte sich nun erneut auf die Organisation der Schifffahrt konzentrieren.[7]

In den 1950er Jahren wurden Glavsevmorput' weitere Kompetenzen genommen, unter anderem die Verantwortung für die Hydrometeorologie, die Radiostationen und die wissenschaftliche Forschung. 1964 wurde die Behörde vollständig aufgelöst und die Schifffahrt im Nordpolarmeer in die Zuständigkeit des Handelsmarineministeriums übergeben, wo ihr wenig Aufmerksamkeit gewidmet wurde.[8] Der wesentliche Grund für die Reorganisation war die zunehmende Entwicklung des Hohen Nordens, die eine Ausdifferenzierung der Zuständigkeiten anstelle der Konzentration in einer einzigen Behörde erforderlich machte.

Bald schon traten allerdings Koordinationsprobleme auf, so dass eine neue Zentralbehörde geschaffen wurde, das Amt für den Nördlichen Seeweg (Administracija Severnogo morskogo puti), die dem Handelsmarineministerium unterstand, jedoch ressortübergreifende Kompetenzen hatte und personell aufgestockt wurde.[9] Das wichtigste Instrument der staatlichen Politik im Nordpolarmeer, die Flotte der atomar angetriebenen Eisbrecher, blieb allerdings direkt dem Ministerium unterstellt.

Blütenträume und Eisbrecherfinanzierung

Nach der Auflösung der Sowjetunion ging die staatliche Förderung ökonomischer Aktivitäten im Hohen Norden stark zurück und diese kamen fast zum Erliegen. 1999 wurde das Amt für den Nördlichen Seeweg aufgelöst, die Zuständigkeiten waren von da an äußerst unklar.[10] Die Flotte der Atomeisbrecher war zwar weiter Staatseigentum, wurde jedoch von der Aktiengesellschaft *Murmanskoe morskoe parochodstvo* (Murmansker Seereederei) verwaltet, deren Kontrolle zunehmend private Eigner übernahmen. Im Jahr 2008 wurde dann jedoch die Verwaltung der Atomeisbrecherflotte *Atomflot* in die staatliche Atombehörde *Rosatom* integriert. Dieser Schritt war äußerst umstritten. Als Sieger aus dem Konflikt gingen diejenigen hervor, die der *Murmansker*

---

[6] Al'bina Timošenko: Sovetskij opyt osvoenija Arktiki i Severnogo Morskogo Puti: Formirovanie mobilizacionnoj ėkonomiki, in: Istoriko-ėkonomičeskie issledovanija, 1–2/2013, S. 73–95. – Stephen Fortescue, Vesa Rautio: Vom Arbeitslager zum Weltmarktführer. Ein Firmenporträt der Buntmetallhütte Noril'sk Nikel', in: Osteuropa, 6/2007, S. 395–408.

[7] Vladimir Bulatov: The Administration of the Northern Sea Route (1917–1991). INSROP Working Paper 84/1997. – Roderich von Bistram: Umbau der Arktisverwaltung der UdSSR, in: Osteuropa, 14 (1938–1939), S. 779–782. – Ders.: Rückschläge in der Sowjet-Arktis, in: Osteuropa, 14 (1938–1939), S. 24–34.

[8] A.I. Arikaynen: Management of the Northern Sea Route: Stages and Problems of development, in: Lawson Brigham (Hg.): The Soviet Maritime Arctic. Annapolis 1991.

[9] Ebd.

[10] Arild Moe, Lawson Brigham: Organization and Management Challenges of Russia's Icebreaker Fleet, in: Geographical Review, 1/2017, S. 48–68.

Seereederei schlechtes Management sowie Verschleuderung und Veruntreuung staatlicher Gelder vorgeworfen hatten und von einer Wettbewerbsverzerrung gesprochen hatten, da die *Murmansker Seereederei* zugleich auf dem Markt für kommerzielle Schifffahrt im Nordpolarmeer tätig ist, auf dem Eisbrecherdienste von zentraler Bedeutung sind. Fest steht aber auch, dass *Atomflot* sich in einer schwierigen finanziellen Lage befand, da die Nachfrage nach Eisbrecherdiensten stark zurückgegangen war, insbesondere seit der wichtigste Kunde, das Metallurgieunternehmen *Noril'sk Nikel'*, sich aus dem Vertrag mit *Atomflot* zurückgezogen hatte, um auf konzerneigene eisbrechende Frachtschiffe zu setzen. Schließlich sollte die Eingliederung der Atomeisbrecherflotte in *Rosatom* die Versorgung der Eisbrecher mit Nukleartechnologie und nuklearem Brennstoff verbessern.[11]

Welches der entscheidende Faktor war, der dazu führte, dass die Atomeisbrecherflotte *Rosatom* unterstellt wurde, ist kaum zu sagen. Eindeutig ist aber das Ergebnis: *Atomflot* untersteht seitdem nicht mehr dem Transportministerium. Obwohl *Atomflot* weiter ein Integriertes Staatsunternehmen (Federal'noe gosudarstvennoe unitarnoe predprijatie, FGUP) ist, agierte die Führung zunehmend wie die eines kommerziellen Unternehmens und suchte mit Eisbrecherdiensten für Frachtschiffe Gewinn zu erzielen.[12]

Voraussetzung für den Erfolg eines solchen Ansinnens ist, dass es eine internationale kommerzielle Schifffahrt auf dem Nördlichen Seeweg gibt. Tatsächlich war die Route 1991 für die internationale Schifffahrt geöffnet worden. Das Ergebnis war jedoch bestenfalls mager. Russlands Regierung schuf keine überzeugenden regulatorischen und administrativen Bedingungen, und die internationalen Reedereien hielten die Eissituation für zu unvorhersehbar und gefährlich, um eine reguläre Handelsschifffahrt aufzunehmen. Dies änderte sich, als Mitte der 2000er Jahre wissenschaftliche Studien den Rückgang des Meereises in den Sommermonaten dokumentierten und im Jahr 2008 der *United State Geological Survey* eine Schätzung der Öl- und Gasvorkommen in der Arktis veröffentlichte, die weltweit Aufsehen erregte. Nun gingen zahlreiche Szenarien von einer raschen und massiven Zunahme des Schiffsverkehrs im Nordpolarmeer aus. Und Vladimir Putin schürte die Erwartungen, als er 2011 erklärte:

> Wir wollen den Nördlichen Seeweg zu einer zentralen Handelsmagistrale von globaler Bedeutung und globaler Größe machen. Ich will das betonen: Wir sehen die Zukunft des Nördlichen Seewegs darin, dass er zu einer internationalen Transportarterie wird, der mit den traditionellen Schifffahrtsrouten in Sachen Sicherheit und Qualität sowie beim Preis der zur Verfügung gestellten Dienstleistungen konkurrieren kann.[13]

Den Behörden in Moskau war klar, dass die Bedingungen für die Schifffahrt auf dem Nördlichen Seeweg verbessert werden müssen, damit das Land von dem wachsenden Interesse an der Arktis profitieren kann. Im Jahr 2013 wurde ein neuer rechtlicher Rahmen für die Schifffahrt auf dem Nördlichen Seeweg geschaffen und eine neue Behörde mit der Entwicklung und Kontrolle der Route beauftragt. Diese trug zwar den gleichen

---

[11] Ebd.

[12] Ebd.

[13] Predsedatel' pravitel'stva Rossijskoj Federacii V.V. Putin prinjal učastie vo vtorom Meždunarodnom arktičeskom forume „Arktika – territorija dialoga", 22.9.2011, <http://archive.government.ru/special/docs/16536/audio.html>.

Arktis

Eisbedeckung am Nordpolarmeer

Mitte September 2019

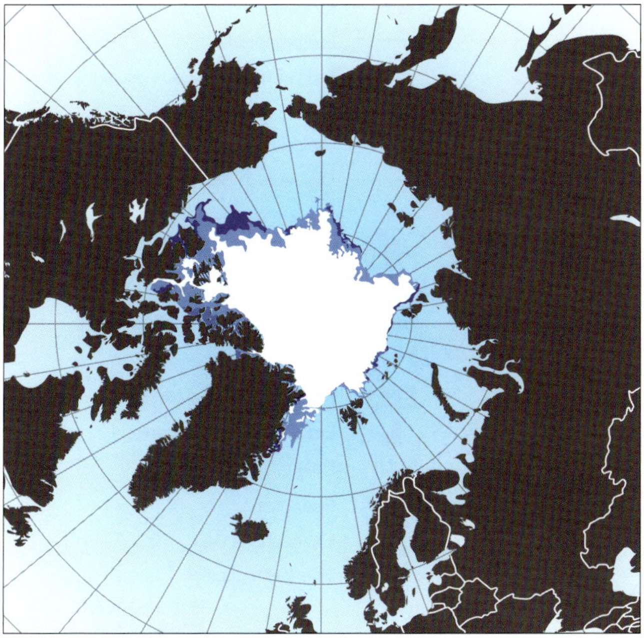

- Eisdichte Stufe 7-10
- Eisdichte Stufe 1-6
- junges Eis
- Nilas (elastische Eisschicht bis 10cm Dicke)
- Festeis
- eisfrei

Mitte Juni 2020

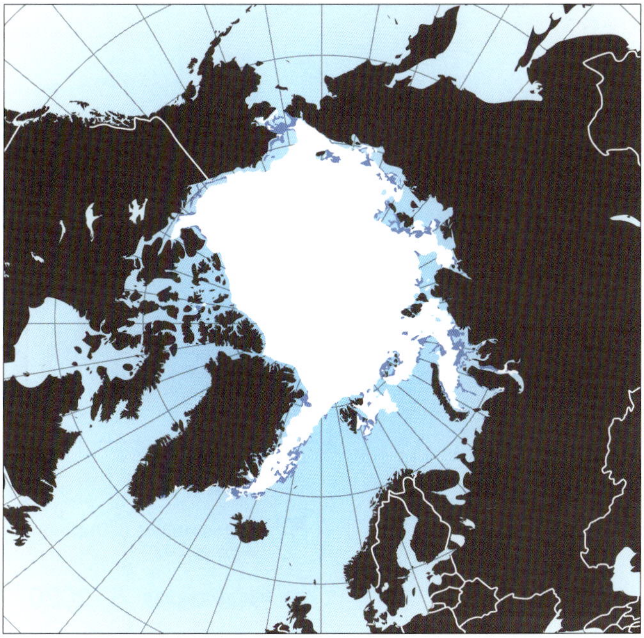

- Eisdichte Stufe 7-10
- Eisdichte Stufe 1-6
- eisfrei

Meereis bricht in den Sommermonaten (Juni-September) auf, die Stufen 1-6 und 7-10 geben die Dichte der Treibeisschollen an, Stufe 0 entspricht eisfrei, ab Stufe 7 spricht man von Packeis.

Quelle:
Arktičeskij i Antarktičeskij naučno-issledovatel'skij Institut (AANII)

Kartographie: S. Dutzmann
Leipzig, 2020

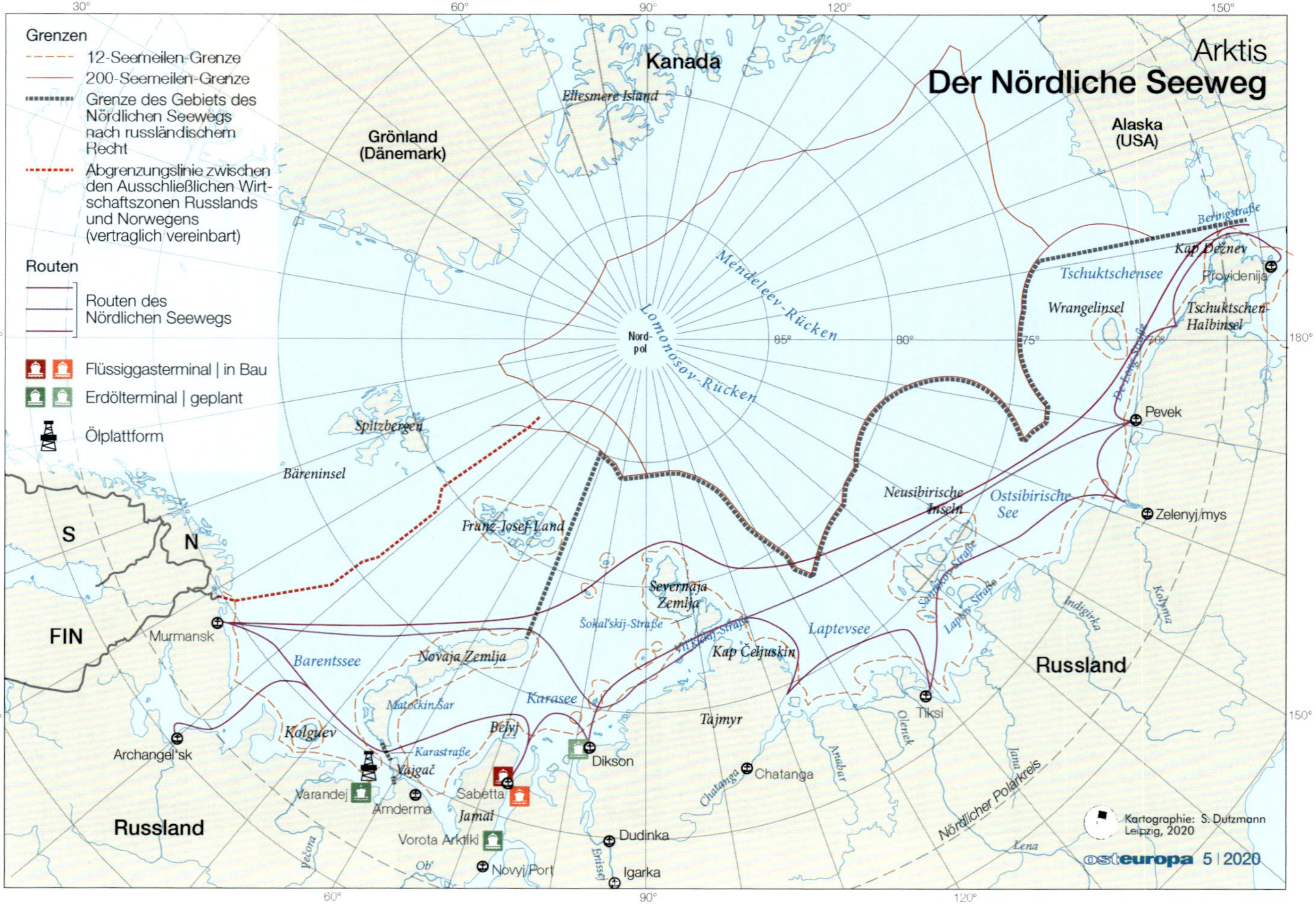
Arktis
Der Nördliche Seeweg
Grenzen
12-Seemeilen-Grenze
200-Seemeilen-Grenze
Grenze des Gebiets des Nördlichen Seewegs nach russländischem Recht
Abgrenzungslinie zwischen den Ausschließlichen Wirtschaftszonen Russlands und Norwegens (vertraglich vereinbart)
Routen
Routen des Nördlichen Seewegs
Flüssiggasterminal | in Bau
Erdölterminal | geplant
Ölplattform
Kanada
Ellesmere Island
Grönland (Dänemark)
Alaska (USA)
Beringstraße
Kap Dežnev
Providenija
Tschuktschensee
Wrangelinsel
Tschuktschen-Halbinsel
De-Long-Straße
Pevek
Zelenyj mys
Mendeleev-Rücken
Lomonosov-Rücken
Nord-pol
Spitzbergen
Bäreninsel
Franz-Josef-Land
Neusibirische Inseln
Ostsibirische See
Severnaja Zemlja
Šokal'skij-Straße
Vil'kickij-Straße
Kap Čeljuskin
Laptevsee
Sannikov-Straße
Laptev-Straße
Indigirka
Kolyma
Russland
S
N
FIN
Murmansk
Barentssee
Novaja Zemlja
Karasee
Matočkin Šar
Kolguev
Karastraße
Vajgač
Belyj
Dikson
Tajmyr
Tiksi
Olenek
Anabar
Chatanga
Jana
Lena
Archangel'sk
Varandej
Amderma
Sabetta
Jamal
Vorota Arktiki
Novyj Port
Ob'
Pečora
Dudinka
Enisej
Igarka
Nördlicher Polarkreis
Kartographie: S. Dutzmann Leipzig, 2020
osteuropa 5 | 2020

J.N. Delisle, Ph. Buache: „Carte des Nouvelles Découvertes au Nord de la Mer du Sud", 1752

Hafen Sabetta im Ob´-Busen

Namen wie das 1999 aufgelöste Amt für den Nördlichen Seeweg, doch ihre Kompetenzen waren deutlich geringer. Es handelte sich um eine kleine Stabsstelle im Amt für See- und Flussschifffahrt, das dem Verkehrsministerium untergeordnet ist. Ihre wichtigste Aufgabe war es, Anträge auf Befahrung des Nördlichen Seewegs zu bearbeiten und über die aktuellen Bedingungen für die Schifffahrt auf dieser Route zu informieren. Die Gründung der Stabsstelle war Teil einer größeren Reform, die zum Zweck hatte, die Bearbeitung der Anträge auf Durchfahrtsgenehmigung zu beschleunigen und das Gebührensystem umzustellen. Ziel war explizit, das Interesse internationaler Reedereien zu wecken.[14]

Der Schiffsverkehr nahm jedoch bei weitem nicht so schnell zu, wie es viele in Russland gehofft hatten und wie es manche Presseberichte suggerierten, die von einer massiven Zunahme des Schiffsverkehrs sprachen, jedoch allenfalls am Rande erwähnten, dass die Steigerungsraten von niedrigstem Niveau ausgingen, da in den Jahren 1991–2009 praktisch keine Fahrten auf der gesamten Strecke stattgefunden hatten. Im Jahr 2009 schickte die in Bremen ansässige Reederei *Beluga* – von intensiver Öffentlichkeitsarbeit begleitet – zwei mit Kraftwerksbauteilen beladene Schwerguttransporter von Südkorea über den östlichen Teil des Nördlichen Seewegs zum Hafen Jamburg im Ob'-Busen.[15] Doch auch im folgenden Jahrzehnt blieb die Zahl der Transitfahrten auf dem Nördlichen Seeweg sehr gering. In den Jahren 2010–2019 gab es kein einziges Jahr, in dem mehr als 17 Schiffe die gesamte Route von einem außerhalb Russlands gelegenen Hafen im Pazifik zu einem ebensolchen Hafen im Atlantik – oder in umgekehrte Richtung – passierten.[16] Das Frachtvolumen auf diesen Transitfahrten blieb äußerst gering (Abb. 1 und 2).

Dies hat nicht zuletzt damit zu tun, dass internationale Schifffahrtsgesellschaften kein Interesse an einer Eisbrecherbegleitung haben, wie sie zu sowjetischen Zeiten für Schiffe unter Flagge der UdSSR praktiziert worden war. Ein solches Modell kann zwar bei einer großen Zahl von Schiffen für die Reedereien günstiger sein als der Einsatz eigener eisbrechender Frachtschiffe. Es hat jedoch den Nachteil, dass es keine Flexibilität erlaubt und Wartezeiten sehr lang sein können.[17]

---

[14] Erteilt das neue Amt für den Nördlichen Seeweg eine Durchfahrtsgenehmigung, macht aber eine Eisbrecherbegleitung zur Pflicht, so können sich die Antragsteller direkt an eines der Unternehmen wenden, die diese Dienstleistung anbieten. Faktisch ist dies ausschließlich *Atomflot*, da die dieselelektrisch betriebenen Eisbrecher anderer Anbieter – etwa von *Rosmorport* – nicht für die Begleitung von Schiffen über lange Distanzen geeignet sind.

[15] Arktisroute jetzt für Handelsschiffe. Polar News, 17.10.2009. <www.polarnews.ch/arktis/forschung-umwelt/194-arktisroute-jetzt-fuer-handelsschiffe>. Siehe auch <www.youtube.com/ watch?v=2M5TeKTcjuc>. Weitere Fahrten, die *Beluga* geplant hatte, fanden nicht statt, da die Reederei 2011 Konkurs anmeldete, der Reeder wurde 2018 nach einem mehrjährigen Prozess wegen Betrugs und Fälschung von Unternehmenszahlen zu einer dreieinhalbjährigen Haftstrafe verurteilt.

[16] Arild Moe: Voyage Through the North: Domestic and International Challenges to Arctic Shipping, in: Katherine Keil, Sebastian Knecht (Hg.): Governing Arctic Change. London 2017, S. 257–278. – Center for High North Logistics Information Office.

[17] Eine gewisse Rolle spielten auch Gerüchte über hohe Eisbrechergebühren. Diese waren zwar nach einer Reform nicht mehr festgelegt, sondern verhandelbar. Welcher Preis allerdings bei den wenigen Fahrten tatsächlich gezahlt wurde, blieb Teil des Geschäftsgeheimnisses. Arild Moe: Voyage Through the North: Domestic and International Challenges to Arctic Shipping, in: Kathrin Keil, Sebastian Knecht (Hg.): Governing Arctic Change. London 2017, S. 257–278.

Abb. 1: Zahl der internationalen Transitfahrten auf dem Nördlichen Seeweg 2011–2019

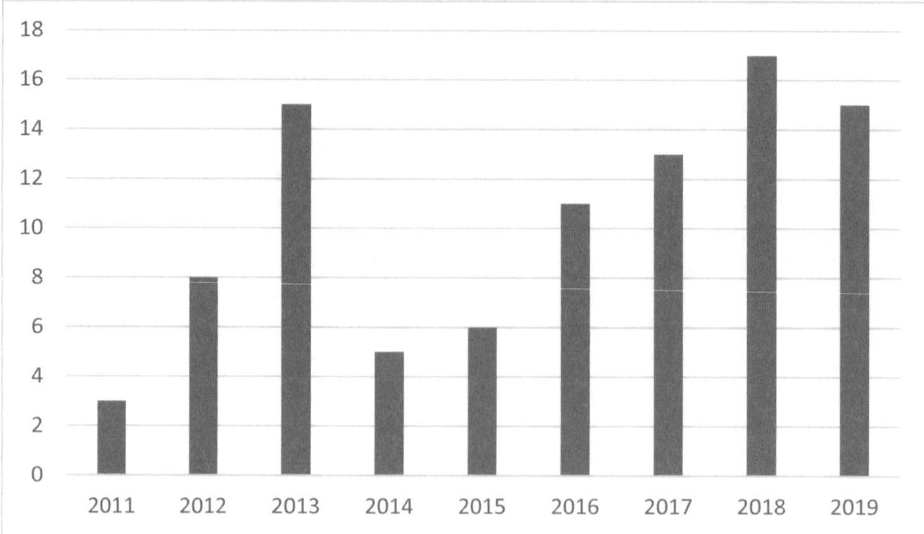

Internationale Transitfahrten sind hier definiert als Fahrten, bei denen das Schiff die gesamte Route von einem außerhalb Russlands gelegenen Hafen im Pazifik zu einem ebensolchen Hafen im Atlantik – oder in umgekehrte Richtung – passierten, ohne an einem Hafen an der Strecke anzulegen.

Quelle: Centre for High North Logistics Information Office

Abb. 2: Frachtvolumen auf dem Nördlichen Seeweg 2010–2019, in Millionen Tonnen

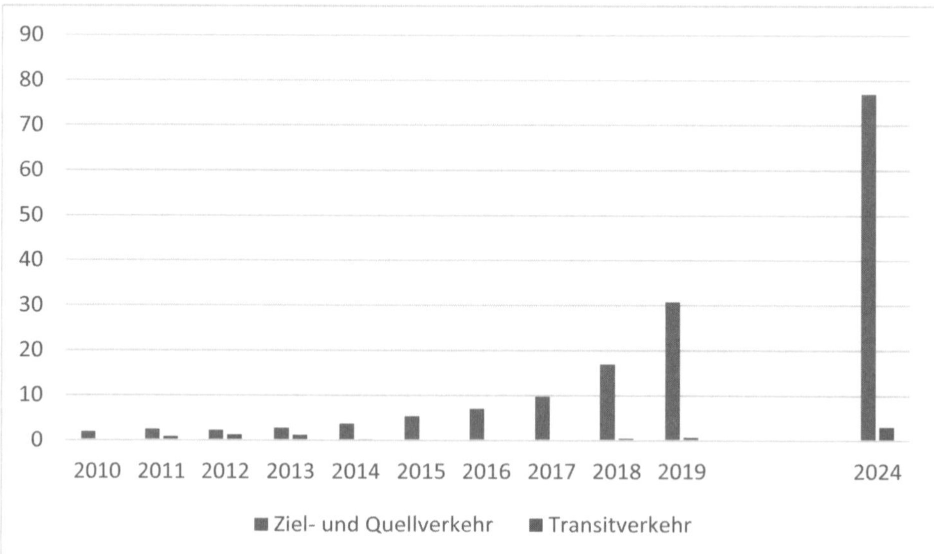

Anmerkung: 2024: Planziel der russländischen Regierung.

Quelle: Eigene Zusammenstellung aus verschiedenen Quellen, vor allem Angaben des Amts für den Nördlichen Seeweg und des Centre for High North Logistics Information Office

Daher musste *Atomflot* das wirtschaftliche Potential der Eisbrecherbegleitung für die internationale Schifffahrt auf dem Nördlichen Seeweg neu bewerten, und die finanzielle Lage des Unternehmens blieb zunächst prekär. Allerdings tauchte in den Jahren 2012–2013 ein neuer Kunde für das Unternehmen auf: die Aktiengesellschaft *Yamal LNG* – ein Joint Venture von *Novatėk* (RU, 50,1 Prozent), *Total* (FR, 20 Prozent), der *Chinese National Petroleum Company* (20 Prozent) und des chinesischen *Silk Road Fund* (9,9 Prozent) –, die die Erdgasförderung an der Ostküste der Jamal-Halbinsel vorantreibt.[18] Die staatlichen Behörden setzten darauf, dass eine Zusammenarbeit zwischen *Atomflot* und *Yamal LNG* die Finanzierung der Atomeisbrecherflotte sichern könnte, der eine zentrale Bedeutung für Russlands Ambitionen in der Arktis zukommt. Im Gegenzug für Steuererleichterungen und den staatlich finanzierten Ausbau der Hafeninfrastruktur setzten sie durch, dass *Yamal LNG* einen langfristigen Vertrag mit *Atomflot* abschließt.[19]
Heute befindet sich *Atomflot* in einer komfortablen Lage. Neben dem Konsortium *Yamal LNG*, das die Erdgasförderung und -verflüssigung zum Zwecke des Tankertransports im Jahr 2017 aufnahm, ist *Gazprom Neft* ein verlässlicher Kunde, seit das Unternehmen im Jahr 2016 auf dem Ölfeld Novoportovskoe im Süden der Jamal-Halbinsel die Förderung aufgenommen und an der Westseite des Ob'-Busens das Ölterminal „Vorota Arktiki" in Betrieb genommen hat. Zudem kann *Atomflot* auf weitere Kunden hoffen, die eine Erdgas- oder Erdölförderung auf der Jamal- oder der Gyda-Halbinsel planen und Eisbrecher benötigen, die Korridore für Flüssiggas- und Erdöltanker im Mündungsbusen des Ob' und in Zukunft vielleicht auch im Mündungsgebiet des Enisej freihalten.

Zentralisierungsbestrebungen und Behördenrivalitäten

Präsident Vladimir Putin sowie Russlands Regierung haben im vergangenen Jahrzehnt immer wieder ambitionierte Vorstellungen zur Entwicklung des Nördlichen Seewegs und der Arktis im Allgemeinen präsentiert. Zwar blieben Fahrten auf der gesamten Route eine Seltenheit, die Erdgasförderung in Russlands Hohem Norden hat jedoch dazu geführt, dass Fahrten zu oder von einem Hafen in der Arktis (Ziel- und Quellfahrten) zunahmen.[20] Dies löste eine Debatte über eine bessere Koordinierung der Projekte und Investitionen aus. Anfang 2016 präsentierte der stellvertretende Ministerpräsident Dmitrij Rogozin Vorschläge für eine Reform der Verwaltung des Nördlichen Seewegs, die in der von ihm geleiteten staatlichen Arktis-Kommission diskutiert wurden. Kern des Vorschlags war die Schaffung einer neuen Behörde, in der der Betrieb des Nördlichen Seewegs sowie die Koordination von Investitionen in den Ausbau der Infrastruktur entlang der Route zusammengeführt werden sollten.[21]
Im März 2017 vergrößerte Präsident Putin das Umstrukturierungsprojekt und erklärte, er habe die Regierung beauftragt, ein Konzept zu entwickeln für den „Aufbau einer eigenständigen Struktur, die für die umfassende Entwicklung des Nördlichen Seewegs und der angrenzenden Gebiete – einschließlich Infrastruktur, Hydrographie, Sicherheit, Verwaltung und alle damit zusammenhängenden Bereiche – verantwortlich ist."[22]

---

18 Die beiden chinesischen Investoren kamen 2013 und 2016 hinzu.

19 James Henderson, Arild Moe: The Globalization of Russian Gas – Political and Commercial Catalysts. Cheltenham 2019.

20 Zur Erdgas- und Erdölförderung in Russlands Hohem Norden siehe die Karte in Einschub I.

21 Edinyj operator Sevmorputi možet byt' sozdan v bližaijščee vremja. TASS, 24.5.2016.

22 Siehe die Ansprache Putins bei der Tagung „Arktika – territorija dialoga" in Archangel'sk am 30.3.2017, <http://kremlin.ru/events/president/news/54149>.

Tabelle 1: Russlands Atomeisbrecherflotte

Name	**im Einsatz seit / erwarteter Einsatzbeginn**	**Leistung (Megawatt)**	**Länge /Breite**	**Tiefgang**
	außer Betrieb			
Lenin	1957–1989	32,4	134m x 27,6m	10,5m
Arktika	1975–2008	55	148m x 30m	11m
Sibir'	1977–1992	55	148m x 30m	11m
Rossija	1985–2013	55	148m x 30m	11m
Sovetskij Sojuz	1989–2010	55	148m x 30m	11m
	im Einsatz			
Tajmyr-Klasse				
Vajgač	1990	35	152m x 29m	8,1m
Tajmyr	1989	35	152m x 29m	8,1m
Arktika-Klasse				
Jamal	1992	54	148m x 30m	11m
50 let pobedy	2007	54	160m x 30m	11m
	in Bau			
Klasse LK-60Ja				
Arktika	2020	60	173m x 33m	8,55/10,5m
Sibir'	2021	60	173m x 33m	8,55/10,5m
Ural	2022	60	173m x 33m	8,55/10,5m
	Bau beschlossen			
Klasse LK-60Ja				
Yakutia	2025	60	173m x 33m	8,55/10,5m
NN	2027	60	173m x 33m	8,55/10,5m
Klasse LK-110Ja				
Lider	2027	120	210m x 48m	11,5/13m

Anmerkung: Schiffe mit anpassbarem Tiefgang können sowohl in flachen Buchten oder Straßen fahren als auch auf hoher See.
Quelle: Eigene Zusammenstellung

Die Welt als Wille und Vorstellung: Atomeisbrecher „Jamal" im Einsatz, Modell des Atomeisbrechers „Lider" (geplante Auslieferung: 2027)

Andere einflussreiche Stimmen plädierten hingegen dafür, der bestehenden Behörde mehr Kompetenzen zu verleihen, statt eine neue zu schaffen. Ende April 2017 erklärte das Verkehrsministerium, das Amt für den Nördlichen Seeweg werde umorganisiert und mit erweiterten Vollmachten ausgestattet, darunter die Aufsicht über die Atomeisbrecherflotte.[23]

Diese Entwicklung kam überraschend. In den Jahren zuvor hatte *Atomflot* eine recht starke eigenständige Stellung erlangt, nun sollte die Flotte einer Unterbehörde des Verkehrsministeriums unterstellt werden. Allerdings hatte *Atomflot* wenige Monate zuvor bekanntgeben müssen, dass es bei der Fertigstellung dreier neuer Atomeisbrecher zu großen Verzögerungen kommen werde. Diese 60-Megawatt-Schiffe werden in der Petersburger Werft „Baltijskij zavod", die zur staatseigenen Aktiengesellschaft *Ob"edinennaja sudostroitel'naja korporacija* (Vereinte Schiffsbaugesellschaft, OSK) gehört, im Auftrag von *Rosatom* gebaut, jedoch zu 100 Prozent staatlich finanziert.

Alle Beteiligten waren mit dem Vorwurf konfrontiert, die Regierung nicht früher auf Schwierigkeiten hingewiesen zu haben. Als Grund für die Verzögerung wurde angegeben, dass Turbinen, die ursprünglich aus der Ukraine hatten geliefert werden sollen, nach dem Abbruch der Beziehungen im Jahr 2014 aus heimischer Produktion zu beschaffen gewesen wären. Neben den Problemen bei der Importsubstitution gab es jedoch auch technische Probleme. Der Fall schlug solche Wellen, dass sich der Rechnungshof, der Geheimdienst FSB und die Generalstaatsanwaltschaft damit befassten. Im Juni 2017 hieß es, die Fertigstellung der Schiffe verzögere sich jeweils um ein bis zwei Jahre, der erste der drei Eisbrecher könne erst Ende 2019 in Einsatz gehen.[24]

Bereits im Herbst 2017 nahm der Kampf zwischen den Behörden eine erneute Wende. Im November sprach Putin davon, „Betreiber der Infrastruktur" des Nördlichen Seewegs solle *Rosatom* werden.[25] Die genauen Zuständigkeiten jedoch blieben offen, so dass der Machtkampf weiterging. Insbesondere das Verkehrsministerium und *Atomflot* rangen um Einfluss, aber auch das Ministerium für Naturressourcen fürchtete, die Kontrolle über die Hydrometeorologie zu verlieren.

Die neue Behörde

Eine Einigung wurde im Juni 2018 erzielt. Offiziell wurden die Kompetenzen zwischen *Rosatom* und dem Verkehrsministerium aufgeteilt, faktisch aber ging *Rosatom* als Sieger aus dem Ringen hervor. Das Ministerium formuliert die Gesetze und administrativen Vorschriften und kontrolliert deren Einhaltung, *Rosatom* ist für den operativen Betrieb des Nördlichen Seewegs zuständig und damit, was entscheidend ist, für die Verwaltung der Häfen und des staatlichen Eigentums, einschließlich der Eisbrecherflotte. Koordination und Allokation der staatlichen Investitionen obliegen damit ebenso *Rosatom* wie die Verwaltung der Einnahmen. Für die Navigationsdienste sowie für die Bereitstellung hydrographischer Daten sind das Ministerium und *Rosatom* gemeinsam

---

[23] Administracija Sevmorputi možet stat' edinym arktičeskim operatorom. Regnum, 27.4.2017.

[24] „Arktika" legla v drejf. Atomnyjm ledokolom zajmut'sja FSB i Genprokuratura. Kommersant", 12.7.2017. Später wurde der Termin auf das Jahr 2020 verschoben, nach einem Brand in dem noch nicht fertiggestellten Schiff im Februar 2020 ist eine weitere Verzögerung um mindestens ein Jahr wahrscheinlich. Arktika polučit dvigatel' čerez god. Kommersant", 30.3.2020.

[25] Atomnyj morskoj put'. Vladimir Putin odobril peredaču Arktiki „Rosatomu". Kommersant", 8.11.2017.

verantwortlich.[26] Die Definition von Sicherheitsstandards ging in die Verantwortung des Ministeriums, das argumentiert hatte, es handele sich hierbei um mehr als bloß technische Fragen.[27]

Der von *Rosatom* formulierte Gesetzesentwurf, der die eigenen Aufgaben ausweitete, wurde von der Regierung am 6. Juli 2018 angenommen und an die Duma weitergeleitet.[28] Wenige Wochen später gab *Rosatom* die Schaffung einer internen Stabsstelle (direkcija) für den Nördlichen Seeweg bekannt, an deren Spitze der vormalige Generaldirektor von *Atomflot* Vjačeslav Rukša stehen sollte, der zugleich in den Rang des stellvertretenden *Rosatom*-Direktors erhoben wurde. Mit der Annahme des Gesetzes durch die Staatsduma am 11. Dezember 2018 war die Umstrukturierung offiziell abgeschlossen.[29] Aus der endgültigen Fassung des Gesetzes geht noch klarer als aus dem Entwurf hervor, dass alle zentralen Kompetenzen an *Rosatom* und nachgeordnete Stellen dieser Behörde übertragen sind. Auch das wichtigste mit hydrographischen Diensten befasste Staatsunternehmen, *Gidrografičeskoe predprijatie*, wurde *Rosatom* unterstellt.[30]

In jenen Bereichen, in denen *Rosatom* keine alleinige Zuständigkeit erhalten hat, sind die zuständigen Behörden, in erster Linie das Verkehrsministerium, dazu verpflichtet, ihre Aufgabe „in Abstimmung“ mit *Rosatom* auszuüben. Besonders umstritten war die Vergabe der Genehmigungen für die Befahrung des Nördlichen Seewegs. Auch diese Zuständigkeit hatte *Rosatom* reklamiert. Der stellvertretende Verkehrsminister wurde mit der Aussage zitiert, *Rosatom* wolle auf diese Weise dafür sorgen, dass die Atomeisbrecher von *Atomflot* möglichst oft zum Einsatz kommen.[31] Genehmigungen werden zwar weiter formal vom – dem Verkehrsministerium unterstehenden – Amt für den Nördlichen Seeweg erteilt, jedoch bestimmt das Gesetz auch hier, dass dies in Abstimmung mit *Rosatom* zu geschehen habe. Was dies genau bedeutet, ist unklar. Vieles spricht dafür, dass das Kompetenzgerangel weitergeht und *Rosatom* am längeren Hebel sitzt.

Der offene Kampf um die Kontrolle des Nördlichen Seewegs ist vor dem Hintergrund zu sehen, dass die hohe Priorität, die der Arktis in Russland seit einigen Jahren beigemessen wird, zu riesigen Investitionen führen wird. So war die Umstrukturierung der behördlichen Aufsicht über den Nördlichen Seeweg nicht das einzige Feld, auf dem gefochten wurde. Auch die Schaffung einer neuen Arktisbehörde oder sogar eines Ministeriums stand im Raum. Dies geschah jedoch nicht. Stattdessen erhielt das Ministerium für die Entwicklung des Fernen Ostens die Zuständigkeit auch für die Arktis.[32] Gleichzeitig besteht die Interministerielle Staatskommission für die Entwicklung der Arktis weiter. Auch diese beiden Behörden wollen bei der Entwicklung des Nördlichen Seewegs mitreden, so dass Koordinationsprobleme wahrscheinlich sind. Fest steht jedoch, dass *Rosatom* weitaus mehr institutionelle Kapazität als die übrigen Behörden hat.

---

26 Severnyj kompromiss: kak „Rosatom“ i Mintrans podeljat Artiku. RBK, 26.6.2018.

27 Mintrans i „Rosatom“ ne podelili ključi ot SMP. Kommersant”, 26.6.2018.

28 O vnesenii v Gosdumu zakonoproekta o polnomočijach goskorporacii „Rosatom“ v sfere razvitija i funkcionirovanija Severnogo morskogo puti i prilegajuščich territorij, <http://government.ru/ activities/selection/301/33189/>.

29 Federal’nyj zakon ot 27 dekabrja 2018 g. N 525-F3 O vnesenii izmenenij v otdel’nye zakonodatel’nye akty Rossijskoj Federacii, <https://rg.ru/2018/12/29/fz-525-dok.html>.

30 „Rosatom“ perepišet na sebja gidrografiju. Kommersant”, 18.12.2018.

31 Severnyj kompromiss [Fn. 26].

32 Arktiku otpravili na Dal’nij Vostok. Kommersant”, 19.1.2019.

Das Recht des Stärkeren

Ziel der administrativen Umstrukturierung war es, die staatlichen Tätigkeiten im Bereich des Nördlichen Seewegs besser aufeinander abzustimmen und effizienter zu machen. Der laufende Betrieb des Seewegs und dessen zukünftiger Ausbau sollten unter dem Dach einer Behörde zusammengeführt werden. Damit werde „die Entwicklung des Nördlichen Seewegs zu einem nationalen Verkehrsweg in der Arktis, die Entwicklung von Infrastruktur in den dortigen Seehäfen und die Steigerung des Frachtaufkommens auf dem Nördlichen Seeweg stimuliert."[33]

Einiges spricht dagegen, dass diese Erwartungen erfüllt werden. Die Konzentration der Aktivitäten bei *Rosatom* führt dazu, dass diese noch intransparenter sind. Werden unrentable Projekte innerhalb des riesigen *Rosatom*-Komplexes quersubventioniert, sinkt die ökonomische Effizienz. Genau vor einer solchen Intransparenz bei der Mittelverwaltung hatte der Rechnungshof in seiner Stellungnahme zu dem Gesetzesentwurf gewarnt.[34]

Bei der Schifffahrtsaufsicht hat sich formal wenig geändert. Es gibt einen einzigen Betreiber der Infrastruktur, das Verkehrsministerium ist für die Festlegung der Sicherheitsregeln für die Schifffahrt zuständig und dem Maritimen Schiffsregister (Rossijskij morskoj registr sudochodstva) in Sankt Petersburg, das für die Schiffszertifizierung zuständig ist, obliegt es, die Einhaltung der Regeln des Polarkodex zu überprüfen.[35] Ob diese Behörden stark genug sind, um in einem Konflikt mit einem der Schwergewichte der Schifffahrt im Nordpolarmeer zu bestehen, ist fraglich, wie ein Vorfall im April 2018 zeigte. Damals hinderte die Küstenwache einen eisbrechenden Flüssiggas-Tanker eine Woche lang am Auslaufen aus dem an der Ostküste der Jamal-Halbinsel liegenden Hafen Sabetta. Der unter zypriotischer Flagge fahrende Tanker des auf Flüssiggastransporte im Nordpolarmeer spezialisierten Unternehmens *Dynagas LNG Partners*[36] war im Auftrag von *Novatėk* unterwegs und mit einem Schaden an einem der drei Antriebsaggregate, der die Manövrierfähigkeit einschränkte, zur Beladung mit Flüssiggas nach Sabetta gefahren. Das dem Verkehrsministerium untergeordnete Amt für den Nördlichen Seeweg erklärte öffentlich, dass die Einfahrt dieses Schiffes in eisbedeckte Gewässer eine „Gefährdung der Sicherheit auf See sowie der marinen Umwelt" darstelle.[37]

---

33 O vnesenii v Gosdumu [Fn. 28].

34 Sčetnaja palata raskritikovala zakonproekt „Rosatoma" ob Arktike. RBK, 16.5.2018.

35 Der Polarkodex (International Code for Ships Operating in Polar Waters, Polar Code) ist eine Sammlung verpflichtender Bestimmungen und Empfehlungen für die Schifffahrt in polaren Gewässern, die der Sicherheit und dem Umweltschutz dienen. Auf ihn einigten sich im Jahr 2017 die Mitgliedstaaten der International Maritime Organization (IMO), Klassifizierungsgesellschaften und Reedereien. Zu dem Kodex und Russlands Position bei den Verhandlungen siehe: Dorottya Bognar: Russian Proposals on the Polar Code: Contributing to Common Rules or Furthering State Interests? In: Arctic Review on Law and Politics, 2/2016, S. 111–135.

36 Es handelt sich um ein Joint Venture der Reederei *Dynagas* des griechischen Magnaten George Prokopiu, des chinesischen Logistikunternehmens *Sinotrans* und der *China LNG Shipping* (CLSICO).

37 Meldung der Behörde unter <www.nsra.ru/ru/archive_non_compiant_vessels_2018.html>. – Siehe auch: Yamal LNG Carrier Boris Vilkitsky in gross violation of safety rules on NSR. High North News, 19.4.2018, <www.highnorthnews.com/en/yamal-lng-carrier-boris-vilkitsky-gross-violation-safety-rules-nsr>. – Yamal LNG Carrier Boris Vilkitsky Permitted to Leave with Icebreaker Escort. High North News, 27.4.2018, <www.highnorthnews.com/yamal-lng-carrier-boris-vilkitsky-permitted-to-leave-with-icebreaker-escort/>.

Die internationale Zertifizierungsgesellschaft *Bureau Veritas* hatte den Schaden schon vor dem Einlaufen in die Gewässer des Nördlichen Seewegs gemeldet, woraufhin das Maritime Schiffsregister in St. Petersburg die Eisklasse des Schiffs nach der in Russland geltenden Klassifikation von Arc7 (Eisdicke bis 1,4 m im Winter und Frühjahr bzw. bis 1,7 m im Sommer und im Herbst) auf Arc4 (bis 0,6 m bzw. 0,8 m) heruntersetzte. Daraufhin fuhr der Tanker mit Eisbrecherbegleitung bis Sabetta. Bereits dies sei, so das Amt für den Nördlichen Seeweg, ein grober Verstoß gegen die Bestimmungen zur Schifffahrt auf dem Nördlichen Seeweg gewesen, da der Tanker mit diesem Schaden unter den vom hydrometeorologischen Dienst *Rosgidromet* vorausgesagten Eisbedingungen selbst mit Eisbrecherbegleitung nicht in die Karasee hätte einlaufen dürfen.[38]
Als der Streit eskalierte, mischte sich Präsident Putin ein und kritisierte die Aufsichtsbehörde:

> Mal werden erfundene Regeln dazu verwendet, um einen Tanker nicht zu einem Hafen fahren zu lassen, dann, um sie nicht aus einem Hafen auslaufen zu lassen.[39]

Kurze Zeit später erhielt der Tanker die Erlaubnis – wie bereits bei der Fahrt zum Hafen Sabetta – in Begleitung eines Eisbrechers auszulaufen. *Atomflot*-Generaldirektor Rukša erklärte, die Regeln müssten überarbeitet werden. Andernfalls wäre *Atomflot*

> gezwungen, bei durchschnittlichen Eisbedingungen eine Eisbrecherbegleitung für Schiffe der Eisklasse Arc4 und Arc5 abzulehnen, was zu einem großen wirtschaftlichen Schaden für viele Projekte führen würde, nicht zuletzt für das vielversprechende „Arktik LNG-2". Auch Transporte nach Noril'sk wären gefährdet.[40]

Der Vorfall ereignete sich zu einem Zeitpunkt, als das Kompetenzgerangel zwischen dem Verkehrsministerium und *Rosatom* in vollem Gange war. Er illustriert, dass auch unter der neuen Verwaltungsstruktur für den Nördlichen Seeweg weiter offen ist, wie sich rechtliche Auflagen und das Interesse an wirtschaftlicher Entwicklung zueinander verhalten werden. Denn *Rosatom* hat, wie sich hier zeigte, ein Interesse daran, dass Tanker mit einer niedrigen Eisklasse für Fahrten auf der Route zugelassen werden, da diese – anders als die Tanker der Eisklasse Arc7, die nur unter widrigen Bedingungen eine Eisbrecherbegleitung benötigen – auf eine solche fast durchweg angewiesen sind.
Noch wichtiger waren die Interessen von *Novatėk*. Da der Bau der bereits in Auftrag gegebenen LNG-Tanker der Eisklasse Arc7 nicht mit der rasch steigenden Erdgasförderung des *Yamal LNG*-Projekts mithalten konnte, wollte der Konzern eine Genehmigung für Tanker mit einer niedrigen Eisklasse erwirken.
Auch wenn die Behörde in diesem speziellen Fall die Regeln überaus eng ausgelegt haben mag, so zeigte der Fall doch sehr klar, dass es einer unabhängigen Behörde bedarf, die Sicherheits- und Umweltregeln durchsetzen kann. Das Gegenteil ist ge-

---

38 Sevmorput' došel do Kremlja. Prezident opredelit pravila raboty v Arktike. Kommersant", 3.5.2018.
39 Ebd.
40 Ebd.

schehen: Die Kompetenzen von *Rosatom* wurden ausgeweitet und schon wenige Monate nach dem Vorfall war davon die Rede, dass neue Bestimmungen ausgearbeitet werden sollen, nach denen Tanker der Eisklasse Arc4 den Nördlichen Seeweg befahren dürfen, wenn sie Eisbrecherbegleitung in Anspruch nehmen.[41]

Die Kompetenzverteilung bei der Verwaltung des Nördlichen Seewegs hat auch Auswirkung auf die Entscheidungen internationaler Reedereien. Ob ausländische Firmen an der Befahrung des Nördlichen Seewegs Interesse zeigen werden, hängt vor allem von den Kosten, der Sicherheit und der Planbarkeit ab. Die Zentralisierung der Zuständigkeit für die Infrastruktur entlang der Route in den Händen von *Rosatom* könnte dazu führen, dass die notwendigen Dienstleistungen verbessert werden. Weniger Transparenz hingegen wirkt abschreckend. Viele Reedereien werden es für fragwürdig halten, dass *Rosatom* ein Monopol auf die kommerziell angebotene Eisbrecherbegleitung hat und zugleich hoheitliche Behörde ist. Zudem bietet *Atomflot* in jüngster Zeit Frachtdienste an und konkurriert dabei mit privaten Reedereien.

Exportroute für Erdgas statt internationaler Seeweg

Ohnehin weist der Staat aber der Stimulierung eines internationalen Interesses an der Nutzung des Nördlichen Seewegs als Transitroute zwischen Asien und Europa keine Priorität mehr zu. Zwar ist hin und wieder noch davon die Rede, dass der Nördliche Seeweg zur internationalen Wasserstraße werden solle. Doch faktisch ist das Ziel aufgegeben. Die Priorität liegt eindeutig beim Transport von Erdgas, Erdöl und mineralischen Rohstoffen aus den Küstengebieten des Hohen Nordens sowie von Ausrüstung für die Förderprojekte in diese Gegenden. Ein solcher Schiffsbetrieb, der an ganz konkrete Rohstoffförderprojekte mit ihren sehr spezifischen logistischen Anforderungen gebunden ist, hat nichts mit dem ursprünglichen Projekt zu tun, internationale Reedereien dafür zu gewinnen, dass sie den Nördlichen Seeweg als Route für Ost-West-Transporte nutzen. Als Präsident Putin im Jahr 2018 in einem Erlass anordnete, die jährlich auf dem Nördlichen Seeweg transportierte Fracht bis 2014 auf 80 Millionen Tonnen im Jahr zu steigern,[42] blieb offen, welche Form des Transports er meinte. Angesichts einer Frachtmenge, die in den Jahren 2011–2015 zwischen drei und sechs Millionen Tonnen gelegen hatte, war das Ziel äußerst ambitioniert. Nachdem mit *Yamal LNG* im Dezember 2017 die Förderung und Verflüssigung von Erdgas begonnen hatte, lag die Gesamttransportmenge im Jahr 2019 bei 30 Millionen Tonnen.

Das – ebenfalls von *Novatėk* betriebene – Projekt *Arktik LNG-2*, bei dem Erdgas auf der Gyda-Halbinsel am Ostufer des Ob'-Busen gefördert und zum Transport verflüssigt werden soll, wird, so die Planungen eingehalten werden, im Jahr 2023 in die Phase der Förderung eintreten. Gerechnet wird bei diesem Projekt mit einer jährlichen Förderung von knapp 20 Millionen Tonnen, hinzu sollen weitere fünf Millionen Tonnen aus der Förderung eines weiteren geplanten *Novatėk*-Projekts (Ob LNG) kommen. Damit die Zielvorgabe des Präsidenten erfüllt wird, müssten daher eine Reihe weiterer Projekte, für die es bislang nur Planungen gibt, umgesetzt werden.

---

41 Sevmorput' stanet gazoprigodnee. Kommersant", 8.11.2018.

42 Ukaz prezidenta Rossijskoj Federacii ot 7 maja 2018 g. Nr. 204 „O nacional'nych celjach i strategičeskich zadačach razvitija Rossijskoj Federacii na period do 2024 goda", <https://rg.ru/ 2018/05/08/president-ukaz204-site-dok.html>.

Yamal LNG: Flüssiggastanker „Christophe de Margerie" am Terminal Sabetta

Industriepolitik auf Umwegen

Parallel zu diesen Bemühungen versucht der Staat, der am Boden liegenden Werftindustrie auf die Füße zu helfen. Am 1. Februar 2018 trat ein Gesetz in Kraft, dem zufolge der Transport von Öl, Flüssiggas und Kohle von einem Hafen im Gebiet des Nördlichen Seewegs bis zum ersten Zielhafen oder zu dem Hafen, an dem eine Umladung stattfindet, nur Schiffen erlaubt ist, die unter russländischer Flagge fahren.[43] Drei Monate später sollten die Bestimmungen bereits weiter verschärft werden. Ab dem Jahr 2019 sollten nur noch Schiffe auf dem Nördlichen Seeweg fahren dürfen, die in Russland gebaut worden sind.[44]

Es dauerte jedoch bis August 2019, bis die Regierung einen entsprechenden Gesetzentwurf in die Duma einbrachte. Dieser sah nun vor, dass die Regelung nicht für Schiffe gelten soll, die vor Inkrafttreten des Gesetzes gebaut oder in Auftrag gegeben wurden.[45] Für die Flüssiggastanker zukünftiger Erdgas-Projekte im Hohen Norden soll jedoch gelten, dass sie nur eine Genehmigung erhalten, wenn sie in Russland gebaut sind. Der Gesetzentwurf ist umstritten, Kritiker erklären, er widerspreche internationalen Abkommen, die Russland unterzeichnet hat.[46] Eine Verabschiedung durch die Duma steht bislang aus. Beide Gesetze lassen allerdings die Möglichkeit offen, dass die Regierung Ausnahmegenehmigungen erteilt. Daher kam eine heftige Lobbyarbeit in Gang, zumal klar war, dass es nicht möglich ist, die Gesetze unmittelbar anzuwenden.

Die fünfzehn LNG-Tanker der Eisklasse Arc7, die derzeit auf dem Nördlichen Seeweg für *Yamal LNG* im Einsatz sind, wurden in der koreanischen Werft *Daewoo Shipbuilding & Marine Engineering* gebaut. Sie sind nun ebenso wie 13 Tanker mit niedrigerer Eisklasse bis zum Jahr 2043 von der Pflicht ausgenommen, unter russländischer Flagge zu fahren.[47] Die Tanker der Eisklasse Arc7 werden das Flüssiggas zu russländischen Häfen am westlichen und östlichen Ende des Nördlichen Seewegs bringen, von dort sollen es die Tanker mit niedrigerer Eisklasse, deren Bau und Betrieb weniger Kosten verursacht, weitertransportieren.[48]

---

[43] Federal'nyj zakon ot 29 dekabrja 2017 g. N 460-F3 „O vnesenii izmenenij v Kodeks torgovogo moreplavanija Rossijskoj Federacii i priznanii utrativšimi silu otdel'nych položenij zakonodatel'nych aktov Rossijskoj Federacii". Rossijskaja gazeta, 31.12.2017.

[44] Sevmorput' v importozameščenie. Kommersant'', 22.3.2018.

[45] Zakonoproekt Nr. 769222-7 „O vnesenii izmenenija v stat'ju 4 Kodeksa torgovogo moreplavanija Rossijskoj Federacii, 6.9.2019, <https://sozd.duma.gov.ru/bill/769222-7>.

[46] Artikel des General Agreement on Tariffs and Trade (GATT) und Artikel 5 des Vertrags über die Eurasische Wirtschaftsunion. Komitet Gosudarstevennoj Dumy po transportu I stroitel'stvu: Zaključenie po proektu federal'nogo zakona Nr. 769222-7 „O vnesenii izmenenija v stat'ju 4 Kodeksa torgovogo moreplavanija Rossijskoj Federacii", vnesennomu Pravitel'stvom Rossijskoj Federacii (pervoe čtenie). Pravovoe upravlenie, <http://sozd.duma.gov.ru/download/33586A8C-74C7-40B2-B41D-E8CF73AB5AE5>.

[47] Pravitel'stvo Rossijskoj Federacii „Ob izpolzovanii inostrannych sudov dlja realizacii proektov po proizvodstvu sžižennogo prirodnogo gaza. Razporjaženie ot 14 marta 2019 goda, Nr. 435-r., <http://government.ru/docs/36073>.

[48] Dazu sollen in den nächsten Jahren Umladeterminals in Murmansk und auf Kamčatka errichtet werden. In Murmansk findet bereits eine Umladung auf einem Behelfsterminal statt. Natural gas terminal in Murmansk to be built with Japanese money. The Barents Observer, 26.9.2019.

Tabelle 2: Flüssiggastanker, die Erdgas des Yamal LNG-Projekts transportieren

Name	Reederei	Tankkapazität	Baujahr	Flagge
Eisklasse Arc7				
Christophe de Margerie	Sovcomflot	170 000 m³	2016	Zypern
Boris Vilkitsky	Dynagas	170 000 m³	2017	Zypern
Vladimir Rusanov	MOL	170 000 m³	2018	Hongkong
Fedor Litke	Dynagas	170 000 m³	2017	Zypern
Eduard Toll	Teekay	170 000 m³	2017	Bahamas
Rudolf Samoylovich	Teekay	170 000 m³	2018	Bahamas
Vladimir Vize	MOL	170 000 m³	2018	Hongkong
Georgiy Brusilov	Dynagas	170 000 m³	2018	Zypern
Boris Davydov	Dynagas	170 000 m³	2018	Zypern
Nikolay Zubov	Dynagas	170 000 m³	2019	Zypern
Nikolay Evgenov	Teekay	170 000 m³	2019	Bahamas
Vladimir Voronin	Teekay	170 000 m³	2019	Bahamas
Nikolay Urvantsev	MOL	170 000 m³	2019	Hongkong
Georgiy Ushakov	Teekay	170 000 m³	2019	Bahamas
Yakov Gakkel	Teekay	170 000 m³	2019	Bahamas
Eisklasse <Arc7				
Lena River	Dynagas	155 000 m³	2013	Marshall-Inseln
Yenisej River	Dynagas	155 000 m³	2013	Marshall-Inseln
Clean Horizon	Dynagas	162 000 m³	2015	Malta
Clean Ocean	Dynagas	162 000 m³	2014	Marshall-Inseln
Clean Planet	Dynagas	162 000 m³	2014	Marshall-Inseln
Clean Vision	Dynagas	162 000 m³	2016	Malta
Yamal Spirit	Teekay	174 000 m³	2019	Bahamas
LNG Dubhe	MOL	174 000 m³	2019	Hongkong
LNG Merak	MOL	174 000 m³	2019	Hongkong
LNG Phecda	MOL	174 000 m³	2019	Hongkong
LNG Megrez	MOL	174 000 m³	2019	Hongkong

Neben den genannten LNG-Tankern hat Russland zwei Gaskondensat-Tankern, den unter zypriotischer Flagge fahrenden Schiffen „Juriy Kuchiev“ und „Boris Sokolov“, die Genehmigung erteilt, zur Beladung im Hafen Sabetta den Nördlichen Seeweg zu befahren.

Eigentümer aller LNG-Tanker der Eisklasse Arc7 (Ausnahme: Christophe de Margerie) sowie einer Mehrheit der konventionellen Tanker sind internationale Konsortien mit chinesischer Beteiligung.

Quellen: Pravitel'stvo Rossijskoj Federacii: Rasporjaženie ot 14 marta 2019g Nr 435r, <http://static.government.ru/media/files/pkU8TaSSAlsAA2DCAIgRLedjM9JFX6AO.pdf>; MarineTraffic.com

Wenn die Erdgasförderung auf den Feldern der Projekte *Arktik LNG-2* und *Ob LNG* – und später der Projekte *Arktik LNG-1* und *Arktik LNG-3* – anläuft, werden jedoch weitere Tanker benötigt werden. Die Regierung und Präsident Putin haben signalisiert, dass es für diese Schiffe keine Ausnahme geben wird. Diese Tanker müssen in Russland gebaut werden, obwohl in Russland bislang kein einziges solches Schiff gebaut wurde und die riesige Werft *Zvezda* im nahe Vladivostok gelegenen Bol'šoj Kamen' selbst teilweise erst in Bau ist. Der Vorstandsvorsitzende des *Novatėk*-Konzerns, der die wesentlichen Projekte zur Förderung und Verflüssigung von Erdgas in Russlands Hohem Norden betreibt, protestierte gegen das geplante Gesetz. Leonid Michel'son erklärte, das Gesetz gefährde die Förderprojekte und stelle den Plan, den Nördlichen Seeweg zu einer internationalen Schifffahrtsroute zu entwickeln, in Frage.[49]

Michel'son hatte jedoch keinen Erfolg und musste sich verpflichten, einen Großteil der benötigten LNG-Tanker der Eisklasse Arc7 für 315 Millionen US-Dollar pro Schiff auf der *Zvezda*-Werft bauen zu lassen.[50] Daraufhin erhielt er allerdings die Genehmigung, den Auftrag für weitere zehn Tanker dieser Klasse an eine Werft im Ausland zu vergeben.[51] Man darf davon ausgehen, dass die Bestimmungen weiter aufgeweicht werden und auch bei den in Vladivostok zu bauenden Tankern ein erheblicher Anteil der Komponenten aus Korea geliefert werden darf, wenn sich zeigt, dass die *Zvezda*-Werft andernfalls nicht in der Lage ist, eine Auslieferung zum gewünschten Zeitpunkt zu garantieren.

Das Beispiel zeigt, wie eng die Schifffahrt auf dem Nördlichen Seeweg, die Rohstoffförderung im Hohen Norden und die Moskauer Industriepolitik verwoben sind. Dies wird noch deutlicher, wenn man die jüngsten Pläne in die Betrachtung einbezieht. Große Teile des im Hohen Norden geförderten Erdgases sollen nicht, wie ursprünglich geplant, zunächst nach Europa und von dort weiter auf die Märkte in Asien befördert werden. Vielmehr sollen auch außerhalb der wenigen Sommermonate deutlich mehr Tanker verflüssigtes Erdgas über den östlichen Teil des Nördlichen Seewegs direkt nach Asien bringen. Damit dies ganzjährig geschehen kann, müssen mehrere neue Atomeisbrecher gebaut werden. Die Entscheidung zum Bau von drei solchen Schiffen ist grundsätzlich gefallen (Tabelle 1, S. 68). Zudem sollen vier mit Gasturbinen betriebene Eisbrecher zum Einsatz im Ob'-Busen und im Mündungsgebiet des Enisej gebaut werden. Ziel ist, dass die drei Atomeisbrecher, die gegenwärtig in Bau sind und für dieses Einsatzgebiet vorgesehen waren, für ganzjährige Eisbrecherbegleitung im östlichen Abschnitt des Nördlichen Seewegs zur Verfügung stehen würden. Damit wäre die gesamte Atomeisbrecherflotte auf diesem östlichen Abschnitt im Einsatz.

Der Staat hat erklärt, einen Großteil der Kosten beim Bau dieser sieben Eisbrecher zu übernehmen. Diese werden für die drei atomar und die drei mit Gasturbinen angetriebenen Eisbrecher auf insgesamt 300 Milliarden Rubel (ca. 3,8 Mrd. Euro) geschätzt. Die Finanzierung ist jedoch noch nicht abschließend geklärt, und die Annahmen zur

---

49 Ėto prosto vrednaja ideja po suščestvu. Kommersant", 25.7.2018.

50 Rossijskij gazovoz nagruzili cenoj. Kommersant", 12.2.2019.

51 Novatėk smožet zakazat' gazovozy za rubežom. Kommersant", 23.1.2020. – Novatėk geht davon aus, bis Ende der 2020er Jahre neben den 15 Arc7-Tankern und den 13 Tankern mit geringerer Eisklasse, die sich bereits im Einsatz befinden ca. 45 weitere Tanker der Eisklasse Arc7 zu benötigen. 20 davon sollen in den Jahren 2020–2025 auf der *Zvezda*-Werft gebaut werden, 10 in den Jahren 2023–2024 im Ausland und weitere 15–17 zwischen 2025 und 2030 erneut in der Werft nahe Vladivostok. Michel'son: u „Novatėka" net protivorečij s „Gazpromom" po voprosu konkurencii v Evrope. TASS, 23.1.2020.

Rentabilität des Vorhabens sind äußerst optimistisch. *Rosatom* hat erklärt, erst wenn ungefähr im Jahr 2030 die Infrastruktur, darunter Eisbrecher für Ziel- und Quellfahrten zwischen Häfen im Nordpolarmeer und Häfen im Pazifik bereitstünde, werde in den folgenden Jahren bei internationalen Reedereien ein ernsthaftes Interesse an Transitfahrten zwischen Pazifik und Atlantik auf dem Nördlichen Seeweg entstehen.[52] Bis dahin sei die Befahrung dieser Route überwiegend eine innerrussländische Angelegenheit.

Fazit: Neopatrimonialismus in Aktion

Die administrative Umstrukturierung der staatlichen Aufsicht über die Schifffahrt auf dem Nördlichen Seeweg sowie der Politik zur ökonomischen Entwicklung dieses Meeresgebiets und der angrenzenden Küstenregionen stehen exemplarisch für die politische Ökonomie, die sich in Russland etabliert hat. *Rosatom* ist hoheitliche Aufsichtsbehörde, Investitionsagentur und Anbieter kommerzieller Dienstleistungen in einem. Staatliche Entwicklungsziele sind aufs Engste mit Businessplänen und Investitionsabsichten von Industriekonzernen verknüpft, die ihrerseits Staatskorporationen sind oder mit solchen verwoben sind. Die ökonomische Rentabilität einzelner Projekte ist nicht abzuschätzen, da direkte staatliche Subventionen sowie Quersubventionen zwischen verschiedenen Tätigkeitsbereichen staatlicher und staatsnaher Unternehmen intransparent bleiben. Effizienzkriterien spielen bei der Entwicklung des Nördlichen Seewegs eine untergeordnete Rolle. Wettbewerb gibt es nur hypothetisch, da die Route auf absehbare Zeit hauptsächlich von Schiffen befahren werden wird, die entweder unmittelbar Rohstoffkonzernen gehören, oder aber Reedereien, die sehr langfristige Verträge mit einem solchen Konzern abgeschlossen haben. Mit der Entwicklung des Nördlichen Seewegs zu einer Handelsroute zwischen Europa und Asien rechnet in den kommenden Jahren niemand mehr.

Die Erschließung der russischen Arktis erinnert somit in vielerlei Hinsicht der sowjetischen „Eroberung“ Sibiriens. Das neue Organisationsmodell hat vieles mit jenem der 1930er Jahre – der Hauptverwaltung Nördlicher Seeweg – gemeinsam. Die enormen Kosten haben allerdings in den vergangenen neun Jahrzehnten immer wieder dazu geführt, dass das Verwaltungsmodell geändert und die Ziele aufgegeben wurden. Gegenwärtig haben politische Ziele erneut oberste Priorität. Angesichts der schwierigen ökonomischen Lage, in der sich Russland befindet, wird die Frage der Kosten und der Rentabilität jedoch erneut auftauchen.

Aus dem Englischen von Volker Weichsel, Berlin

---

[52] Vjačeslav Rukša: Rosatom dolžen obespečit' rossijskie megaproekty v Arktike, <www.rosatom.ru/journalist/interview/vyacheslav-ruksha-rosatom-dolzhen-obespechit-rossiyskie-megaproekty-v-arktike/>.

Kooperation statt Destruktion. © Olivier Ploux

Andrej Zagorskij

Konflikt in den Köpfen

Kritik der Versicherheitlichung der Arktis

Seit Jahren warnen Beobachter vor klimabedingten Kriegen um Souveränitätsrechte und Ressourcen in der Arktis. Diese Befürchtung ist überzogen. Weder gibt es aktuelle Territorialkonflikte noch einen Kampf um Ressourcen. Auch machen die geophysischen und klimatischen Bedingungen die Austragung eines Kriegs in der Arktis unwahrscheinlich. Allerdings könnte die weltpolitische Konkurrenz zwischen den USA, China und Russland auch die Arktis erfassen. Die Entfremdung zwischen Russland und dem Westen verhindert es, eine gemeinsame Sicherheitsarchitektur aller Arktisstaaten aufzubauen. Die USA und Russland beziehen die Schnittstelle von westlichem Nordpolarmeer und Nordatlantik zunehmend in ihre Abschreckungsplanung ein. Und sollte Russland die Durchfahrt durch seine Küstengewässer im Bereich des Nördlichen Seewegs unterbinden und die USA diese durchsetzen wollen, könnten im Nordpolarmeer Verhältnisse wie im Südchinesischen Meer entstehen.

Gesellschaften können sich bedroht fühlen, auch wenn ihre Sicherheit nicht nachweisbar bedroht ist. Die Konstruktion einer Bedrohungswahrnehmung durch die Dramatisierung eines bestimmten Problems nennt man *Securitization. Versicherheitlichung* macht ein Politikfeld zu einem Gegenstand von – zumeist militärisch definierter – Sicherheitspolitik.[1] Setzt ein Staat auf militärische Mittel zur Abwehr der wahrgenommenen Bedrohung, so kann dies Reaktionen anderer Staaten hervorrufen. Die Folge ist ein Sicherheitsdilemma, das zu einem Wettrüsten führen kann.

Dieser Vorgang lässt sich seit einigen Jahren in der Arktispolitik einiger Staaten beobachten. Auch dort wurden und werden Probleme dramatisiert. Umso wichtiger ist es, objektive Umstände von subjektiver Bedrohungswahrnehmung zu trennen. Gleichzeitig muss der Beobachter zur Kenntnis nehmen, dass Politik von solchen subjektiven Wahrnehmungen getrieben werden kann.

Das Beispiel der Arktis zeigt, dass zwischenstaatliche Kooperation einer Versicherheitlichung und deren Folgen entgegenwirken kann. Die Ende der 2000er Jahre teils alarmistisch vorgetragene Befürchtung, dass die Arktis zum Schauplatz von Souveränitäts-

---

Andrej Zagorskij (1959), Dr., Politikwissenschaftler, Leiter der Abteilung Abrüstung und Konfliktregelung am Primakov-Institut für Weltwirtschaft und Internationale Beziehungen (IMĖMO) der Russländischen Akademie der Wissenschaften, Moskau.

Von ihm erschien in OSTEUROPA: Le roi est mort, vive le roi? Die Zukunft der Rüstungskontrolle nach dem INF-Aus, in: OSTEUROPA, 1–2/2019, S. 79–87. – Auf verlorenem Posten? Die Zukunft der OSZE im europäischen Sicherheitssystem, in: OE, 2/2012, S. 117–134.

[1] Barry Buzan, Ole Waever, Jaap de Wilde: Security: A New Framework for Analysis. Boulder, London 1998.

OSTEUROPA, 70. Jg., 5/2020, S. 81–98 doi: 10.35998/oe-2020-0031

und Ressourcenkonflikten werde,[2] erwies sich als überzogen. Die Anrainerstaaten der Arktis haben sich von diesen Befürchtungen kaum leiten lassen. Gegenwärtig wird erneut in dramatischen Tönen über eine Konkurrenz zwischen den USA, China und Russland in der Arktis gesprochen. Die Gefahr ist nicht vollständig von der Hand zu weisen, doch aufgrund der geophysischen Gegebenheiten und des rauen Klimas ist es unwahrscheinlich, dass Konflikte in der Arktis militärisch ausgetragen werden.

Klimawandelbedingte Souveränitäts- und Ressourcenkonflikte?

Im September 2007 rückte ein beispielloser Rückgang des Meereises im Arktischen Ozean die Folgen der globalen Erwärmung für die Region nördlich des Polarkreises ins öffentliche Bewusstsein. Viele wiesen auf die dramatischen Folgen für Mensch und Umwelt hin. Manchen erschien die Aussicht, dass das Nordpolarmeer noch im 21. Jahrhundert phasenweise gänzlich eisfrei werden könnte,[3] jedoch auch verlockend. Sie hofften auf eine starke Zunahme der internationalen Schifffahrt, der Fischerei, des Tourismus und nicht zuletzt der Rohstoffförderung.

Vor diesem Hintergrund sorgte eine im Jahr 2008 veröffentlichte Studie des Geologischen Dienstes der USA für Aufregung. Dort hieß es, in der Arktis könne sich ein Viertel der unerforschten globalen Öl- und Gasvorkommen befinden.[4] Bereits ein Jahr zuvor war es Russland gelungen, mit dem Absetzen einer in Metall gefertigten Nationalflagge auf dem Meeresboden an der Stelle des geographischen Nordpols weltweit für Aufsehen zu sorgen.

Die Aussicht auf eine Erschließung der Arktis rief nicht nur die Sorgen um das fragile Ökosystem hervor. Sie rückte die Region auch ins Zentrum geopolitischer Debatten. Scott Borgerson prognostizierte Konflikte um den Zugang zu den Energieressourcen der Region sowie um den Status der künftig schiffbaren Wasserwege.[5] Er erklärte, die Arktis sei ein rechtloser Raum. Mit seinem Fazit „The Great Game Moves North" malte er das Schreckgespenst einer Militarisierung der Arktis und bewaffnete Konflikte an die Wand, an denen sich auch Staaten beteiligen würden, die nicht in der Region liegen.[6]

---

[2] Scott Borgerson: Arctic Meltdown. The Economic and Security Implications of Global Warming, in: Foreign Affairs, March/April 2008, <www.foreignaffairs.com/articles/arctic-antarctic/2008-03-02/arctic-meltdown>. – Ders.: The Great Game Moves North. As the Arctic Melts, Countries Vie for Control, in: Foreign Affairs, March 2009, <www.foreignaffairs.com/articles/global-commons/2009-03-25/great-game-moves-north>. – Leonid I. Ivašov: Geopolitičeskoe značenie Severnogo morskogo puti, in: Arktika 2015. VI Vserossijskaja morskaja naučno-praktičeskaja konferencija, Murmansk, 13–14 Maja 2015. Murmansk 2015, S. 11–17. – Rob Huebert: Climate Change and Canadian Sovereignty in the Northwest Passage, in: Isuma: Canadian Journal of Policy Research, 4/2001, S. 86–94. – Rob Huebert: Canadian Arctic Sovereignty and Security in a Transforming Circumpolar World. Canadian International Council, Foreign Policy for Canada's Tomorrow, 4/2009, <https://royaldutchshellgroup.com/wp-content/uploads/1947/04/ArcticSovereigntySecurity-831.pdf>.

[3] Michael Meredith, Martin Sommerkorn et al.: Polar Regions, in: IPCC Special Report on the Ocean and Cryosphere in a Changing Climate, 2019, S. 222–223, <www.ipcc.ch/site/assets/uploads/sites/3/2019/11/SROCC_FinalDraft_FullReport.pdf>.

[4] Circum-Arctic Resource Appraisal: Estimates of Undiscovered Oil and Gas North of the Arctic Circle. USGC, 2008, <https://pubs.usgs.gov/fs/2008/3049/fs2008-3049.pdf>.

[5] Borgerson, Arctic Meltdown [Fn. 2].

[6] Borgerson, The Great Game Moves North [Fn. 2].

Die Debatte über Souveränitäts- und Ressourcenkonflikte nahm derart an Fahrt auf, dass einzelne Beobachter sich sogar zu der Prognose verstiegen, der dritte Weltkrieg werde in der Arktis beginnen.[7]
Die Regierungen der Anrainerstaaten des Polarmeers ließen sich jedoch nicht von diesem Diskurs treiben. Dänemark initiierte im Mai 2008 eine Konferenz der Außenminister der fünf Anrainerstaaten des Nordpolarmeers: Dänemark (Grönland), Kanada, Norwegen, Russland und die USA im grönländischen Ilulissat.[8] In der Schlusserklärung der Konferenz hielten die Minister fest, dass die Arktis kein rechtloser Raum ist, sondern es einen umfangreichen Rechtsrahmen gibt, vor allem das Seerechtsübereinkommen (SRÜ) der Vereinten Nationen von 1982, das eine solide Grundlage für die verantwortungsvolle Nutzung des Nordpolarmeeres darstelle.[9] Die Minister bekannten sich dazu, überlappende Rechtsansprüche im Rahmen des Seerechtsübereinkommens zu regeln.[10]
Einer Versicherheitlichung der Arktispolitik wirkten die Staaten der Region auch durch ihre Zusammenarbeit im Arktischen Rat und in anderen Gremien entgegen.[11] Zudem veröffentlichten sie Arktisstrategien. Dies sorgte für mehr Transparenz, da nun klar war, welche Probleme die Staaten sahen und welche Absichten sie verfolgten. Im Jahr 2018 wiederholten alle arktischen Staaten das Bekenntnis zur Erklärung von Ilulissat.[12]

---

7 Vjačeslav Apanasenko: Novaja mirovaja vojna možet načat'sja v Arktike, in: Nezavisimoe voennoe obozrenie, 23.11.2012, <https://nvo.ng.ru/gpolit/2012-11-23/1_artic.html>.

8 Brooks Yeager weist darauf hin, dass Dänemarks Initiative eine direkte Reaktion auf die Debatte war. The Ilulissat Declaration: Background and Implications for Arctic Governance. Prepared for the Aspen Dialogue and Commission on Arctic Climate Change by Brooks B. Yeager, U.S. State Department, 1999–2000. Arctic Report, 5.11.2008, <www.arctic-report.net/product/background-and-implications-2008/>.
Die Ausschließliche Wirtschaftszone der fünf Anrainer umringt die Mitte des Arktischen Ozeans. Drei weitere Mitgliedstaaten des Arktischen Rats – Finnland, Island und Norwegen – waren nicht nach Ilulissat eingeladen und warfen den „Fünf" eine Politik der Ausgrenzung vor. Nach der Zweiten Konferenz der „Fünf" im kanadischen Chelsea im März 2010 wurden solche Treffen auf Ministerebene nicht mehr durchgeführt.

9 In der Erklärung wird das Seerechtsübereinkommen explizit nicht erwähnt. Der Grund war, dass die USA sich dem Übereinkommen nicht angeschlossen haben. Zwar akzeptieren sie die meisten Normen des Seerechtsübereinkommens als Gewohnheitsrecht, die Regierung wollte dem Kongress aber keinen Anlass zur Kritik liefern. In weiteren Erklärungen wiesen die fünf Staaten explizit darauf hin, dass mit dem „umfangreichen Rechtsrahmen" das Seerechtsübereinkommen gemeint war. Andrej Zagorskij (Hg.): Meždunarodno-političeskie uslovija razvitija Arktičeskoj zony Rossijskoj Federacii. Moskva 2015, S. 23–26.

10 The Ilulissat Declaration. Arctic Ocean Conference, Ilulissat, Greenland, 27–29 May 2008, <www.arctictoday.com/wp-content/uploads/2018/05/Ilulissat_Declaration.pdf>.

11 Im Arktischen Rat versammeln sich alle Staaten mit Gebieten nördlich des Polarkreises, neben den Anrainerstaaten des Nordpolarmeeres also auch Finnland, Schweden und Island.

12 High-level Meeting in Ilulissat, Greenland on the Occasion of the 10-year Anniversary of the Ilulissat Declaration. Ministry of Foreign Affairs of Denmark, 18.5.2018, <http://um.dk/en/news/NewsDisplayPage/?newsID=C26BC6EE-F208-43DA-A8B6-1923A3FD5824>. – Foreign Minister Sergey Lavrov's greetings to the Participants in the Event Marking the 10th Anniversary of the Ilulissat Declaration. Ministry of Foreign Affairs of the Russian Federation, 991-23-05-2018, <www.mid.ru/ru/foreign_policy/news/-/assetpublisher/cKNonkJE02Bw/content/id/3231254?p_p_id=101_INSTANCE_cKNonkJE02Bw&_101_INSTANCE_cKNonkJE02Bw_languageId=en_GB>.

Tatsächlich gibt es in der Arktis kaum konkurrierende Rechtsansprüche. Die wenigen Ausnahmen tragen nicht das Potential für die Eskalation eines Souveränitäts- oder Ressourcenkonflikts– weder zwischen Arktisstaaten noch zwischen einem Staat der Region und einem oder mehreren außerhalb der Region gelegenen Staaten.

Eine dieser Ausnahmen ist der Streit zwischen Dänemark und Kanada um die kleine Hans-Insel – ein unbewohnbarer Felsen in der Nares-Meerenge, welche die Westküste Grönlands von der kanadischen Ellesmere-Insel trennt. Der Streit um die Insel ist eine Prestigefrage. Egal worauf sich die beiden Staaten in den seit 2005 laufenden Gesprächen einigen – wirtschaftliche Konsequenzen wird dies für keine der beiden Seiten haben.[13]

Die seitliche Abgrenzung der Ausschließlichen Wirtschaftszonen (AWZ), deren Grenzen das Seerechtsübereinkommen lediglich zur Seeseite bei 200 Seemeilen festlegt, war bereits vor Beginn der Debatte um das Jahr 2008 in bilateralen Abkommen festgelegt worden.[14] Lediglich ein Streit zwischen Russland und Norwegen um die sogenannte „Grauzone“ in der Barentssee galt bis 2010 als potentiell eskalationsträchtig. Doch Russland und Norwegen haben im Jahr 2010 mit einem Vertrag ihre Ausschließlichen Wirtschaftszonen sowie den Festlandsockel über 200 Seemeilen hinaus in der Barentssee und im Arktischen Ozean abgegrenzt.[15] Die zwei offenen Abgrenzungsfragen – zwischen Dänemark und Kanada in der Lincolnsee und zwischen Kanada und den USA in der Beaufortsee – werden von keiner Seite als sicherheits- oder verteidigungspolitisches Problem angesehen.[16]

Eine andere Frage ist die Festlegung und Abgrenzung des „erweiterten“ Festlandsockels über 200 Seemeilen hinaus.[17] Hier gibt es tatsächlich überlappende Rechtsansprüche. Dies war ein wichtiges Thema in Ilulissat. Dort verpflichteten sich alle Anrainerstaaten des Nordpolarmeers darauf, sich bei der Festlegung der äußeren Grenzen ihres Festlandsockels vom Seerecht leiten zu lassen.[18]

Dies bedeutet, dass die Anrainerstaaten Angaben über die Grenzen ihres Festlandsockels an die im Rahmen des Seerechtsübereinkommens ins Leben gerufene Kommission zur Begrenzung des Festlandsockels (Festlandsockelkommission) zur wissenschaftlichen Prüfung übermitteln und die äußeren Grenzen ihres Festlandsockels auf der Basis der

---

[13] Statement on Canada’s Arctic Foreign Policy. Exercising Sovereignty and Promoting Canada’s Northern Strategy Abroad. Ottawa 2010, S. 13. – Canada and the Kingdom of Denmark (with Greenland) announce the establishment of a Joint Task Force on Boundary Issues. Ministry of Foreign Affairs of Denmark, 23.5.2018, <http://um.dk/en/news/NewsDisplayPage/?newsID=E624A67D-1317-4AC6-8F28-30F5234E9759>. – Michael Byers: International Law and the Arctic. Cambridge 2013, S. 14–15.

[14] Dazu detailliert: Zagorskij, Meždunarodno-političeskie uslovija [Fn. 10], S. 40–53.

[15] Siehe dazu die Karte in Einschub 1.

[16] Statement on Canada’s Arctic Foreign Policy [Fn. 12], S. 13. – Jacques Hartmann: Canada and Denmark reach Agreement on the Lincoln Sea Boundary. Blog of the European Journal of International Law, 10.1.2013, <www.ejiltalk.org/canada-and-denmark-reach-agreement-on-the-lincoln-sea-boundary>.

[17] Zur Frage des erweiterten Festlandsockels: Karl Hinz: Wem gehört die zentrale Arktis? Geologie, Bathymetrie und das Seerecht, in: OSTEUROPA, 2–3/2011, S. 87–92. – Zur Festlandsockelkommission siehe das Interview mit Karl Hinz „Es gibt keinen Wettlauf um die Arktis“. Karl Hinz über die Festlandsockelgrenzkommission, den Rohstoffmythos und einen Präzedenzfall, ebd., S. 93–100.

[18] Da die USA das Seerechtsübereinkommen nicht unterzeichnet haben, verpflichteten die Staaten sich nicht auf dieses Abkommen, sondern allgemeiner auf das Seerecht (Law of the Sea). Sie haben aber auch deutlich gemacht, dass sie das Verfahren der Kommission respektieren.

Empfehlungen dieser Kommission festlegen würden. Norwegen hatte diese Angaben bereits im Jahr 2006 übermittelt und im März 2009 die Empfehlung der Kommission erhalten.[19] Der Vertrag zwischen Norwegen und Russland aus dem Jahr 2010 diente der Umsetzung dieser Empfehlungen. Diese sahen vor, dass Norwegen vor der Festlegung der Grenzen seines reklamierten Festlandsockels ihn in der Barentssee und im Arktischen Ozean zuerst seitlich von jenem Russlands abgrenzen sollte.[20] Dänemark übermittelte die Angaben zum Festlandsockel Grönlands im Arktischen Ozean im Dezember 2014, Russland, das bereits 2001 einen Antrag bei der Festlandsockelkommission eingereicht hatte, übergab dieser im August 2015 zum zweiten Mal überarbeitete Angaben, und Kanada reichte die Daten im Mai 2019 ein. Die Ansprüche von Russland, Dänemark und Kanada überlappen sich, insbesondere die von Dänemark und Russland. Da die Überprüfung der Angaben durch die Kommission lange dauern wird – im Falle von Dänemark und Kanada sind noch nicht einmal die Unterkommissionen zusammengestellt worden, die sich mit den Anträgen befassen werden –, haben sich die drei Staaten 2014 auf das weitere Vorgehen verständigt. Sie werden keine Einwände gegen die Überprüfung durch die Kommission erheben und – nachdem sie die Empfehlungen erhalten haben werden – ihren Festlandsockel abgrenzen.[21] Diese Absprache wird immer wieder in Noten bestätigt, die im Rahmen der Übermittlung der Angaben an die Kommission gerichtet werden. Russlands Regierung hat in den jüngsten „Grundlagen der russländischen Politik in der Arktis bis 2035“ zusätzlich bekräftigt, dass der Festlandsockel im Arktischen Ozean aufgrund von Völkerrechtsnormen und der erreichten Absprachen abgegrenzt werden wird.[22] Solange die Staaten sich an die Absprache halten und keine einseitigen Schritte unternehmen, gibt es hier kein Konfliktpotenzial.

Auch die Rechtsansprüche von Kanada und den USA überlappen sich. Es ist aber noch nicht klar, auf welche Weise die USA ihre Ansprüche geltend machen wollen, denn sie können sich nicht an die Kommission wenden, solange sie dem Seerechtsübereinkommen nicht beigetreten sind.[23] Auf keinen Fall wird es aber zu einer Überschneidung der

---

[19] Die Anträge, der Notenwechsel und die Empfehlungen der Kommission sind von der Webseite der Kommission abrufbar: Commission on the Limits of the Continental Shelf (CLCS), Submissions and Recommendations, <www.un.org/depts/los/clcs_new/commission_submissions.htm>.

[20] Die Kommission hat nicht die Funktion, etwas anzuerkennen oder nicht. Die Grenzen des Festlandsockels werden allein von Küstenstaaten festgelegt. Die Kommission kann nur allen Parteien des SRÜ bestätigen (oder eben nicht), dass die eingereichten Angaben den im Artikel 76 festgelegten Kriterien entsprechen und entsprechend Empfehlungen formulieren. Die endgültige Entscheidung liegt bei dem Küstenstaat. Der Unterschied ist aber, dass die aufgrund der Empfehlungen der Kommission festgelegten Grenzen des Festlandsockels *endgültig* und für alle Parteien *bindend* sind. Das hindert die Küstenstaaten nicht daran, die Grenzen ihres Festlandsockels über 200 Seemeilen hinaus einseitig ohne Kommissionsempfehlungen oder ungeachtet der Empfehlungen festzulegen. Aber in diesem Fall können diese Grenzen von anderen Staaten bestritten werden. Dies ist der Grund, warum Ilulissat und der darauffolgende Notenwechsel für die Minimierung der Konflikte so wichtig waren.

[21] Andrej Zagorskij: Meždunarodnoe sotrudničestvo v Arktike, in: Mirovaja ėkonomika i meždunarodnye otnošenija, 7/2016, S. 106.

[22] Osnovy gosudarstvennoj politiki Rossijskoj Federacii v Arktike na period do 2035 goda, utveržden Ukazom Prezidenta Rossijskoj Federacii ot 5 marta 2020 goda N 164, Paragraph 16g, <http://docs.cntd.ru/document/564371920>.

[23] Zu den Optionen der USA: Kevin A. Baumert: USA: The Outer Limits of the Continental Shelf under Customary International Law, in: The American Journal of International Law, 4/2018, S. 861–870.

Ansprüche der USA und Russlands kommen, denn diese haben ihre maritimen Bereiche im Arktischen Ozean in einem Abkommen aus dem Jahr 1990 abgegrenzt.[24]

Das Seerechtsübereinkommen bietet auch den Rahmen für die Vermeidung von Konflikten mit Staaten, die nicht in der Region liegen. Die nationale Jurisdiktion der Anrainerstaaten des Nordpolarmeers erstreckt sich nicht auf das gesamte Meer. Auf Hoher See und in den unterschiedlichen Meereszonen, die das Seerechtsübereinkommen definiert, haben auch Drittstaaten Rechte und Pflichten.

Vor dem Hintergrund der Debatte über eventuelle Souveränitäts- und Ressourcenkonflikte haben die arktischen Staaten ihre Politik gegenüber Drittstaaten verschärft. Im Jahr 2011 haben sie Kriterien für die Aufnahme von Beobachtern des Arktischen Rates formuliert,[25] die 2013 in die Verfahrensregeln des Rates aufgenommen wurden.[26] Nach diesen Kriterien müssen Beobachter die Souveränität, die Hoheitsrechte und die Jurisdiktion der Arktischen Staaten[27] respektieren, anerkennen und zustimmen, dass maritime Aktivitäten in der Arktis vom internationalen Seerecht umfassend geregelt werden. Die Beobachter müssen regelmäßig Berichte über ihre Aktivitäten vorlegen, die vom Arktischen Rat überprüft werden. Ihre Beteiligung an der Arbeit des Rates sowie an der Finanzierung von Projekten unterliegt strengen Beschränkungen. Der Status eines Beobachters kann entzogen werden, wenn einer der Mitgliedstaaten den Konsens aufkündigt, der zum Zeitpunkt der Aufnahme geherrscht hatte.[28]

---

[24] Agreement between the United States of America and the Union of Soviet Socialist Republics on the Maritime Boundary, 1.6.1990. US State Department, <www.state.gov/wp-content/uploads/2020/02/US_Russia_1990.pdf>.

[25] The criteria for admitting observers and role for their participation in the Arctic Council, in: Senior Arctic Officials (SAO) Report to Ministers, Nuuk, Greenland, May 2011, S. 50–51, <http://library.arcticportal.org/1251/1/SAO_Report_to_Ministers_Nuuk_Ministerial_Meeting_May_2011.pdf>.

[26] Arctic Council Rules of Procedure as adopted by the Arctic Council at the First Arctic Council Ministerial Meeting Iqaluit, Canada September 17-18, 1998. Revised by the Arctic Council at the Eighth Arctic Council Ministerial Meeting Kiruna, Sweden May 15, 2013, S. 14, <www.sdwg.org/wp-content/uploads/2015/11/2015-09-01_Rules_of_Procedure_website_version.pdf>.

[27] Diese von Ilulissat übernommene Formel trägt den unterschiedlichen Rechtsregimen Rechnung, die in den vom Seerechtsübereinkommen definierten Meeresbereichen gelten. Die Souveränität der Küstenstaaten erstreckt sich bis zur Grenze des Küstenmeeres (maximal 12 Seemeilen von den Basislinien), doch im Küstenmeer gilt für alle Schiffe das Recht auf friedliche Durchfahrt – ohne Genehmigung oder Voranmeldung. In der anschließenden Ausschließlichen Wirtschaftszone von maximal 200 Seemeilen von den Basislinien haben Küstenstaaten souveräne (ausschließliche) Rechte zur Erforschung und wirtschaftlichen Nutzung des Meeres und des Meeresbodens. Gleichzeitig genießen hier alle Staaten die Freiheit der Schifffahrt, des Überflugs und der Verlegung unterseeischer Kabel und Rohrleitungen. Lediglich in eisbedeckten Gebieten haben Küstenstaaten das Recht, Vorschriften zur Verhütung, Verringerung und Überwachung der Meeresverschmutzung durch Schiffe zu erlassen und durchzusetzen. Darüber hinaus üben Küstenstaaten souveräne Rechte über den Festlandsockel zum Zweck seiner Erforschung und der Ausbeutung seiner natürlichen Ressourcen aus. Der Festlandsockel, der sich über die 200 Seemeilen erstrecken kann, ist nicht Teil des Territoriums des Küstenstaates. Das Seerechtsübereinkommen der Vereinten Nationen. <https://eur-lex.europa.eu/legal-content/DE/TXT/PDF/?uri=CELEX:21998A0623(01)&from=DE>. – Uwe Jenisch: Arktis und Seerecht. Seegrenzen, Festlandsockelansprüche und Verkehrsrechte, in: Logbuch Arktis. Der Raum, die Interessen und das Recht, in: Osteuropa, 2–3/2011, S. 57–76.

[28] Sebastian Knecht: A Perspective from an NPAC Fellow, in: Robert W. Corell et al. (Eds.): The Arctic in World Affairs. A North Pacific Dialogue on Global-Arctic Interactions: The Arctic Moves from Periphery to Center. Busan, Honolulu 2019, S. 385–394.

Solche Auflagen betonen allgemein die Exklusivität des arktischen Klubs. Es ist aber klar, dass sie in erster Linie auf China zielen, das seit 2013 Beobachter im Arktischen Rat ist.[29] Doch gerade auf der Grundlage des Seerechtes lässt sich ein gemeinsamer Nenner mit Peking finden. Das „Weißbuch zur chinesischen Arktispolitik", das Peking 2018 vorlegte, sagt explizit, dass China die Souveränität und die Hoheitsrechte der arktischen Staaten respektiert und hebt das Seerechtsübereinkommen als das wichtigste Regelwerk für die Arktis hervor. Im Gegenzug erwartet Peking, dass auch seine Rechte respektiert werden.[30] Das ist mit dem Kern der Erklärung von Ilulissat vereinbar.

Auf jeden Fall sind Ressourcenkonflikte in der Arktis – auch mit Drittstaaten – unwahrscheinlich. Die Bedeutung der Energieressourcen der Region für die Weltmärkte dürfte überschätzt worden sein.[31] Ohnehin sind die Vorkommen hauptsächlich in Küstennähe in den ausschließlichen Wirtschaftszonen der Anrainerstaaten konzentriert, wo ihre ausschließlichen Rechte von niemand in Frage gestellt werden.[32] Nach der Festlegung der äußeren Grenzen des Festlandsockels werden alle möglichen Ressourcen auf dem Meeresboden des Arktischen Ozeans unter die Jurisdiktion der Anrainerstaaten fallen. Für Kontroversen könnte die Regelung des Schiffsverkehrs in den Ausschließlichen Wirtschaftszonen von Kanada und Russland sorgen. Beide Staaten berufen sich auf Artikel 234 des Seerechtsübereinkommens, um abweichend von der Freiheit der Schifffahrt in dieser Zone, den Schiffsverkehr streng zu regeln.[33] In Artikel 234 SRÜ heißt es:

> Die Küstenstaaten haben das Recht, nichtdiskriminierende Gesetze und sonstige Vorschriften zur Verhütung, Verringerung und Überwachung der Meeresverschmutzung durch Schiffe in eisbedeckten Gebieten innerhalb der Ausschließlichen Wirtschaftszone zu erlassen und durchzusetzen, wenn dort besonders strenge klimatische Bedingungen und das diese Gebiete während des größten Teiles des Jahres bedeckende Eis Hindernisse oder außergewöhnliche Gefahren für die Schifffahrt schaffen und die Verschmutzung der Meeresumwelt das ökologische Gleichgewicht ernstlich schädigen oder endgültig zerstören könnte.

Umstritten ist zudem der Rechtsstatus der Meerengen in den kanadischen Gewässern der Nordwestpassage sowie auf Russlands Nördlichem Seeweg. Beide Staaten haben

---

29 Daneben haben zwölf weitere Staaten diesen Status: Deutschland, Frankreich, Großbritannien, Italien, die Niederlande, Polen, die Schweiz und Spanien, sowie Japan, Südkorea, Indien und Singapur.

30 China's Arctic Policy. The State Council Information Office of the People's Republic of China, 26.1.2018, <http://english.gov.cn/archive/white_paper/2018/01/26/content_2814760 26660336.htm>. – Andrej Zagorskij: Kitaj prinimaet uslovija v Arktike, in: Mirovaja ėkonomika i meždunarodnye otnošenija, 7/2019, S. 76–83.

31 David L. Pumphrey: The Impacts of Shifting World Energy Markets on Arctic Resource Development, in: Oran R. Young et al. (Hg.): The Arctic in World Affairs. A North Pacific Dialogue on the Arctic in the Wider World. Busan, Honolulu 2015, S. 249–278.

32 Arctic Planning. Navy Report to Congress Aligns with Current Assessments of Arctic Threat Levels and Capabilities Required to Execute DOD's Strategy. United States Government Accountability Office. Report to Congressional Committees. November 2018, S. 6–7, <www.gao.gov/assets/700/695312.pdf>.

33 Robert C. Beckman et al. (Hg.): Governance of Arctic Shipping: Balancing Rights and Interests of Arctic States and User States. Leiden, Boston 2017.

diese Meerengen 1985 zu ihren „Binnengewässern“ erklärt, indem sie Inseln durch direkte Basislinien mit der Festlandküste verbunden haben. Vor allem die USA und teilweise auch die EU lehnen dies ab und bestehen darauf, dass die betreffenden Meerengen mindestens für die Transitdurchfahrt offen bleiben.[34]

Jahrzehntelang bestanden die USA auf ihrer Rechtsposition, ohne praktische Maßnahmen zur Durchsetzung zu unternehmen. Mit dem wachsenden Seeverkehr und der gegenwärtigen Konfrontation der USA mit Russland und China könnte diese Kontroverse aber wieder aufleben. Die Behauptung der Freiheit des Schiffsverkehrs gehört seit den 1970er Jahren, als die erste Doktrin der US-Politik in der Arktis verabschiedet wurde, auf die Liste ihrer nationalen Sicherheitsinteressen in der Region. Die übliche Option zur Durchsetzung dieser Freiheit durch die demonstrative Entsendung der Kriegsschiffe in die umstrittenen Gewässer, wie das die USA häufig in anderen Meeren praktizieren, blieb aber solange eine eher theoretische Option in der Arktis. Sollte sich die Konfrontation mit Russland auf die Region ausdehnen lassen, könnte die Umsetzung solcher Operationen durch die USA in der Arktis durchaus eine ernst zu nehmende Option werden.

Militarisierung der Arktis?

Die in den vergangenen zehn Jahren immer wieder geäußerte Erwartung, dass in der Arktis ein Wettrüsten einsetzen werde, war eng mit den prognostizierten Souveränitäts- und Ressourcenkonflikten verknüpft. Jede Entscheidung eines arktischen Staats, seine Präsenz in der Region zu verstärken, wurde als Beweis für die beginnende Militarisierung gedeutet. Doch die Anrainerstaaten stellten keine nennenswerte militärische Bedrohung fest, da es schlicht keine Konflikte gab. Insofern schätzten sie das Risiko für eine militärische Auseinandersetzung als eher unwahrscheinlich ein. Sie schlossen Kontroversen zwar nicht aus, hielten die Konflikte aber im Rahmen der bestehenden Institutionen für regelbar, solange sich alle Staaten an das Seerecht halten.[35] Studien zur Militärpolitik der Anrainerstaaten zeigen, dass es kein Anzeichen für ein Wettrüsten in der Region gibt, das einem Aktion-Reaktion-Muster folgen würde.[36]

Gleichzeitig waren die Anrainerstaaten besorgt über nichtmilitärische Herausforderungen, die sich aus der zunehmenden Nutzung der maritimen Bereiche ergeben könnten.

---

[34] Report to Congress on Strategy to Protect United States National Security Interests in the Arctic Region. Washington 2016, S. 7, <https://dod.defense.gov/Portals/1/Documents/pubs/2016-Arctic-Strategy-UNCLAS-cleared-for-release.pdf>. Ausführlich zu den Bestimmungen des Seerechts in der Frage der Meerengen und der Rechtsauslegung Russlands siehe: Thijs Duyzings: Der Nördliche Seeweg. Russlands Schifffahrtsregeln und das Völkerrecht, in: OSTEUROPA, 2–3/2011, S. 101–112.

[35] Arctic Strategy. U.S. Department of Defense, 2013, S. 2, 4, <https://dod.defense.gov/Portals/1/Documents/pubs/2013_Arctic_Strategy.pdf>. – Report to Congress on Arctic Operations and the Northwest Passage. US Department of Defense, 2011, S. 2, 3, 8, 9, 10, 13, 15, 31, <https://dod.defense.gov/Portals/1/Documents/pubs/Tab_A_Arctic_Report_Public.pdf>. – The United States Navy Arctic Roadmap for 2014 to 2030. Washington 2014, S. 14–15, <https://info.publicintelligence.net/USNavy-ArcticRoadmap.pdf>.

[36] Christian le Mière, Jeffrey Mazo: Arctic opening: insecurity and opportunity. Abingdon, New York 2013. – Siemon T. Wezeman: Military capabilities in the Arctic. SIPRI Background Paper 2012. – Siemon T. Wezeman: Military capabilities in the Arctic. A new cold war in the High North? SIPRI Background Paper 2016.

Mehrere Staaten überlegten, welche Kapazitäten sie in der Arktis bräuchten, um die Sicherheit von Umwelt und Menschen garantieren zu können. Obwohl es in erster Linie um arktische „constabulary forces“ (Polizeitruppen) ging, welche die zur Sicherheit des Seeverkehrs, zur Seenotrettung, zur Vorbeugung und Bekämpfung von Ölunfällen, zum Grenzschutz und zur Katastrophenhilfe beitragen sollten, werden solche Aufgaben in vielen Fällen auch von Streitkräften, insbesondere von der jeweiligen Marine, wahrgenommen.

Die Staaten der Region schlugen unterschiedliche Wege ein, um ihre Kapazitäten zu erhöhen. Kanada entschied sich unter Premierminister Stephen Harper (2006–2015) für den Bau von eisgängigen Marinefregatten. Gleichzeitig legte die Regierung das Programm zum Bau neuer Eisbrecher für die Küstenwache ad acta.[37] Diese Entscheidung war höchst umstritten, denn Eisbrecher haben eine längere Einsatzzeit als die Fregatten.[38] Die US-Marine verzichtete hingegen auf Kriegsschiffe für die Arktis und übertrug die Aufgabe, im Nordpolarmeer maritime Präsenz zu zeigen, an die Küstenwache. Zwar bleibt die Arktis für die USA aus der Sicht der strategischen Abschreckung von großer Bedeutung, denn hier, konkret in Alaska, Kanada und Grönland, sind Frühwarn-, Luft- und Raketenabwehrsysteme stationiert. Aus konventioneller militärischer Perspektive bleibt sie aber eine periphere Region.[39] Unter den harschen klimatischen Bedingungen der Arktis würde die konventionelle Präsenz der Marine den Bau von teuren, speziell gegen Eis verstärkten Kriegsschiffen und enorme Investitionen in die Küsteninfrastruktur erfordern.[40] Dennoch wären diese Schiffe nur begrenzt einsatzfähig. Zudem würde dies Mittel aus wichtigeren Programmen der Marine abziehen, die gerade grundlegend modernisiert wird, um globale Aufgaben erfüllen zu können.[41] Das Pentagon geht davon aus, dass auf absehbare Zeit die klimatischen Bedingungen in der Arktis für maritime Operationen äußerst ungünstig bleiben,[42] und nur

> ein katastrophales Ereignis oder eine von der Region ausgehende ernstzunehmende konventionelle Bedrohung uns zwingen könnte, die bisherige Politik zu überdenken.[43]

Russland hat sich nach 2008 als einziger Staat für den Ausbau seiner militärischen Präsenz in der Arktis entschieden. Das Programm umfasste den Wiederaufbau und die Modernisierung militärischer Infrastruktur, sah eine Stärkung des Grenzschutzes sowie der Küstenwache und den Bau von Katastrophenschutz- und Rettungszentren vor.[44]

---

37 Ryan Dean, P. Whitney Lackenbauer, Adam Lajeunesse: Canadian Arctic Defence Policy. A Synthesis of Key Documents, 1970–2013. Calgary, Waterloo 2014, S. 46–47.

38 Alex Cooke: Canada’s first Arctic and Offshore Patrol Vessel meets water for the first time. National Post, 15.9.2018, <https://nationalpost.com/pmn/news-pmn/canada-news-pmn/canadas-first-arctic-and-offshore-patrol-vessel-meets-water-for-the-first-time>.

39 Report to Congress on Arctic Operations and the Northwest Passage, S. 12.

40 Michael D. Bowes: Impact of Climate Change on Naval Operations in the Arctic. Center for Naval Analysis, 2009.

41 Arctic Planning [Fn. 32], S. 13–14. – Marc F. Cancian: U.S. Military Forces in FY 2020. Navy. CSIS, 2019.

42 Report to Congress. Department of Defense Arctic Strategy. Washington, 2019, S. 3–4, <https://media.defense.gov/2019/Jun/06/2002141657/-1/-1/1/2019-DOD-ARCTIC-STRATEGY.PDF>.

43 Report to Congress on Arctic Operations and the Northwest Passage, S. 12.

44 Andrej Zagorskij: Bezopasnost’ v Arktike. Moskva 2019, S. 89–93.

Zwar waren manche Berichte über die Entwicklung militärischer Infrastruktur in den arktischen Gebieten Russlands überzogen.[45] Doch Russland ist das einzige Land, das permanent substanzielle Streitkräfte nördlich des Polarkreises stationiert hält und ein ambitioniertes Programm des militärischen Aufbaus umsetzt.[46]

Doch dies führt nicht dazu, dass diese Truppen den USA gegenüberstünden. Diese unterhalten zwei Brigaden des Indo-Pazifischen Kommandos mit ca. 20 000 Mann in Alaska. Die Truppen von Russlands Ende 2014 gegründetem Strategischen Kommando Nord – die Nordflotte mit bis zu 90 000 Angehörigen[47] – sind nahezu ausschließlich auf der Kola Halbinsel stationiert, in mehr als 7000 Kilometern Entfernung von Alaska. Die wiederaufgebauten Stützpunkte liegen zerstreut vom Franz-Josef-Land-Archipel im Westen bis zur Wrangel-Insel im Osten. Dort dienen lediglich ca. 1000 Mann, die vor allem mit der Aufrechterhaltung der Infrastruktur der Stützpunkte beschäftigt sind.[48]

Die Stationierung substanzieller Streitkräfte Russlands im Norden ist nicht darauf zurückzuführen, dass Russland eine aus dem Raum der Arktis kommende konventionelle militärische Bedrohung sieht.[49] Die aktuell gültigen „Grundlagen der russländischen Politik in der Arktis“ betonen wie auch die frühere Arktis-Strategie nichtmilitärische Herausforderungen für die Sicherheit und nennen keine konkreten konventionellen Bedrohungen.[50] Die Tatsache, dass Russlands wichtigste Flotte mit zwei Dritteln der strategischen U-Boote im Hohen Norden stationiert ist, ist alleine auf die geographischen Gegebenheiten zurückzuführen. Russland hat im Westen des Landes nur dort ungehinderten Zugang zum Weltmeer. Die Kola-Halbinsel ist der einzige Ort in Russlands arktischen Gebieten, wo die Tiefwasserhäfen nicht zufrieren. Andere arktische Staaten haben günstigere Zugänge zum Weltmeer und müssen ihre Marine daher nicht im Norden stationieren.

Die Hauptaufgabe der Nordflotte ist es, die Einsatzfähigkeit der im Norden stationierten seegestützten strategischen nuklearen Streitkräfte Russlands zu sichern. Darüber hinaus gehört der Nordatlantik zu ihrem wichtigsten Operationsgebiet. Die Aktivitäten der Nordflotte in der Kernarktis beschränken sich auf jährliche Patrouillen entlang der Nordküste Russlands in der Hochsaison, wenn die Gewässer weitgehend eisfrei sind. Die meiste Zeit des Jahres bleibt das Nordpolarmeer – mit Ausnahme der Norwegischen See und weiter Teile der Barentssee – eisbedeckt und für maritime Operationen unzugänglich.

---

[45] Matthew Melino, Heather A. Conley, Joseph S. Bermudez Jr, Tiksi Airbase – Many Russian Announcements, Little Equipment. CSIS Brief, March 2020.

[46] Russlands Flotte hat im Vergleich zur sowjetischen erheblich an Stärke verloren. So hatte die Nordflotte Ende der 1980er Jahre 172 U-Boote (darunter 39 strategische mit nuklearen ballistischen Raketen an Bord), über 200 Kampfschiffe und ca. 400 Kampfflugzeuge. 2019 hatte die Flotte in ihrem Bestand 40 U-Boote (darunter acht strategische), 38 Kampfschiffe und ca. 200 Kampfflugzeuge. Aleksej Arbatov: Arktika i strategičeskaja stabil'nost', in: Andrej Zagorskij (Hg.): Arktika: zona mira i sotrudničestva. Moskva 2011, S. 64. – Boevye korabli Rossijskoj Federacii – 2019. RussianShips.info, 17.12.2019, <http://russianships.info/today/>.

[47] Admiral rasskazal o zadačach Severnogo flota v Arktike i Mirovom okeane, in: RIA Novosti, 10.11.2016 <https://ria.ru/defense_safety/20161110/1481059001.html>.

[48] Aleksandr Šimberg: Arktičeskie rubeži zaščiščeny? REGNUM, 28.2.2018, <https://regnum.ru/news/2385195.html>.

[49] Alexander Sergunin, Valery Konyshev: Russian military strategies in the Arctic: change or continuity? In: European Security, 2/2017, S. 177–189.

[50] Osnovy gosudarstvennoj politiki Rossijskoj Federacii v Arktike [Fn. 22].

Oben: Strategisches Atom-U-Boot Aleksandr Nevskij. Unten: NATO-Übung „Cold Response“ in Norwegen im März 2020 (wegen Pandemie vorzeitig abgebrochen)

Der Wiederaufbau von Stützpunkten dient in erster Linie der Überwachung des arktischen Raumes sowie der Luft- und Raketenabwehr. Manche Flugplätze ermöglichen strategischen Flugzeugen eine Zwischenlandung zum Auftanken. In dieser Hinsicht sind Russlands Stützpunkte in der Arktis eher mit denen des gemeinsamen nordamerikanischen Luftüberwachungskommandos der USA und Kanadas (NORAD) und den Luftwaffenstützpunkten der USA in Alaska zu vergleichen. Auch der Dänische Militärische Nachrichtendienst (DDIS) kommt zur der Einschätzung, dass der Wiederaufbau der russländischen Stützpunkte im Hohen Norden vorwiegend der Aufrechterhaltung der strategischen Abschreckung gegenüber den USA dient.[51]

Den arktischen Staaten war bewusst, dass einseitige sicherheits- und verteidigungspolitische Entscheidungen und Handlungen in der Region falsch verstanden und insbesondere vor dem Hintergrund der dramatisierenden Darstellungen der Lage in der Arktis in der Tat ein Wettrüsten provozieren können, das keiner von ihnen wollte. Die Antwort auf neue, nichtmilitärische Herausforderungen sollte gemeinsam erfolgen. Dieses Thema stand im Jahr 2008 auch in Ilulissat auf der Tagesordnung. In der Abschlusserklärung wurde betont, dass das wachsende Risiko von Unfällen auf See eine deutliche Stärkung der Kapazitäten bei der Seenotrettung erforderlich mache, was nicht zuletzt durch Informationsaustausch sowie bilaterale und multilaterale Zusammenarbeit erreicht werden sollte.[52]

Der kooperative Ansatz trat am deutlichsten in der kanadischen Debatte hervor. Dort gingen die Anhänger eines härteren Kurses bereits vor, aber insbesondere nach dem Sieg der Konservativen bei den Wahlen im Jahr 2006 davon aus, dass sich mit der Öffnung der Region für wirtschaftliche Aktivitäten die Kontroversen über den Rechtsstatus der kanadischen Gewässer in der Nordwestpassage sowie über die Abgrenzung der maritimen Bereiche mit den USA und Dänemark zuspitzen würden. Sie erklärten, Kanada könne sich bei der Behauptung seiner Souveränität im Norden weder auf das Völkerrecht noch auf freundliche Beziehungen mit den Nachbarstaaten verlassen, sondern müsse in der Arktis auch militärisch präsent sein.[53] Genau das versprach die Regierung von Stephen Harper.

Die Anhänger einer gemäßigten Politik hielten dagegen die Furcht vor einem militärischen Konflikt in der Arktis für stark übertrieben und bestanden darauf, dass Fragen der ökologischen Sicherheit und der Sicherheit der Menschen als gemeinsame regionale Aufgabe gesehen werden müssten. Im Jahr 2010 empfahl der Verteidigungsausschuss des kanadischen Parlaments der Regierung, ihrer Arktispolitik das Prinzip des Multilateralismus zugrunde zu legen, das Mandat des Arktischen Rates auf sicherheitspolitische Fragen zu erweitern und den Rat zu stärken. Die Regierung solle bilaterale und multilaterale Foren nutzen, um eine Militarisierung der Arktis zu verhindern.[54]

Diese Debatte blieb nicht ohne Folgen. In ihrer Erklärung zur arktischen Politik betonte die Regierung Kanadas 2010, dass die Staaten sich der neuen sicherheitspolitischen

---

51 Intelligence Risk Assessment 2018. An assessment of developments abroad impacting on Danish security. Copenhagen 2018, S. 35.

52 The Ilulissat Declaration [Fn. 10].

53 P. Whitney Lackenbauer, Ryan Dean, Introduction, in: P.W. Lackenbauer, R. Dean (Hg.): Canada's Northern Strategy under the Harper Conservatives: Key Speeches and Documents on Sovereignty, Security, and Governance, 2006–15. Calgary. Waterloo 2016, S. I–III.

54 Dean u.a., Canadian Arctic Defence Policy [Fn. 37], S. 71–74.

Herausforderungen in der Region gemeinsam mit den Nachbarstaaten bilateral und multilateral im Arktischen Rat und in anderen Foren annehmen sollen.[55]

Infolge der intensiven Kommunikation und als gemeinsame Antwort auf die neuen sicherheitspolitischen Herausforderungen und auf die dramatisierende Darstellung der geopolitischen Folgen des Klimawandels in der Arktis wurde zu Beginn der 2010er Jahre der Arktische Rat gestärkt. Unter seinem Schirm wurden die ersten rechtlich bindenden Abkommen verhandelt – über die Zusammenarbeit im Bereich Seenotrettung aus der Luft und zu Wasser (2011) sowie über die Zusammenarbeit zur Vermeidung und Beseitigung von Ölverschmutzung auf See (2013) in der Arktis. Nicht zuletzt vor diesem Hintergrund wurden die ersten Schritte zur Bildung einer inklusiven sicherheitspolitischen Architektur in der Region unternommen.[56]

Da der Arktische Rat nicht die Kompetenz hat, sich mit militärischen Sicherheitsfragen zu befassen, und es keinen Konsens unter den Mitgliedern gibt, dass das Mandat erweitert werden soll, arbeiten die arktischen Staaten in sicherheitspolitischen Fragen in einem anderen Format als jenem des Rats zusammen, wenngleich diese Zusammenarbeit oft informell an den Rat angebunden ist. Wie im Abkommen über die Kooperation bei der Seenotrettung vereinbart, fanden in den Jahren 2011 und 2012 in Kanada und Grönland gemeinsame Übungen der Mitgliedstaaten des Arktischen Rats statt. 2012 und 2013 folgten zwei Treffen ihrer Generalstabschefs. Es wurde vereinbart, solche Treffen jährlich durchzuführen, um sich über die Lage in der Arktis auszutauschen und gemeinsame Übungen durchzuführen.

Im Jahr 2011 fand auf Initiative des Europäischen Kommandos der USA (EUCOM) in Zusammenarbeit mit Norwegen das erste Treffen des Runden Tisches arktischer Sicherheitskräfte unter Beteiligung von zwölf Staaten statt. Daraus entwickelte sich ein jährliches Treffen. Neben den Mitgliedstaaten des Arktischen Rates nehmen Deutschland, Frankreich, Großbritannien und die Niederlande teil. Die Mitgliedstaaten des Arktischen Rates erwogen auch, wie sie die Zusammenarbeit ihrer Küstenwachen institutionalisieren könnten. Zur Diskussion standen eine Zusammenarbeit im Rahmen der bereits bestehenden regionalen Kooperationsforen der Küstenwachen im nordöstlichen Atlantik oder im Nordpazifik sowie die Gründung eines eigenständigen Arktischen Forums der Küstenwachen. Die Entscheidung fiel zugunsten der Gründung eines eigenständigen Forums aus.

Die inklusive und kooperative regionale sicherheitspolitische Architektur sollte nicht zuletzt zur Überwindung der alten, vom Kalten Krieg geprägten Trennlinien in der Arktis beitragen und dafür sorgen, dass keine neuen Trennlinien entstehen.

[55] Statement on Canada's Arctic Foreign Policy [Fn. 13], S. 11, 25.

[56] Ekaterina Klimenko: Russia's Arctic Security Policy. Still quiet in the North? SIPRI Policy Paper 45/2016, S. 30–31. – Andrei Zagorski: Russia's Arctic governance policies, in: Linda Jakobson, Neil Melvin (Hg.): The New Arctic Governance. SIPRI Research Report 25/2016, S. 101.

Konkurrenz der Großmächte

Diese kooperative Entwicklung wurde 2014 durch die wachsende Entfremdung zwischen Russland und dem Westen nach der Eingliederung der Krim in die Russländische Föderation unterbrochen. Zwar setzten die arktischen Staaten ihre Kooperation im Arktischen Rat – und auch außerhalb dieses Forums – durch einige bemerkenswerte Übereinkommen fort – man denke etwa an die Gründung des Arktischen Forums der Küstenwachen im Jahr 2015, das dritte Abkommen zur Stärkung wissenschaftlicher Zusammenarbeit in der Arktis von 2017, das unter dem gemeinsamen Vorsitz der USA und Russland ausgearbeitet wurde, den Polarkodex von 2015 zur Regelung der Schifffahrt in eisbedeckten Gewässern oder an das Abkommen von 2018, das ungeregeltem Fischfang in der zentralen Zone des Nordpolarmeeres jenseits der Ausschließlichen Wirtschaftszonen vorbeugen soll. Gleichwohl war die Zusammenarbeit in der Arktis von der Entfremdung zwischen Russland und dem Westen betroffen. So wurde jegliche Kooperation im militärisch-politischen Bereich suspendiert. Dies gilt mittlerweile seit sechs Jahren! Seit 2014 fanden keine Treffen der Generalstabschefs mehr statt, und Russland beteiligt sich nicht mehr an den jährlichen Treffen des Runden Tisches arktischer Sicherheitskräfte. Sowohl Russland als auch die USA und die NATO sind zur Abschreckungspolitik des Kalten Kriegs zurückgekehrt und damit sind die militärischen Aktivitäten auch in der Arktis intensiver geworden. Allerdings beschränken sich diese Aktivitäten nahezu ausschließlich auf den Nordatlantik. Gleichwohl ist das Phantom des Wettrüstens in der Arktis wieder erwacht[57] – und die Regierungen werfen sich gegenseitig vor, die Militarisierung der Region zu betreiben.[58]

Vor der Zäsur des Jahres 2014 verstanden die westlichen Staaten Russlands militärischen Aufbau in der Arktis nicht nur als legitime Maßnahme zum Schutz der langen Küstenlinie, zur Überwachung des arktischen Raumes, zur Aufrechterhaltung der nuklearen Abschreckungsfähigkeit und zum Katastrophenschutz. Sie sahen darin sogar einen möglichen Beitrag zur Einhegung neuer sicherheitspolitischer Risiken.[59] Heute sehen die westlichen Staaten Russlands Aktivitäten als sicherheitspolitische Herausforderung, wenn nicht sogar als Bedrohung.[60]

---

[57] Claus Hjort Frederiksen: Danish Defence in the midst of change, in: Kristian Fischer, Hans Mouritzen (Hg.): Danish Foreign Policy Review 2019. Copenhagen 2019, S. 37. – Daniel S. Hamilton: Rude Awakening: Security Challenges in Northern Europe, in: Nanna Hvydt, Hans Mouritzen (Hg.): Danish Foreign Policy Yearbook 2015. Copenhagen 2015, S. 30. – Wojciech Lorenz: Arctic Cooperation in the Shadow of Russian Bombers. PISM Bulletin, 53/2015.

[58] Looking North: Sharpening America's Arctic Focus: Remarks. Michael R. Pompeo, Secretary of State. May 6, 2019, Rovaniemi, Finland. U.S.-Department of State. 6.5.2019, <www.state.gov/looking-north-sharpening-americas-arctic-focus/>. Intervju Posla po osobym poručenijam MID Rossii N.V. Korčunova meždunarodnomu informacionnomu agentstvu „Rossija segodnja", 29 nojabrja 2019 goda. MID Rossii, 29.11.2019, <www.mid.ru/ru/foreign_policy/rso/-/asset_publisher/0vP3hQoCPRg5/content/id/3925387>.

[59] Gerald E. Connolly (United States), Rapporteur, Sub-Committee on Transatlantic Relations. Report: NATO and Security in the Arctic. NATO Parliamentary Assembly, Political Committee. 172 PCTR 17 E rev.1 fin. 7.10.2017, S. 6–7.

[60] A stronger defence. The military advice of the Chief of Defence 2019. Abridged version. Oslo 2019, S. 4, <https://forsvaret.no/en/newsroom/news-stories/a-stronger-defence>.

Immer wieder wird vor diesem Hintergrund die Frage aufgeworfen, ob und wie lange die regionale Zusammenarbeit in der Arktis von den Auswirkungen der internationalen Turbulenzen abgeschirmt werden kann.[61] Die Trump-Regierung verfolgt seit 2017 eine Politik der globalen Konkurrenz, wenn nicht der Konfrontation der USA mit China und Russland.[62] Das bezieht sich zwar kaum auf den arktischen Raum, verstärkt aber die Versicherheitlichung der Arktis. So hat der US-Außenminister Michael Pompeo in einer Rede im finnischen Rovaniemi am 6. Mai 2019, am Tag vor der Eröffnung der ministeriellen Sitzung des Arktischen Rates, die Region zu einer Zone der Machtpolitik erklärt.[63]

In den gültigen sicherheitspolitischen Doktrinen der USA wird der Arktis weiterhin keine große Bedeutung beigemessen. Washington betrachtete die Region nie als einen eigenständigen Raum für konventionelle militärische Aktivitäten.[64] In der jüngsten Nationalen Sicherheitsstrategie der USA wird die Arktis nur einmal erwähnt, und dies in einem sehr allgemeinen Kontext.[65] Weder in der Nationalen Verteidigungsstrategie von 2018[66] noch in den Empfehlungen des Nationalen Ausschusses für die Fragen nationaler Verteidigungsstrategie spielt die Region eine Rolle.[67]

Die These von der wachsenden Konkurrenz mit China und Russland hat allerdings Eingang in die aktualisierte Arktisstrategie des Pentagon und der US-Küstenwache aus dem Jahr 2019 gefunden.[68] Darin wird behauptet, China stelle die völkerrechtliche Ordnung in der Arktis in Frage, korrumpiere die Staaten der Region mit umfangreichen Investitionen, baue die Verkehrs- und Forschungsinfrastruktur aus, um sie gegebenenfalls für militärische Zwecke zu nutzen. Diese Thesen haben auch Eingang in die Rede von US-Außenminister Pompeo im Arktischen Rat im Mai 2019 gefunden.[69] Abgesehen davon, dass China keine eisverstärkten Kriegsschiffe zum eventuellen Einsatz in der Arktis baut oder plant und nicht über eine Küsteninfrastruktur zu ihrer Versorgung verfügt, verfolgt Peking momentan eine Politik, die im diametralen Gegensatz zu dem steht, was die Strategen des Pentagons China unterstellen. So erklärt China in seiner

[61] Helge Blakkisrud: Introduction: Can Cooperative Arctic Policies Survive the Current Crisis in Russian-Western Relations? In: Arctic Review on Law and Politics, 9/2018, S. 377–381.

[62] National Security Strategy of the United States of America. Washington 2017, <www.whitehouse.gov/wp-content/uploads/2017/12/NSS-Final-12-18-2017-0905.pdf>.

[63] Looking North: Sharpening America's Arctic Focus. Remarks. Michael R. Pompeo, Secretary of State. May 6, 2019, Rovaniemi, Finland. U.S. Department of State, 6.5.2019, <www.state.gov/looking-north-sharpening-americas-arctic-focus/>.

[64] Report to Congress on Arctic Operations and the Northwest Passage, S. 12.

[65] National Security Strategy of the United States of America [Fn. 62], S. 40.

[66] Summary of the 2018 National Defense Strategy of the United States of America. Sharpening the American Military's Competitive Edge. Washington 2018, <https://dod.defense.gov /Portals/1/Documents/pubs/2018-National-Defense-Strategy-Summary.pdf>.

[67] Providing for the Common defense. The Assessment and Recommendations of the National Defense Strategy Commission. Washington 2018, <www.usip.org/sites/default/files/2019-07/providing-for-the-common-defense.pdf>.

[68] Report to Congress. Department of Defense Arctic Strategy [Fn. 42], S. 2. – United States Coast Guard Arctic Strategic Outlook. Washington 2019, S. 4, <https://safety4sea.com/wp-content/uploads/2019/04/USCG-Arctic-Strategic-Outlook-2019_04.pdf>.

[69] Looking North [Fn. 58]. – Report to Congress. Department of Defense Arctic Strategy [Fn. 37], S. 4–5. – United States Coast Guard Arctic Strategic Outlook [Fn. 68], S. 10.

Arktisstrategie nicht, die internationale Ordnung in der Arktis müsse geändert werden, sondern bekräftigt diese vielmehr.[70]
Wie die Versicherheitlichung der Arktispolitik durch Dramatisierung von Ereignissen funktioniert, veranschaulicht ein konkretes Beispiel. Im März 2019 legte das Moskauer Verteidigungsministerium der Regierung einen Gesetzesentwurf vor, mit dem eine Anmeldepflicht für ausländische Kriegsschiffe und sonstige Staatsschiffe eingeführt werden sollte, die Russlands Küstenmeer im Bereich des Nördlichen Seewegs durchqueren wollen.[71] Das Ministerium reagierte auf die Fahrt eines unbewaffneten Schiffs der französischen Marine („Rhone“) im September 2018. Der Entwurf des Verteidigungsministeriums wurde unter Experten in Russland kontrovers diskutiert, weil eine solche Pflicht das im Seerechtsübereinkommen gewährleistete Recht auf friedliche Durchfahrt im Küstenmeer und den inneren Gewässern einschränken würde.[72] Die Medien in Russland griffen die Idee einer Anmeldepflicht jedoch begeistert auf. Manche Kommentare gingen so weit und forderten, gegen Schiffe, die sich dieser Pflicht nicht fügen, sollten Zwangsmaßnahmen ergriffen werden.[73] Dies hatte noch nicht einmal das Verteidigungsministerium in seinem Entwurf vorgesehen.
Diese Initiative blieb zunächst auf der Webseite der russländischen Regierung stehen, ohne dass es in der Sache irgendwelche Fortschritte gegeben hätte. Die Einführung der Anmeldepflicht und anderer im Antrag vorgesehenen Auflagen für ausländische Kriegs- und andere Regierungsschiffe würde einen alten Rechtsstreit wiederaufleben lassen, der vor über 30 Jahren beigelegt worden war. 1989 einigten sich Moskau und Washington auf eine gemeinsame Erklärung zum Verständnis des Rechts auf friedliche Durchfahrt. In der Erklärung bestätigten sie, dass das Recht auf friedliche Durchfahrt im Küstenmeer auch für Kriegsschiffe uneingeschränkt gilt und keine Genehmigung oder Voranmeldung erfordert.[74]
Doch in offiziellen Dokumenten der USA wird seitdem die „Aggressivität“ der Politik Moskaus in der Arktis unter anderem damit belegt, dass Moskau bereit sei, Schiffe zu versenken, die seine Regeln nicht befolgen.[75]

---

70 China’s Arctic Policy [Fn. 30], S. 9.

71 O vnesenii izmenenij v pravila plavanija i prebyvanija inostrannych voennych korablej i drugich gosudarstvennych sudov, ėkspluatiruemych v nekommerčeskich celjach, v territorial’nom more, vo vnutrennich morskich vodach, na voenno-morskich bazach, v punktach bazirovanija voennych korablej i morskich portach Rossijskoj Federacii. Federal’nyj portal proektov normativnych pravovych aktov, 1.3.2019, <https://regulation.gov.ru/projects/List/AdvancedSearch#npa=89000>.

72 Andrey Todorov: Where does the Northern Sea Route lead to? Russian International Affairs Council, 18.3.2019, <https://russiancouncil.ru/en/analytics-and-comments/analytics/where-does-the-northern-sea-route-lead-to/>.

73 Cholodnaja volna: inostrancam sozdali pravila prochoda Sevmorputi. Izvestija, 6.3.2019, <https://iz.ru/852943/aleksei-kozachenko-bogdan-stepovoi-elnar-bainazarov/kholodnaia-volna-inostrantcam-sozdali-pravila-prokhoda-sevmorputi >.

74 Union of Soviet Socialist Republics – United States: Joint Statement with Attached Uniform Interpretation of Rules of International Law Governing Innocent Passage, September 23, in: International Legal Materials, 6/1989, S. 1444–1447.

75 Looking North [Fn. 58]. Report to Congress. Department of Defense Arctic Strategy. [Fn. 42], S. 4.

Doch es bleibt bisher bei der dramatisierenden Rhetorik. Zu einer Militarisierung der Arktis hat sie noch nicht geführt. Die Arktisstaaten haben seit 2014 routinemäßig ihre Verteidigungspolitik überprüft, in Norwegen soll der neue langfristige Verteidigungsplan im Juni 2020 vorgestellt werden. Kein einziger arktischer Staat plant eine nennenswerte Revision seiner früheren bescheidenen Pläne in der Arktis.[76] Auch das Pentagon sieht keine unmittelbare Gefahr eines Konfliktes in der Arktis.[77] Und die US-amerikanische Marine geht weiterhin davon aus, dass ein Konflikt in der Arktis wenig wahrscheinlich ist.[78] Dementsprechend hatte sie im Haushaltsantrag für das Finanzjahr 2020 keine Mittel für den Bau von eisverstärkten Schiffen vorgesehen, obwohl der Kongress sie immer wieder dazu zu verpflichten versucht.[79]
Das Pentagon geht davon aus, dass die physischen und klimatischen Gegebenheiten in der „Amerasischen Arktis" auf absehbare Zeit weiterhin keine sinnvollen militärischen Operationen ermöglichen werden.[80] Nur am Rande des Arktischen Ozeans, im Nordatlantik, nehmen die militärischen Aktivitäten Russlands und der USA zu. So ist im Jahr 2019 die Zweite US-Flotte wieder aufgestellt worden, deren Operationsgebiet die Norwegische See und die Barentssee umfasst. Darüber hinaus soll die „Lücke" zwischen Grönland, Island und Großbritannien für russländische U-Boote wieder geschlossen werden.[81] Grund ist allerdings, dass die USA und die NATO nach 2014 in Europa zu einer Politik der Abschreckung zurückgekehrt sind. Mit Konflikten um die Arktis hat es nichts zu tun.

Kriegsschiffe der Zweiten Flotte der US-Marine in Norfolk, Virginia

[76] Zu den Ergebnissen der Überprüfung: Zagorskij, Bezopasnost' v Arktike [Fn. 44], S. 96–103.
[77] Department of Defense Arctic Strategy [Fn. 42], S. 3.
[78] Arctic Planning [Fn. 32], S. 10.
[79] Navy Force Structure and Shipbuilding Plans: Background and Issues for Congress. Congressional Research Service. RL32665. 19.11.2019, S. 39.
[80] Department of Defense Arctic Strategy [Fn. 42], S. 3–4.
[81] Department of Defense Arctic Strategy [Fn. 42], S. 3, 15–16.

Fazit

Die mit dramatischen Tönen geführte Debatte über die sicherheitspolitische Lage in der Arktis hat (noch) nicht zu einem Wettrüsten in der Region geführt. Doch aus dieser Debatte sind drei wichtige Schlussfolgerungen abzuleiten.

Erstens: Die Entfremdung zwischen Russland und dem Westen führt nicht zwangsläufig zu einem Wettrüsten in der Arktis. Allerdings haben sich Trennlinien verfestigt und vertieft, was den Aufbau einer inklusiven Sicherheitsarchitektur aller Arktisstaaten auf absehbare Zeit kaum möglich macht.

Zweitens: Die Kernarktis bleibt aufgrund der geophysischen und klimatischen Verhältnisse sowie ihrer peripheren Bedeutung für konventionelle Militärdoktrinen von einem konventionellen Wettrüsten verschont. Der westliche Rand des Nordpolarmeers, die Schnittstelle zum Nordatlantik, wird jedoch sowohl von den USA als auch von Russland zunehmend in die militärische Abschreckungsplanung einbezogen. Den Beziehungen zwischen Norwegen und Russland kommt in dieser Situation eine besondere Bedeutung zu.

Drittens: Es bleibt offen, welches außerordentliche Ereignis die amerikanische Militärführung dazu bringen könnte, ihre bisherige Zurückhaltung in der Arktis zu überdenken und in den militärischen Aufbau in der Region zu investieren. Sollte Russland eine Meldepflicht für Kriegsschiffe und sonstige Staatsschiffe bei der Durchfahrt durch Russlands Küstengewässer im Bereich des Nördlichen Seewegs einführen, könnte dies die USA dazu provozieren, mit demonstrativen Operationen die Freiheit der Schifffahrt behaupten zu wollen. Dies tun die USA bereits in anderen Regionen des Weltmeeres. Dazu würden die USA unter bestimmten Bedingungen nicht einmal eisgängige Schiffe benötigen. Dem Schiff der französischen Marine, das nicht über eine Eisverstärkung verfügt, gelang es im Spätsommer 2018, den Nördlichen Seeweg von West nach Ost zu durchqueren. Sollte Russland tatsächlich die Durchfahrt einschränken und die USA diese durchsetzen wollen, könnten im Nordpolarmeer Verhältnisse wie im Südchinesischen Meer entstehen.

Christoph Humrich

Kooperation trotz Großmachtkonkurrenz

Die Folgen des Klimawandels in der Arktis

Der Klimawandel hat umwälzende Folgen für die Umweltbedingungen in der Arktis. Die Eisbedeckung geht zurück, so dass Schifffahrt, Rohstoffförderung und Fischerei leichter werden. Was das für die Beziehungen zwischen den Anrainerstaaten bedeutet, ist umstritten. Manche prophezeien, die Konkurrenz um Ressourcen und Schifffahrtsrechte würde zu einer Eskalation zwischenstaatlicher Konflikte führen. Andere halten die Arktis für eine Ausnahmeregion, in der konfrontativer Politik durch Kooperation im Arktischen Rat vorgebeugt werde. Russland beschwört seit Jahren das Konfliktszenario, im Jahr 2019 haben die USA eine Kehrtwende vollzogen. Sie sehen eine Bedrohung aus China und wollen ihre Positionen in der Arktis militärisch absichern. Doch gerade weil das Konfliktszenario wahrscheinlicher geworden ist, gilt es an der bewährten Kooperation festzuhalten.

Seit 2007 genießt die Arktis große Aufmerksamkeit in Politik, Wissenschaft und Öffentlichkeit. Damals gelang es Russland, mit einem Tauchboot am geographischen Nordpol eine metallene Nationalflagge in den Meeresboden zu setzen.[1] Das Medienecho war enorm. Seitdem ist eine Debatte über die Zukunft der Arktis im Gange: Die einen sehen Konflikte in der Arktis, andere betonen die Chance der Kooperation.[2]

Das *Konflikt*szenario findet sich vor allem in Presse und Publizistik, aber auch in Reden von Politikern und Analysen politiknaher Think Tanks aus nichtarktischen Staaten. Der Klimawandel mache Rohstoffe und neue Seewege zugänglich, um deren Verteilung und Nutzung Konflikte entbrennen werden.[3] Damit erhöhe sich das Risiko politischer und militärischer Auseinandersetzungen zwischen den acht arktischen Staaten. Dies sind alle Staaten mit Gebieten nördlich des Polarkreises: neben den Nordpolarmeeranrainern USA, Kanada, Dänemark mit Grönland, Norwegen und

---

Christoph Humrich (1973), Dr., Politikwissenschaftler, Assistant Professor für Internationale Beziehungen und Sicherheitsstudien am Forschungszentrum für Internationale Beziehungen der Universität Groningen

[1] Christoph Humrich, Klaus Dieter Wolf: Krieg in der Arktis? Konfliktszenarien auf dem Prüfstand, in: OSTEUROPA, 2–3/2011, S. 225–42.

[2] Oran Young: Arctic Futures. The Power of Ideas, in: Paul Arthur Berkman, Alexander N. Vylegzhanin (Hg.): Environmental Security in the Arctic Ocean. Dordrecht 2013, S. 123–36. – Ties Dams, Louise van Schaik: The Arctic Elephant. Why Europe must address the geopolitics of the High North. Clingendael. Netherlands Institute of International Relations Policy Brief 11/2019.

[3] Christoph Seidler: Arktisches Monopoly. Der Kampf um die Rohstoffe der Polarregion. München 2009. – David Fairhall: Cold Front. Conflict Ahead in Arctic Waters. London 2010.

OSTEUROPA, 70. Jg., 5/2020, S. 99–115 doi: 10.35998/oe-2020-0032

Russland auch Island, Schweden und Finnland. Verschärft würden derartige Konflikte dadurch, dass es ungelöste maritime Grenz- und Statusdispute gebe[4] und eine Rechtsordnung in der Arktis fehle, welche die friedliche Beilegung der Auseinandersetzungen erleichtern könnte.[5] Die Anrainerstaaten der Arktis seien dabei, ihre militärischen Strategien neu auszurichten, eine Militarisierung der Arktis stehe bevor oder sei bereits im Gange.[6] Die Arktis habe ein neues Sicherheits- und Stabilitätsproblem.[7]
Das *Kooperations*szenario liegt überwiegend den Veröffentlichungen von Experten aus der Region und der akademischen Forschung zugrunde. Hier herrscht „im Großen und Ganzen Einigkeit, dass ein direkter Konflikt um die Arktis selber unwahrscheinlich ist".[8] Die Staaten der Region arbeiteten eng zusammen,[9] Probleme würden auf der Grundlage des Seerechtsübereinkommens der Vereinten Nationen (SRÜ),[10] in regionalen Foren wie dem 1996 gegründeten Arktischen Rat und durch bi- und multilaterale Institutionen und Verträge konstruktiv gelöst.[11] Der Klimawandel, der die Rohstoffe zugänglich macht und Schifffahrt im Nordpolarmeer erleichtert, verstärke eher die Anreize zur Kooperation, als dass er Konflikte auslöse.[12] Bei der Anpassung an die Folgen des Klimawandels sowie der Erschließung der Rohstoffe und Seewege ließen sich durch internationale Kooperation Kosten sparen. Eine Variante dieses Szenarios lautet, dass das wirtschaftliche Potential der Rohstoffe und Schifffahrtswege und daher auch das Eskalationspotential der Grenz- und Statusdispute überschätzt werde. Die Autoren, die diese Sicht vertreten, weisen darauf hin, dass in den wenigen umstrittenen Gebieten kaum Rohstoffe vermutet werden. Der Streitwert sei zu niedrig, um dafür die erheblichen Kosten eines militärischen Konflikts zu riskieren. Den Vertretern des Kooperationsszenarios erscheinen die wesentlichen Probleme der Arktis daher nicht sicherheitspolitischer Natur. Herausforderungen sehen sie vor allem beim Schutz der fragilen Umwelt und der Gewährleistung guter Lebensbedingungen für die Bewohner

---

4 Christoph Humrich: Maritime Grenz- und Statusdispute im Arktischen Ozean, in: Hydrographische Nachrichten, 111/2018, S. 14–36, <www.dhyg.de/images/hn_ausgaben/HN111.pdf>.

5 Scott Borgerson: Arctic Meltdown. The Economic and Security Implications of Global Warming, in: Foreign Affairs, 87/2008, S. 63–77.

6 Kritisch dazu Frédéric Lasserre, Jérôme Le Roy, Richard Garon: Is there an arms race in the Arctic? In: Journal of Military and Strategic Studies, 3–4/2012, S. 1–55. – Zur Militarisierung Siemon T. Wezeman: Military Capabilities in the Arctic: A New Cold War in the High North? SIPRI Background Paper 2016.

7 Margaret Blunden: The New Problem of Arctic Stability, in: Survival, 5/2009, S. 121–142.

8 Andreas Østhagen: Arctic Security: Thaw or Re-Freeze? In: On Track. Conference of Defence Associations Institute, 1/2016, S. 21–25, hier S. 24.

9 Indra Øverland: Kooperation statt Konfrontation. Štokman, Jamal und Russlands Energiepolitik, in: OSTEUROPA, 2–3/2011, S. 129–142. – Geir Hønneland: Kompromiss als Routine. Russland, Norwegen und die Barentssee, in: ebd., S. 257–269. – Humrich, Krieg in der Arktis [Fn. 1].

10 In der Ilulissat-Erklärung von 2008 bekannten sich die fünf Arktisanrainerstaaten zum Seerecht als Grundlage der Konfliktregelung. The Ilulissat Declaration. Arctic Ocean Conference, Ilulissat, Greenland, 27–29 May 2008, <www.arctictoday.com/wp-content/uploads/2018/05/Ilulissat_Declaration.pdf>. In der Tromsø-Erklärung von 2009 wiederholt der Arktische Rat, die Rechtsgrundlage in der Arktis reiche aus. – Arctic Council: All Declarations 1996–2017, <https://oaarchive.arctic-council.org/handle/11374/94>.

11 Zu den Rechtsgrundlagen: Michael Byers: International Law and the Arctic. Cambridge 2013. – Kristina Schönfeldt (Hg.): The Arctic in International Law and Policy. Oxford 2017.

12 Lawson W. Brigham: The Arctic, in: Foreign Policy, 9–10/2010, <https://foreignpolicy.com/2010/08/06/think-again-the-arctic/>. – Michael Byers: Conflict or Cooperation: What Future for the Arctic? In: Swords and Ploughshares, 3/2009, S. 17–21.

der Arktis, darunter auch indigener Völker, durch ein nachhaltiges, ökologisch und sozial verträgliches Wirtschaften.

Bisher entsprachen die Entwicklungen in der Arktis eher dem Kooperationsszenario. Die zum Teil dramatischen Folgen des immer rascheren Klimawandels in der Region[13] haben dazu geführt, dass der Arktische Rat sich des Themas annahm.[14] Rohstoffexploration brachte enttäuschende Resultate, die Förderungskosten erwiesen sich angesichts fallender Ölpreise als zu hoch.[15] Der Schiffsverkehr nimmt zwar – auf sehr niedrigem Niveau – zu, doch es handelt sich nahezu ausschließlich um Flüssiggastanker, die im Hohen Norden Russlands gefördertes Erdgas auf den Weltmarkt bringen. Vom Aufbau und der Durchsetzung einer Transportroute zwischen Asien und Europa durch das Nordpolarmeer kann kaum die Rede sein.[16] In Erwartung einer stabilen Rechtslage für die Ausbeutung vermuteter großer Gasvorkommen einigten sich Norwegen und Russland im Jahr 2010 auf die Abgrenzung ihrer Ausschließlichen Wirtschaftszone in der Barentssee.[17] Sie legten damit einen Disput bei, der zuvor als einer der gefährlichsten gegolten hatte.[18] Selbst der Autor eines der ersten und meist zitierten Konfliktszenarios schien zu widerrufen: „Auf dem Weg in die [zunächst prognostizierte] arktische Anarchie“ sei „eine lustige Sache passiert“: Kooperation.[19]

Seit dem Jahr 2014 ist das Konfliktszenario in einer Hinsicht verändert. Zwar warnen die Vertreter noch immer davor, dass das Risiko einer militärischen Eskalation in der Arktis hoch sei.[20] Doch neu ist ihre Begründung. Nicht mehr Rohstoffe oder regionale Dispute gelten als Auslöser einer Eskalation. Vielmehr befürchten sie, dass ein globaler Großmachtkonflikt in die Arktis überschwappe.[21] Sie führen dafür drei Faktoren an: Erstens habe sich die Beziehung zwischen Russland und dem Westen nach der Annexion der Krim durch Russland und Moskaus Rolle im Krieg in der Ostukraine dramatisch verschlechtert. Die Annexion der Krim sei ein Menetekel für die Arktis.[22]

---

[13] Michael Meredith, Martin Sommerkorn et al.: Polar Regions, in: IPCC Special Report on the Ocean and Cryosphere in a Changing Climate, 2019, S. 222–223, <www.ipcc.ch/site/assets/uploads/sites/3/2019/11/SROCC_FinalDraft_FullReport.pdf>.

[14] In der Barrow-Erklärung des Arktischen Rates von 2000 wurde das Arctic Climate Impact Assessment (ACIA) gestartet. Seit 2002 widmet der Rat dem Klimawandel in seinen Erklärungen je einen Abschnitt. Mit der Tromsø-Erklärung 2009 wurde die Verhandlung von regionalen Maßnahmen zur Reduktion von klimarelevanten Stoffen, Short Lived Climate Forcers (SLCF), kurzlebigen Klimatreibern, beschlossen. Arctic Council, All Declarations [Fn. 10].

[15] Shell gibt in der Arktis auf. Süddeutsche Zeitung, 28.9.2015.

[16] Siehe den Beitrag von Arild Moe in diesem Band, S. 61–79.

[17] Arild Moe, Daniel Fjærtoft, Indra Øverland: Space and Timing: Why was the Barents Sea delimitation dispute resolved in 2010? In: Polar Geography, 3/2011, S. 145–162. – Hønneland, Kompromiss als Routine [Fn. 9].

[18] Alun Anderson: The Great Melt. The Coming Transformation of the Arctic, in: World Policy Journal, 4/2009, S. 53–64, hier S. 56.

[19] Scott Borgerson: The Coming Arctic Boom. As the Ice Melts, the Region Heats Up, in: Foreign Affairs, 4/2013, S. 76–89, hier S. 79.

[20] Michael T. Klare: A World War Could Break Out in the Arctic. The Nation, 11.2.2020, <www.thenation.com/article/world/nato-russia-norway/>.

[21] Diese Gefahr hatten auch Vertreter des Kooperationsszenarios ausgemacht: Humrich, Wolf, Krieg in der Arktis? [Fn. 1], S. 241.

[22] Jon Rahbek-Clemmensen: The Ukraine crisis moves North. Is Arctic conflict spill-over driven by material interests? In: Polar Record, 1/2017, S. 1–15.

Zweitens steige Chinas Interesse an der Arktis. Tatsächlich hatte sich China seit 2009 um die Aufnahme als Beobachter in den Arktischen Rat bemüht.[23] Dem wurde 2013 stattgegeben. 2018 legte China ein Weißbuch zur Arktispolitik vor, in dem es seine Rechte an der Nutzung des Nordpolarmeeres betont.[24] Dies fügt sich in das Szenario, wonach die USA und Russland in der Arktis von der aufstrebenden Großmacht herausgefordert werden.[25]

Schließlich haben die USA unter Donald Trump eine Kehrtwende in ihrer Arktispolitik vollzogen. Diese basiert nun auf dem Konfliktszenario, das sich in neuen Strategien für die Küstenwache und die Streitkräfte[26] sowie am Verhalten der USA im Arktischen Rat, dem „Hauptforum" für internationales Regieren in der Arktis, zeigt.[27] Dort provozierte US-Außenminister Mike Pompeo beim Ministertreffen im Mai 2019 einen Eklat: Er brüskierte die Vertreter Chinas und Russlands, indem er den beiden Staaten vorwarf, sich aggressiv zu verhalten und Regeln zu missachten. Die gemeinsame Abschlusserklärung ließ er scheitern, da er sich weigerte, den Klimawandel zu erwähnen.[28]

Ein Konfliktszenario im Arktischen Rat

Die Ministertreffen des Arktischen Rates finden in der Regel alle zwei Jahre und jeweils zum Ende des Ratsvorsitzes in dem Land statt, das diesen innehat. Das Ergebnis jedes Treffens ist die Verabschiedung und Unterzeichnung einer Erklärung. In ihr werden Beschlüsse des Rates in Schriftform gebracht, die im Zeitraum des Vorsitzes verwirklichten Projekte gewürdigt, Berichte der Arbeitsgruppen des Rates und Empfehlungen offiziell angenommen sowie der Arbeitsplan für den kommenden Zweijahreszeitraum inklusive der Aufträge an die nationalen Beauftragten (die Senior Arctic Officials, SAO) oder an organisatorische Untereinheiten des Rates verkündet. Das

---

[23] Congressional Research Service: Changes in the Arctic. Background and Issues for Congress. CRS Report R41153, aktualisierte Version, 18.6.2020, bringt das auf den Punkt: „Chinas wachsende Aktivitäten in der Arktis sind unter Beobachtern zum Objekt steigender Verwunderung oder Besorgnis geworden." <https://crsreports.congress.gov/product/pdf/R/R41153/>.

[24] Da heißt es: „States from outside the Arctic region do not have territorial sovereignty in the Arctic, but they do have rights [. . .] China enjoys the freedom or rights of scientific research, navigation, overflight, fishing, laying of submarine cables and pipelines, and resources exploration and exploitation in the high seas, the Area and other relevant sea areas, and certain special areas in the Arctic Ocean, as stipulated in treaties such as the UNCLOS and the Spitsbergen Treaty, and general international law." Die Souveränität, die Hoheitsrechte und die Jurisdiktion der Arktischen Staaten in der Region sollen respektiert werden. China's Arctic Policy. The State Council Information Office of the People's Republic of China, 26.1.2018, <http://english.gov.cn/archive/white_paper/2018/01/26/content_2814760 26660336.htm>.

[25] Ties Dams, Louise van Schaik, Adája Stoetman: Presence before power. China's Arctic strategy in Iceland and Greenland. Clingendael Report 6/2020.

[26] United States Coast Guard Arctic Strategic Outlook. Washington 2019, S. 4, <https://safety 4sea.com/wp-content/uploads/2019/04/USCG-Arctic-Strategic-Outlook-2019_04.pdf>. – Report to Congress. Department of Defense Arctic Strategy. Washington, 2019, S. 3–4, <https:// media.defense.gov/2019/Jun/06/2002141657/-1/-1/1/2019-DOD-ARCTIC-STRATEGY.PDF>.

[27] Der Rat bezeichnet sich seit der die Kiruna-Erklärung begleitenden „Vision for the Arctic" von 2013 selber als „pre-eminent high-level forum of the Arctic region". Arctic Council: All Declarations [Fn. 10].

[28] Eklat im Hohen Norden. Spiegel-Online, 7.5.2019.

Ministertreffen 2019 fand in Rovaniemi statt. Es sollte die Ergebnisse des finnischen Ratsvorsitzes diskutieren und die zweite Rovaniemi-Erklärung in der Geschichte der zwischenstaatlichen Zusammenarbeit in der Arktis hervorbringen.[29]

Die USA hatten 2017 den Ratsvorsitz nach einer überwiegend als sehr erfolgreich anerkannten Amtszeit an Finnland übergeben. Die Trump-Administration, deren Antritt noch in die Endphase des amerikanischen Vorsitzes gefallen war, hatte sich seitdem nicht mit besonderem Interesse an der Region hervorgetan.[30] Das änderte sich Mitte 2018, als der US-Kongress die Initiative ergriff und ein Strategiepapier des Pentagons verlangte. Zugleich ging die Küstenwache unter einem neuen Oberkommandierenden an die Revision ihrer Arktisstrategie. Diese wurde kurz vor dem Treffen in Rovaniemi veröffentlicht, das Pentagon-Papier sollte einen Monat danach präsentiert werden. In Rovaniemi beanspruchte Pompeo am Tag vor dem Ministertreffen dann eine Gelegenheit, um die Arktispolitik der Trump-Administration vorzustellen. In seiner Rede an die Delegierten der Mitglieder, Ständigen Teilnehmer und Beobachter des Arktischen Rates griff Pompeo unter dem Titel „Amerikas Arktis Fokus schärfen“ in Duktus und Wortlaut die Arktisstrategie der Küstenwache auf.[31] Der geschärfte Fokus richtet sich auf eine Arktis, die sich in einem „neuen Zeitalter [. . .] mit neuen Bedrohungen“ befinde, weil in ihr ein „strategischer Wettbewerb“ stattfinde.[32] Die Region sei „zu einer Arena für Macht und Konkurrenz geworden.“ Die acht arktischen Staaten müssten sich an diese neue Realität anpassen. Dies sei daher „Amerikas Moment, als arktische Nation aufzustehen und für die arktische Region einzustehen.“

In Pompeos Konfliktszenario geht es zwar auch um einen „Wettbewerb um Offshore-Ressourcen“ und neue Seewege. Allerdings erscheinen diese nicht mehr als entscheidende Konfliktursachen. Pompeo identifizierte stattdessen bei Russland und China „aggressive Verhaltensmuster“. Er warf ihnen vor, ökonomische Expansion unter Missachtung existierender Regeln zu betreiben und die Arktis zu militarisieren. Einzig die USA seien bereit, diesen Tendenzen entgegenzutreten und den Status-Quo zu bewahren.

Bereits in der US-Küstenwachenstrategie waren Russland und China explizit als sicherheitspolitische Problemfaktoren genannt worden. In Rovaniemi wurde Pompeo noch deutlicher. Das „aggressive Verhalten“ der beiden ließe sich in anderen Weltre-

---

[29] Die erste Rovaniemi-Erklärung markierte 1991 mit der Verkündung der gemeinsamen arktischen Umweltschutzstrategie (Arctic Environmental Protection Strategy, AEPS) den Beginn dieser Zusammenarbeit. Declaration on the Protection of Arctic Environment, 14.6.1991, <http://library.arcticportal.org/1542/1/artic_environment.pdf>.

[30] Die Trump-Administration ließ ab Januar 2017 den Posten des Arktisbotschafters unbesetzt.

[31] *Mitglieder* des Arktischen Rates sind die acht arktischen Staaten. *Ständige Teilnehmer* sind Organisationen der indigenen Völker, die entweder mehrere Völker in einem Staat oder ein Volk in mehreren Staaten vertreten. Zurzeit sind sechs solcher Organisationen im Rat vertreten. Es können laut Ottawa-Erklärung maximal sieben sein. *Beobachter* müssen von den Mitgliedern einstimmig akkreditiert werden. Es gibt drei Arten von Beobachtern: Staaten, internationale Organisationen und nichtstaatliche Organisationen.

[32] Andreas Østhagen: What the new US Coast Guard Strategy tells us about the Arctic anno 2019, in: High North News, 25.4.2019, <www.highnorthnews.com/en/what-new-us-coast-guard-strategy-tells-us-about-arctic-anno-2019>. Alle Zitate aus der Rede von Pompeo nach Aufnahme und Transkript: Looking North: Sharpening America's Arctic Focus. Remarks. Michael R. Pompeo, Secretary of State. May 6, 2019, Rovaniemi, Finland. U.S. Department of State, 6.5.2019, <www.state.gov/looking-north-sharpening-americas-arctic-focus/>.

gionen beobachten und dies müsse Konsequenzen für die Politik in der Region haben. Pompeo erklärte, China offenbare ein wirtschaftliches Gebaren, das „Verschuldung" und „Korruption" in den Ländern Vorschub leiste, wo es investiere. Peking verkaufe minderwertige Leistungen und hinterlasse „ökologische Verwüstung". Zudem würden zivile Investitionen in der Arktis militärische Präsenz vorbereiten, „einschließlich des Einsatzes von U-Booten als Abschreckung gegen nukleare Angriffe".[33]

Russland sei wegen des „schieren Ausmaßes" seiner Aktivitäten in der Arktis „besonders". Das erfordere bereits deshalb erhöhte Aufmerksamkeit – auch durch den Arktischen Rat. Das gälte aber auch „weil wir wissen, dass Russland seine territorialen Ambitionen mit Gewalt durchsetzt." Moskau zwinge in „widerrechtlicher" und „provokativer" Weise andere Staaten, Genehmigungen für die Befahrung des Nördlichen Seewegs einzuholen und drohe jedem Schiff, das sich an diese Auflagen nicht halte, mit der Versenkung.[34] Trotz einiger Erfolge bei der Zusammenarbeit, so deutet Pompeo an, sei es Russland, das seine Pflichten gerade bei der nachhaltigen Entwicklung der Region unilateral nicht erfülle. Zudem werde die Arktis von Russland militarisiert. Im Jahr 2014 habe Russland eine „Militärbasis aus dem Kalten Krieg wieder in Betrieb genommen", mit seiner „großen Eisbrecherflotte" habe Moskau alte Basen und Infrastruktur modernisiert.[35]

Pompeo skizziert ein Szenario, in dem sich eine von China und Russland dominierte Arktis in ein Gebiet der Rechtlosigkeit, der Korruption und der Misswirtschaft verwandelt. Und er warf die rhetorische Frage auf: „Wollen wir das?" Die USA stünden bereit, dies zu verhindern. Sie wollten „freie Märkte", einen „freien und fairen Wettbewerb" auf rechtsstaatlicher Basis. „Wer die Regeln verletzt, sollte das Recht verlieren, am Markt teilzunehmen. Respekt und Transparenz sind der Preis für den Zugang." Um dies zu garantieren, kündigte Pompeo eine stärkere US-Militärpräsenz in der Arktis an. Die wirtschaftliche Entwicklung, darunter der Zugriff auf Rohstoffe, solle weiterhin „mit Verantwortung für die arktische Umwelt" geschehen, für die auch die USA einstehen.

---

[33] Pompeo verwendete in seiner Rede fast wörtlich den kurz zuvor erschienenen Bericht des Pentagons: „Civilian research could support a strengthened Chinese military presence in the Arctic Ocean, which could include deploying submarines to the region as a deterrent against nuclear attacs." Phil Stewart, Idrees Ali: Pentagon warns on risk of Chinese submarines in the Arctic, 2.5.2019, <www.reuters.com/article/us-usa-china-military-arctic/pentagon-warns-on-risk-of-chinese-submarines-in-arctic-idUSKCN1S829H>. – Dazu kritisch: Ernie Regehr: Conjuring Chinese Nuclear Weapons Submarines in the Arctic, 29.5.2019. Arctic Security Briefing Papers, <www.thesimonsfoundation.ca/highlights/conjuring-chinese-nuclear-weapons-submarines-arctic>.

[34] Siehe dazu den Beitrag von Andrej Zagorskij in diesem Heft, S. 81–98.

[35] Pompeo nutzt hier Russlands Angaben, nach denen es „475 neue Militärstützpunkte errichtet hat, darunter solche nördlich des Polarkreises, sowie 16 neue Tiefwasserhäfen. Es schützt diese Präsenz mit technisch avancierten neuen Luftabwehrsystemen und Schiffabwehrraketen." Ernie Regehr, Amy Zavitz: Circumpolar Military Facilities of the Arctic Five, 26.9.2019, S. 54–94 geben einen Überblick über Russlands militärische Infrastruktur. Sie nennen für 2017/19 sechs Militärbasen, 16 Tiefwasserhäfen, 13 Flugfelder und bis zu 13 Seenotrettungsstationen. <www.thesimonsfoundation.ca/highlights/circumpolar-military-facilities-arctic-five-updated-september-2019>.

Neue Töne: US-Außenminister Mike Pompeo in Rovaniemi

In Pompeos Rede kommt – wie auch schon in der Küstenwachenstrategie – der Begriff Klimawandel nicht vor. Zwar wird die Erwärmung der Region anerkannt, aber weder als lokale Erscheinung eines globalen Klimawandels benannt, noch spielt sie eine Rolle für das Konfliktszenario. Pompeo geht allerdings auf die Reduktion der Kohlendioxid-Emission ein, um sich auch hier von China und Russland abzusetzen. Während China seine Emissionen weiter erhöhe und unklar sei, ob Russland sie reduziere, solle man „die Fakten für sich sprechen lassen": Die USA sei „Weltführer im Umweltschutz" und erziele ihre Reduktionen „auf amerikanische Art und Weise": „durch wissenschaftliche Arbeit, durch Technologie, [. . .] sichere Energieinfrastruktur und Wirtschaftswachstum, [. . .] ohne die Entwicklung durch die Bürde der Regulierung zu behindern."[36]

Entsprechend bestand Pompeo darauf, dass das Wort „Klimawandel" aus der Abschlusserklärung gestrichen wird, ein neuer Bericht des Weltklimarats (Intergovernmental Panel on Climate Change) nicht zur Kenntnis genommen und die Maßnahmen des Pariser Abkommens nicht erwähnt werden.[37] Für die anderen Mitglieder des Arktischen Rats kam es jedoch nicht in Frage, im Abschlussdokument des Treffens eines

[36] Die USA hatten sich 2015 verpflichtet, bis 2020 ihre Emissionen um 17 Prozent gegenüber dem Stand von 2005 und bis 2025 um 26–28 Prozent zu reduzieren. Durch die Kündigung des Paris-Abkommens sind diese Verpflichtungen allerdings hinfällig. Chinas Hauptverpflichtung verspricht die Entkoppelung von BSP-Steigerung und CO_2-Emissionen. Bis 2020 sollten die Emissionen pro Einheit BSP gegenüber 2005 um 40–45 Prozent reduziert werden. Dazu sollen andere Maßnahmen zur Emissionssenkung oder Vergrößerung von CO_2-Senken (Aufforstung) kommen. Russlands Verpflichtung sieht vor, die Emissionen bis 2030 auf 75 Prozent der Emissionsmenge von 1990 zu reduzieren.

[37] Es geht um den Bericht von Meredith, Sommerkorn u.a., Polar Regions [Fn. 13].

regionalen umweltpolitischen Forums den Klimawandel als wichtigste Ursache für Umweltveränderungen in der Region nicht zu erwähnen. Zum ersten Mal in der Geschichte des Arktischen Rats endete ein Ministertreffen im Dissens und damit ohne Erklärung.

Die Herausforderung des Kooperationsszenarios

Das Ratstreffen in Rovaniemi erschütterte die Grundpfeiler der Kooperation in der Arktis. Dies zeigt sich, wenn man auf die Debatte über Konflikt und Kooperation in der Arktis zurückblickt. In dieser war zunehmend von einem „arktischen Exzeptionalismus" die Rede. Damit war zunächst die naive Vorstellung gemeint, in der Arktis gälten nicht die üblichen Gesetze der internationalen Beziehungen: strategische Rivalität aller Staaten und Kooperation allenfalls zu taktischen Zwecken. Zwar hatte Oran Young bereits sehr früh von der Gefahr analytischer Verzerrungen durch einen solchen Exzeptionalismus gesprochen.[38] Kritiker allzu optimistischer Zukunftsszenarien für die Arktis griffen dies aber erst ab 2015 wieder auf. Nachdem im Arktischen Rat selber und in entsprechenden wissenschaftlichen Beiträgen trotz der globalen politischen Verwerfungen nach der Annexion der Krim durch Russland weiter die gute zwischenstaatliche Zusammenarbeit in der Region betont wurde, warnten die Kritiker davor, das Konfliktpotential zu unterschätzen. Globale Entwicklungen würden auch in der Arktis ankommen.[39]

Jene, die weiter an eine kooperative Entwicklung in der Arktis glaubten, übernahmen den Begriff „Exzeptionalismus" allerdings, um zu betonen, dass die Arktis tatsächlich eine Ausnahme sei.[40] Die Staaten des Arktischen Rats würden bei ihrer Zusammenarbeit in der Region der globalen politischen Entwicklung – insbesondere im Ost-West-Verhältnis – widerstehen. Diese Überzeugung fand ihren Ausdruck in einem Brief etlicher Wissenschaftler an das Nobelkomitee, mit dem sie im Januar 2018 den Arktischen Rat für den Friedensnobelpreis nominierten. Zur Begründung führten die Unterzeichner an, dass der Arktische Rat global eine führende Rolle bei der Förderung von Klimawissenschaft und klimaspezifischen Maßnahmen auf regionaler Ebene spiele, der Rat wissenschaftliche Forschung betreibe und fördere, deren Erkenntnisse unmittelbar in neue Regeln und Normen für die Arktis einflössen; und dass der Arktische Rat einen wichtigen Beitrag zu Frieden und Stabilität in der Region geleistet habe.[41]

---

[38] Oran R. Young: Arctic Politics. Conflict and Cooperation in the Circumpolar North. Hanover, NH, 1992, S. 13–18. Young wendete sich gegen einen romantisierenden Blick auf die Arktis, der die extremen Bedingungen und exotischen Lebensverhältnisse betone und behaupte, dass Politik in der Arktis sich grundsätzlich von Politik weiter südlich unterscheide.

[39] Juha Kapylä, Harri Mikkola: On Arctic Exceptionalism. Critical Reflections in the Light of the Arctic Sunrise Case and the Crisis in Ukraine. Finnish Institute of International Affairs Working Paper 4/2015. – Juha Kapylä, Harri Mikkola: Contemporary Arctic Meets World Politics: Rethinking Arctic Exceptionalism in the Age of Uncertainty, in: Matthias Finger, Lassi Heininen (Hg.): The Global Arctic Handbook. Cham 2019, S. 153–170.

[40] Heather Exner-Pirot, Robert W. Murray: Regional Order in the Arctic: Negotiated Exceptionalism, in: Politik, 3/2017, S. 47–64.

[41] Arctic Council Nomination Letter, <https://de.scribd.com/ document/369274017/Arctic-Council-Nomination-Letter-for-the-Nobel-Peace-Prize>.

Pompeos Weigerung, eine Erklärung mit Bezug zum Klimawandel zu unterstützen, kommt einem radikalen Bruch mit allen seit 2002 beschlossenen Erklärungen des Rates gleich. Diese hatten stets die wissenschaftlichen Berichte zum Klimawandel gewürdigt, ein Bekenntnis zu den globalen Institutionen enthalten und die Folgen des Klimawandels für die Region benannt. Zudem ist seit der Veröffentlichung des Arctic Climate Impact Assessments (ACIA) von 2004 ein sehr großer Teil der Arbeit im Rat auf den Klimawandel bezogen. Das ACIA behandelte die Folgen des Klimawandels sehr breit und berücksichtigte auch kulturelle, soziale, wirtschaftliche und politische Aspekte.[42] Auf dieser Grundlage richteten sich viele Arbeitsgruppen des Rates neu aus oder stellten ihre bis dahin behandelten Themen vor dem Hintergrund des Klimawandels neu dar. Eine Abkehr vom Klimaschutz würde also, so die Befürchtung, nicht nur die führende Rolle des Rates in Frage stellen, sondern einen so großen Teil seiner Arbeit betreffen, dass die Relevanz des Rates ganz in Frage steht.[43]

Die starke Ausrichtung des Rates auf Wissenschaftskooperation gilt oft als sein Erfolgsrezept. Nicht nur habe sich der Rat durch die Wissensproduktion erfolgreich seine Nische in der Governance-Architektur der Region erarbeitet.[44] Dadurch dass er seine Normen auf Wissen gründe, vermeide der Rat eine zu starke Politisierung, wie sie mit einer rein regulativen Tätigkeit einhergehen würde.[45] Das konterkarierte Pompeo mit seinem Auftritt doppelt: Indem er sich weigerte, den IPCC-Bericht zu würdigen, politisiert er die wissenschaftliche Grundlage. Die Normengenerierung wird nicht nur von der Wissensproduktion abgekoppelt, sondern auch insofern entpolitisiert, als jedes staatliche Handeln absolut freiwillig und der Logik des Marktes unterliegt.[46] Wissenschaft bleibt in erster Linie im Hinblick auf technologische Entwicklung relevant, die möglicherweise umweltrelevante Fortschritte erzielen. Das aber ist nicht Tätigkeit des Rates.

Zur „Bewahrung von Frieden, Stabilität und konstruktiver Zusammenarbeit" in der Region hatte sich der Rat seit 2011 in seinen Erklärungen bekannt.[47] Damit hatte der Rat einen Weg gefunden, die sicherheitspolitische Relevanz der konstruktiven Zusammenarbeit zwischen Russland und dem Westen im Rat zu betonen, ohne das für den Rat gültige Verbot zu verletzen, sich mit Fragen der militärischen Sicherheit zu befassen.[48] Das Verbot gilt auch als Grund, warum die Zusammenarbeit der arktischen Staaten nicht durch politische Differenzen behindert wurde. Den Geist der Kooperation untergräbt Pompeo auf dreierlei Weise. Zum einen durchbricht er mit Verweis auf

---

[42] Carolyn Symon (Hg.): Arctic Climate Impact Assessment (ACIA). Cambridge 2005.

[43] Martin Breum: Why the work of the Arctic Council will continue even without consensus on climate change. Arctic Today, 9.5.2019, <www.arctictoday.com/why-the-work-of-the-arctic-council-will-continue-even-without-consensus-on-climate-change/>. – Dams, van Schaik: The Arctic Elephant [Fn. 2], S. 3.

[44] Olav Schram Stokke: Examining the Consequences of Arctic Institutions, in: Olav Schram Stokke, Geir Hønneland (Hg.): International Cooperation and Arctic Governance. Regime effectiveness and northern region building. London 2007, S. 13–26.

[45] Oran R. Young: The Arctic in Play: Governance in a Time of Rapid Change, in: International Journal of Marine and Coastal Law, 2/2009, S. 423–442.

[46] Secretary of State, Michael R. Pompeo at the Arctic Council Ministerial Meeting. Remarks, 7.5.2019, <www.state.gov/remarks-at-the-arctic-council-ministerial-meeting-2/>.

[47] Ein Hinweis auf die „friedliche regionale Entwicklung" findet sich schon in der Tromsø-Erklärung von 2009. Arctic Council, All Declarations [Fn. 10].

[48] Das regelt eine Fußnote im Gründungsdokument des Rates, der Ottawa-Erklärung. Arctic Council, All Declarations [Fn. 10].

die Erfordernisse der Situation die Gepflogenheit des Rates, der Gleichheit der Mitglieder durch das gemeinsame Auftreten symbolisch Ausdruck zu verleihen. Zum anderen ist seine Rede ein Angriff auf die im Rat zelebrierte Einheit der Mitglieder, die – so die bisherige Formel – in der Arktis gemeinsame Interessen hätten. Die USA unterscheiden in ihrer neuen Arktispolitik wie bereits zuvor in der Küstenwachenstrategie zwischen „Partnern" einerseits und Russland und China andererseits. Weil Pompeo das Recht auf Teilnahme in der Region Regelbrechern verweigern will und den Rat vor „Subversion durch arktische und nicht-arktische Staaten schützen", schreibt er statt der Einheit das Menetekel des Zerfalls oder der Lähmung des Rats an die Wand. Schließlich fordert er das ursprünglich von den USA selbst eingebrachte Verbot der Befassung mit militärischer Sicherheit heraus, indem er die Militarisierung der Arktis durch Russland und China anspricht und die Bühne des Rates nutzt, um seinerseits die Militarisierung der US-amerikanischen Arktispolitik anzukündigen.

Die Arbeit des Arktischen Rates, so die Einschätzung des niederländischen Think Tanks *Clingendael*, habe auf einem Konsens über zwei Fragen beruht: dass Geopolitik nie wieder die Region dominieren dürfe und dass der globale Klimawandel unbestreitbar sei und für die Region überwiegend negative Folgen habe.[49] Angesichts dessen erstaunt es nicht, dass das Ministertreffen in Rovaniemi zu düsteren Bewertungen Anlass gab. Es habe bewiesen, so *Clingendael*, „dass Geopolitik und Sicherheit schon heute die Politik in der Arktis dominieren", „geopolitische Rivalität, geoökonomischer Wettstreit und die Aussicht auf militärische Konflikte" seien „ernüchternde Realität und Teil der Gleichung arktischer Diplomatie".[50]

Wie weiter mit der Kooperation im Arktischen Rat?

Der Rat bewies jedoch bereits in Rovaniemi eine gewisse Widerstandsfähigkeit. Schon die Bemerkungen, die Pompeo während der Sitzung des Arktischen Rates verlas, nahmen die bestehenden Formeln der Zusammenarbeit im Rat wieder auf. Das tut auch das kurze gemeinsame Statement der versammelten Minister, das statt einer Erklärung unterzeichnet wurde. Offenbar hatten die Offiziellen der USA nichts dagegen einzuwenden, dass dieses zusammen mit einer ungleich längeren Einlassung des Vorsitzenden des Rates in einem Dokument veröffentlicht wurde. Diese Einlassung des Vorsitzenden wiederum enthält zum größten Teil den Wortlaut der vorgesehenen Erklärung und gibt so die Ergebnisse des Treffens wieder. Nur an einer Stelle tritt dabei zutage, dass sich nicht alle Mitglieder des Rates einig waren: beim Klimaschutz.[51] Die Treffen der nationalen Beauftragten fanden in den Monaten nach dem Treffen in Rovaniemi wie gewohnt statt und der isländische Ratsvorsitz zog nach einem Jahr eine positive Bilanz trotz zusätzlicher Schwierigkeiten aufgrund der Corona-Pandemie.[52]

---

[49] Dams, van Schaik, The Arctic Elephant [Fn. 2], S. 3.

[50] Ebd., S. 2.

[51] Hier heißt es vor der Wiederholung der üblichen Bekenntnisse zum Klimaschutz, zu entsprechenden wissenschaftlichen Erkenntnissen und globalen Institutionen, „eine Mehrheit von uns" stehe hinter diesen. Arctic Council: Rovaniemi Ministerial Statements, <https://oaarchive.arctic-council.org/handle/11374/2418>.

[52] Einar Gunnarsson: Together towards a sustainable arctic: one year into the 2019-2021 Icelandic chairmanship, 9.6.2020, <https://arctic-council.org/en/news/one-year-into-the-2019-2021-icelandic-chairmanship/>.

Die düsteren Prognosen zur Kooperation im Rat fallen besser aus, wenn man nicht nur die vergangenen zwei Jahrzehnte, sondern einen weiteren Zeithorizont in den Blick nimmt, um die Arbeit des Rates zu bewerten. Ein Blick auf die erste Dekade der Zusammenarbeit zwischen den arktischen Staaten von 1989 bis 1999 gestattet es, die Perspektive in dreierlei Hinsicht zurechtzurücken.

Erstens: Die Veränderungen in der Arktis stehen zwar seit Beginn der Zusammenarbeit im Zeichen des Klimawandels, aber zum einen hat dieser im Bewusstsein der Akteure und in seiner realen Wirkung in der Region erst ab Mitte der 2000er Jahre Bedeutung erlangt und zum anderen war die Region auch schon vorher und unabhängig davon ökonomischen, politischen und sozialen Entwicklungen unterworfen, die Bedarf an Koordination und internationaler Steuerung erzeugten. Aktivitäten vor dem Hintergrund des Klimawandels spielten daher in der Anfangsphase der zwischenstaatlichen Zusammenarbeit in der Arktis nur eine höchst untergeordnete Rolle. Das Programm des Rates entstand also nicht primär mit Blick auf den Klimawandel. In der Strategie zum Schutz der Umwelt in der Arktis (AEPS), die 1991 verabschiedet wurde und Grundlagendokument des Arktischen Rats blieb, findet sich im Gegenteil der Hinweis, dass die Klimapolitik gerade nicht bedacht werde, weil sie schon in anderen Foren behandelt werde.[53] Zwar wurde das *Arctic Monitoring und Assessment Programm* (AMAP) schon 1993 von den arktischen Staaten aufgefordert, die globale Klimapolitik auf fehlende Daten und Folgerungen für die Arktis zu untersuchen.[54] Doch erst Ende der 1990er Jahre erwuchs daraus die Initiative zu einer Klimafolgenabschätzung für die Arktis (Arctic Climate Impact Assessment, ACIA), die im Jahr 2000 begonnen wurde.[55] In der bis zum Ministertreffen in Iqualuit 2000 andauernden Diskussion um das Arbeitsprogramm der mit der Gründung des Arktischen Rates eingerichteten Arbeitsgruppe zu nachhaltiger Entwicklung kommen die Themen Klimawandel und Klimaschutz wiederum kaum vor.

Die Arbeit des Rates bezog sich zweitens daher zunächst vorrangig und später auch immer auf Umweltprobleme der Arktis, die nicht oder nicht direkt mit dem Klimawandel zusammenhängen. Die Arbeitsgruppe zum Meeresschutz beschäftigt sich beispielsweise mit Verschmutzungsquellen an Land, Sicherheit auf See, Meeresschutzgebieten und unter der isländischen Ratspräsidentschaft mit Meeresmüll. Die Arbeitsgruppe zum Naturschutz legte früh eine Schutzgebietsstrategie vor und baut zunehmend auf regionale Aktivitäten zum Schutz arktischer Biodiversität. Die Mitglieder des *Arctic Monitoring und Assessment Programm* sowie die Arbeitsgruppe für Katastrophenschutz fokussierten auf Verschmutzungen und Gefahren durch Ölunfälle, langlebige organische Verbindungen, Schwermetalle, Emissionen von Radionukleiden und Versauerung in der Arktis.[56] Die Arbeitsgruppe zur nachhaltigen Entwicklung schließlich beschäftigte sich mit einer Vielzahl von Projekten zur Verbesserung der Lebenssituation der Bewohner der Arktis, von Telemedizin über Energieinfrastrukturen bis zum Internetzugang.

[53] Declaration on the Protection of Arctic Environment [Fn. 29].

[54] The Nuuk Declaration on Environment and Development in the Arctic, 16.9.1993, <https://iea.uoregon.edu/MarineMammals/engine/Documents/1-0279-0287.htm>.

[55] Alf Håkon Hoel: Climate Change, in: Stokke, International Cooperation [Fn. 44], S. 112–137.

[56] Zur Arbeit des Rates bis 2006: Timo Koivurova, David L. VanderZwaag: The Arctic Council At 10 Years: Retrospect and Prospects, in: UBC Law Review, 1/2007, S. 121–194.

Der Blick zurück erinnert drittens daran, dass die Institutionalisierung des Rates und seines Portfolios in den 1990er Jahren Gegenstand äußerst zäher und umfassender politischer Verhandlungen war. Auch damals waren es die USA, die mit ihrer Blockadehaltung Fortschritte verzögerten und Vorhaben der anderen sieben Arktisstaaten bis zur Unkenntlichkeit verwässerten. Das betraf vor allem die Einbeziehung des Konzeptes Nachhaltiger Entwicklung, gegen das sich die USA lange sperrten,[57] aber auch die Einrichtung des Rates selber, die Stellung der indigenen Völker im Rat und schließlich auch die ersten Schritte des Rates in der Klimapolitik, bei denen die Vertreter der Regierung George W. Bushs vor allem dadurch auffielen, dass sie „für einige Zeit den Fortschritt praktisch sabotierten".[58] Die zunehmende Fokussierung des Rates auf die Wissenschaftskooperation war auch ein Resultat dieser Erfahrungen. Die sich damit ausweitende Arbeit des Rates hat möglicherweise in Vergessenheit geraten lassen, dass auch im Arktischen Rat gemeinsame Positionen hart erarbeitet werden mussten.

Daran anschließend sollte vermieden werden, den Rat mit allzu hohen Erwartungen zu überfrachten – wie es mit der Nobelpreisnominierung implizit geschah. Zwar ist es richtig, dass der Rat ursprüngliche Erwartungen weit übertroffen und mit seiner Arbeit die Region positiv beeinflusst hat,[59] ebenso richtig ist es aber, dass er seit seiner Gründung kontinuierlich hinter dem Regelungsbedarf der sich rapide wandelnden Region zurückgeblieben ist.[60] Über die Spannung, die sich zwischen einer weiteren Erschließung der arktischen Öl- und Gasvorkommen in der Arktis und der Anerkennung der dramatischen regionalen Folgen des vor allem durch fossile Brennstoffe verursachten Klimawandels auftut, wurde auch schon vor Pompeo in dem Sinne hinweggesehen, dass der Klimawandel in den Erklärungen des Rates nur als ein von außerhalb der Arktis verursachtes Phänomen behandelt wurde.[61]

Wie weiter mit der regionalen Sicherheit?

Schon in den frühen Beiträgen, die von einem Konfliktszenario ausgingen, wurden oft Vorschläge unterbreitet, wie mit institutionellen Neuerungen das Risiko einer militärischen Eskalation von Konflikten zu vermindern sei. Diese Vorschläge waren zum Teil nicht ganz frei von Widersprüchen. So wurde etwa jenen Staaten, denen die Bereitschaft unterstellt wurde, für den Zugang zu Rohstoffen und die Kontrolle von Seewegen eine militärische Konfrontation in Kauf zu nehmen, zugleich zugetraut, sich auf einen umfassenden völkerrechtlichen Vertrag zu einigen und dessen Bestimmungen dann auch einzuhalten.[62] Überzeugender waren Analysen, die die Eskalationsgefahr eher in unbeabsichtigten Folgen eines arktischen Sicherheitsdilemmas sahen.[63]

---

[57] Christoph Humrich: Sustainable development in Arctic international environmental cooperation and the governance of hydrocarbon-related activities, in: Cécile Pelaudeix, Ellen Margaret Basse (Hg.): Governance of Arctic Offshore Oil and Gas. London 2018, S. 31–46.

[58] Hoel, Climate change [Fn. 55], S. 127.

[59] Malgorzata Smieszek: Informal International Regimes. A Case Study of the Arctic Council. Rovaniemi 2019, S. 47.

[60] Christoph Humrich: The Arctic Council at twenty: cooperation between governments in the global Arctic, in: Elena Conde, Julia Iglesias Sánchez (Hg.): Global Challenges in the Arctic Region. Sovereignty, Environment, and Geopolitical Balance. London 2017, S. 146–169.

[61] Humrich, Sustainable Development [Fn. 57], S. 41–42.

[62] So etwa bei Borgerson, Arctic Meltdown [Fn. 7].

[63] Roger Howard: The Arctic Gold Rush. The Race for Tomorrow's Resources. London 2009.

Hier lässt sich schlüssig darlegen, dass die Akteure ein Interesse daran haben, Institutionen zu schaffen, die darauf achten, dass alle Mitglieder die Regeln befolgen, so dass eine unbeabsichtigte Eskalation nicht eintritt. Als solche Institution wurde auch der Arktische Rat gesehen, den manche für grundsätzlich geeignet hielten, sicherheitspolitische Funktionen zu übernehmen.[64] Dazu müsste allerdings das Verbot der Beschäftigung mit militärischer Sicherheit in der Ottawa-Deklaration aufgehoben werden.[65] Andere möchten den Arktischen Rat belassen, wie er ist.[66] Wenn der Rat seinen Fokus auf gemeinsame Interessen gerade dadurch wahren konnte, dass die Sicherheitspolitik außen vor blieb, würde eine entsprechende Erweiterung seines Themenspektrums das kooperative Potenzial im Rat verringern und so weder Nutzen für den regionalen Umweltschutz noch für die regionale Sicherheit haben. Auch wird durch einen Rückblick auf den Beginn der zwischenstaatlichen Kooperation der acht Arktisstaaten einiges klarer. Anders als *Clingendael* es heute darstellt,[67] gingen die Initiatoren der Zusammenarbeit gerade davon aus, dass Großmachtkonkurrenz die Arktis noch auf längere Sicht prägen würde und diese Konkurrenz nicht auf der regionalen Ebene bearbeitet werden kann. Sie wollten daher ein Forum schaffen, das die regionale Ebene nutzt, um Vertrauen in die Kooperationsfähigkeit zu befördern. Deshalb wurde zunächst nur die Umweltkooperation angestrebt.[68]

Da die Entwicklungen in der Arktis dann vor allem dem Kooperationsszenario entsprachen, wurde ein Bedarf für eine regionale Sicherheitsinstitution lange nicht gesehen. Doch angesichts der jüngsten Entwicklungen ist die Diskussion um arktische Sicherheitsinstitutionen wieder in Gang gekommen und es wird dafür geworben, das Portfolio des Arktischen Rates zu erweitern oder neue Institutionen zu schaffen. Das wird inzwischen offenbar auch von einzelnen arktischen Staaten in die Diskussion eingebracht. So berichtet das Dänische Institut für Internationale Studien (DIIS), Finnland und Island würden entsprechende Ideen diskutieren.[69] Der DIIS-Bericht schlägt nun aber auch der dänischen Regierung vor, sich für ein arktisches Sicherheitsforum einzusetzen.[70] Zu ähnlichen Ergebnissen kommen ein Bericht von *Clingendael,* der für die niederländische Regierung verfasst wurde,[71] oder auch die Beiträge zum Arctic Yearbook 2019 zum Thema „Redefining Arctic Security“.[72]

---

64 Christoph Humrich: Sicherheitspolitik im Arktischen Rat? Lieber nicht!, in: Sicherheit und Frieden, 3/2015, S. 143–149. – Christoph Humrich, Klaus Dieter Wolf: Vom Meltdown zum Showdown? Herausforderungen und Optionen für Governance in der Arktis. HSFK-Report 4/2011, <www.hsfk.de/fileadmin/HSFK/hsfk_downloads/report0411.pdf>.

65 Paul Arthur Berkman: Preventing an Arctic Cold War. New York Times, 13.3.2013.

66 Humrich, Sicherheitspolitik [Fn. 64].

67 Dams, van Schaik, The Arctic Elephant [Fn. 2], S. 3.

68 Zu den Anfängen von AEPS und Arktischem Rat siehe Oran R. Young: Creating Regimes. Arctic Accords and International Governance. Ithaca, NY 1998. – John English: Ice and Water. Politics, People, and the Arctic Council. Toronto 2013. – Thomas S. Axworthy, Ryan Dean: Changing the Arctic Paradigm from Cold War to Cooperation: How Canada's Indigenous Leaders Shaped the Arctic Council, in: Yearbook of Polar Law, 5/2013, S. 7–43.

69 Mikkel Runge Olesen u.a.: Nye sikkerhedspolitiske dynamikker i Arktis. Muligheder og udfordringer for Kongeriget Danmark. DIIS Report 4/2020, <https://pure.diis.dk/ws/files/3502260/Nye_sikkerhedspolitiske_dynamikker_i_Arktis_2_DIIS_rapport_2020.pdf>.

70 Ebd.

71 Dick Zandee, Kimberley Kruijver, Adája Stoetman: The Future of Arctic Security. The geopolitical pressure cooker and the consequences for the Netherlands, Clingendael Report 4/2020.

72 Lassi Heininen, Heather Exner-Pirot, Justin Barnes: Redefining Arctic Security: Arctic Yearbook 2019, < www.arcticyearbook.com>.

In den meisten Vorschlägen für entsprechende Initiativen tun sich allerdings auch wieder interne Spannungen auf, die mit den Änderungen des darunter liegenden Konfliktszenarios zu tun haben. So lange das Konfliktszenario von in der Arktis entstehenden und sich um die Arktis drehenden Disputen ausging, erschienen auch regionale Institutionen als Lösungsvorschlag sinnvoll. Nun wird aber von einem globalen, in die Arktis hineingetragenen Konflikt ausgegangen, der zum Teil auch nicht-arktische Akteure einschließt. Darum müssen Vorschläge für eine regionale Sicherheitsinstitution Antworten auf drei Fragen geben: Erstens: Wer soll darin Mitglied sein? Dass diese Frage nicht unbedeutend ist, zeigt die Verstimmung in Island, Schweden und Finnland, als die fünf Anrainerstaaten des Nordpolarmeeres sich 2008 ohne die anderen Mitglieder des Arktischen Rates in Ilulissat trafen, um meerespolitische Themen zu diskutieren oder auch als sie im Jahr 2016 alleine das zwei Jahre später geschlossene Fischereiabkommen für die Hohe See der Arktis mit einer Erklärung vorbereiteten. Die Aktivitäten möglicherweise einzubeziehender nicht-arktischer Staaten in der Region erschweren zusätzlich eine Antwort auf die Frage. Dies fiele wohl leichter, wäre zuvor die zweite Frage geklärt: Was soll diese Institution konkret tun, um die Sicherheitssituation zu verbessern? Zur Beantwortung dieser Frage schließlich wird es notwendig, auf die konkreten Sicherheitsprobleme einzugehen, mit denen sich die in der Region engagierten Staaten konfrontiert sehen.

Eines dieser Sicherheitsprobleme erwächst aus der Rolle, die arktische Gewässer für die globale nukleare Abschreckungspolitik der USA, Russlands und – zumindest wenn man dem Pentagon folgt – möglicherweise bald Chinas spielen. Hier sind vor allem die Tiefen des zentralen Arktischen Ozeans unter dem Eis für die durch U-Boote vorgehaltene nukleare Zweitschlagskapazität entscheidend. Darüber hinaus haben arktische Stützpunkte und Seewege aber vor allem für Russland anders als für die anderen arktischen Staaten Bedeutung für die territoriale Verteidigung des gesamten Landes und als Zugang für die maritime Machtprojektion im Atlantik. Dies betrifft allerdings nur die noch im Nord-Ost-Atlantik und am südlichen Rand der Arktis – nicht einmal des Arktischen Ozeans – liegenden Stützpunkte der Atlantikflotte Russlands und die naheliegende Grenze zwischen Russland und Norwegen.[73] Damit handelt es sich, wie auch DIIS und *Clingendael* herausarbeiten, weniger um ein regionales, arktisches Problem als vielmehr um ein Problem der transatlantischen und europäischen Sicherheit. Auf dieser und der globalen Ebene gibt es bereits Institutionen, die auch die zur Sicherheitslage in der Arktis beitragende Sicherheitskooperation auf der jeweiligen Ebene befördern. Dies sind vor allem die bilateralen Abrüstungs- und Rüstungskontrollgremien, in denen Vertreter Russlands und der USA das Thema militärische Sicherheit auf globaler Ebene behandeln, sowie der NATO-Russlandrat und die OSZE für die transatlantisch-europäische Ebene.[74] Richtig ist, dass diese Institutionen im gegenwärtigen politischen Klima weitgehend blockiert sind. Doch warum soll das bei einer neuen regionalen Institution für Sicherheitskooperation in der Arktis anders sein? Auch hier müssten

---

73 Siehe dazu auch den Beitrag von Andrej Zagorskij in diesem Heft, S. 81–98.

74 Benjamin Schaller hatte schon 2014 vorgeschlagen, die Arktis in den nun von den USA gekündigten Open-Skies-Vertrag einzubeziehen: Confidence and Security-Building Measures in the Arctic: The Organization for Security and Co-Operation in Europe as a Role Model for the Area? In: Lassi Heininen, Heather Exner-Pirot, Joel Plouffe (Hg.): Human Capital in the North. Arctic Yearbook 2014, S. 434–451, < www.arcticyearbook.com>.

zunächst hohe politische Hürden überwunden und viel politisches Kapital investiert werden, ohne dass dabei schon klar wäre, warum eine „arktische Institution" den richtigen Ansatz bietet.

Das lenkt die Frage wieder auf genuin arktische Sicherheitsprobleme. Diese scheinen vor allem in der steigenden Militärpräsenz und -aktivität zu liegen, die das Risiko eines Unfalls oder Zwischenfalls erhöht, der in einer angeheizten Stimmung unerwünschte Folgen mit einer Eskalation nach sich ziehen könnte. Darum haben Duncan Depledge und Kollegen vorgeschlagen, einen Arktischen Verhaltenskodex für Militäraktivitäten (Arctic Military Code of Conduct, AMCC) zu verhandeln.[75] Dieser hätte zum Ziel, „akzeptables und legitimes Verhalten" zu definieren und dadurch das Risiko einer ungewollten Eskalation zu senken. Realistisch wird vorgeschlagen, sich zunächst auf grundsätzlich nicht-akzeptables und nicht legitimes Verhalten zu einigen. Bestandteil einer solchen Vereinbarung könnten unter anderem auf die Region übertragene bilaterale Abkommen werden, die schon im Kalten Krieg zwischen NATO-Staaten und der Sowjetunion zur Vermeidung von Zwischenfällen bestanden.[76] Zwischen Norwegen und Russland bestehen z.B. bereits Vereinbarungen, in denen direkte Kontakte zwischen Einsatzzentren und ein geordnetes Prozedere im Falle eines Zwischenfalles festgelegt werden. Zudem haben sich internationale Standards für das Militär in Luftfahrt und Seefahrt auf der Basis entsprechender völkerrechtlicher Bestimmungen oder militärischer Kooperation ausgebildet. Ein solcher Verhaltenskodex könnte seinen Ausgang sogar in Umweltstandards für militärische Aktivitäten in der fragilen arktischen Umwelt während Friedenszeiten nehmen und damit an die Arbeit des Arktischen Rates anschließen. Depledge und Kollegen schlagen vor, den Code zunächst unter den Arktischen Fünf und dann im erweiterten Kreis zu verhandeln. Allerdings scheint nicht klar, warum Schweden, Island und Finnland in einer ersten Runde ausgeschlossen werden sollten. Auch sie halten Militärübungen ab lagern militärisches Material in der Arktis. Als Beispiel und Vorlage könnten zwei Abkommen dienen, die unter dem Dach des Arktischen Rates verhandelt worden sind: die Abkommen zur Seenotrettung (Search und Rescue) in der Arktis und zur Kooperation bei Bereitschaft und Bekämpfung von Ölunfällen auf dem Meer.[77] Hier lässt sich auch sehen, wie für die Umsetzung dieser Abkommen Institutionen auf operativer Ebene mit einem eng umschriebenen Mandat geschaffen wurden: das Arktische Küstenwachenforum und das Forum der Regulierungsbehörden für Offshore Öl- und Gasaktivitäten. Zwar gab es ähnliche Foren auf der operativen Ebene der militärischen Zusammenarbeit auch, sie sind aber seit der Krim-Annexion lahmgelegt.[78] Das wäre möglicherweise nicht der

---

[75] Duncan Depledge, Mathieu Boulègue, Andrew Foxall, Dmitriy Tulupov: Why we need to talk about military activity in the Arctic: Towards an Arctic Military Code of Conduct, in: Lassi Heininen, Heather Exner-Pirot, Justin Barnes: Redefining Arctic Security: Arctic Yearbook 2019, S. 83–86, <www.arcticyearbook.com>.

[76] Diese Abkommen sind zu finden unter: <www.europeanleadershipnetwork.org/bilateral-military-agreements-between-nato-member-states-and-the-soviet-union-on-the-prevention-of-incidents/>.

[77] Agreement on cooperation on aeronautical and maritime search and rescue in the Arctic, 2011, <https://oaarchive.arctic-council.org/handle/11374/531>. – Agreement on Cooperation on Marine Oil Pollution Preparedness and Response in the Arctic, 2013, <https://oaarchive.arctic-council.org/handle/11374/529>.

[78] Arctic Security Forces Roundtable, Northern Chief of Defense Staff Conference. – Andrej Zagorskij in diesem Heft, S. 81–98.

Fall gewesen, wenn sie ein eng umschriebenes Mandat hätten, dessen Ausübung vor allem in Zeiten erhöhter Spannung nützlich ist. Die bilaterale Kooperation zwischen Norwegen und Russland zur Vermeidung von Zwischenfällen und zu entsprechenden Kommunikationslinien wurde dementsprechend auch nach der Annexion der Krim explizit beibehalten, obwohl Norwegen den Sanktionen des Westens folgte.

Wenn es gelingen sollte, ein solches eingeschränktes Mandat zu verhandeln und in seinem Rahmen ein militärisches Forum mit entsprechenden Funktionsträgern zu beleben, wäre sicher etwas für die Arktis gewonnen.

Resümee

Die Arktis ist mit den Auswirkungen zweier globaler Entwicklungen konfrontiert, deren Ursachen nicht in der Arktis liegen: mit den Folgen des Klimawandels sowie mit der globalen Großmachtkonkurrenz zwischen den USA, Russland und China. Dass die Großmachtkonkurrenz die zwischenstaatliche Zusammenarbeit im Arktischen Rat insofern beeinflussen könnte, hat die Rede des US-Außenministers Pompeo gezeigt, mit der zum ersten Mal einer der Anrainerstaaten des Nordpolarmeers im Arktischen Rat eher das Konfliktrisiko als die Kooperationschancen betonte.[79] Auch Russland gründet seine Politik gegenüber dem Westen auf einem solchen Konfliktszenario. Aber es waren die USA unter der Trump-Administration, die den Klimawandel und die Großmachtkonkurrenz im Arktischen Rat zum Politikum gemacht haben. Der dänische Arktis-Experte Mikkel Runge-Olesen geht darum soweit, die USA als das Hauptproblem für die dänische bzw. nordische Sicherheit in der Region zu identifizieren.[80] Er stellt heraus, dass der Großmachtkonflikt weniger von einer geänderten Sicherheitslage durch Machenschaften Russlands und Chinas in der Arktis befeuert wird als vielmehr durch einen Kurswechsel der Trump-Administration gegenüber Russland und China. Dieser Wechsel der Trump-Administration hat die anderen arktischen Staaten kalt erwischt und viele Beobachter des Rates, der noch im Jahr zuvor für den Friedensnobelpreis vorgeschlagen wurde, in einen Schockzustand versetzt. Aus dem Abstand eines Jahres und mit Rückblick auf den Beginn der zwischenstaatlichen Kooperation in der Arktis nehmen sich die möglichen Folgen für die arktischen Institutionen aber schon etwas weniger dramatisch aus. Es ist nicht ausgemacht, dass in der Arktis das Konfliktszenario gegenüber dem Kooperationsszenario die Oberhand gewinnt.

In Bezug auf die Umweltkooperation hat sich der Arktische Rat unbeeindruckt gezeigt. Seine klimapolitische Arbeit wird sicher nicht einfacher werden. Aber sie wird auch nicht aufhören, wenn sich wie in der Anfangszeit des Arktischen Rates die anderen sieben Staaten bei der Verhandlung des Themas beharrlich zeigen und bereit sind, Kompromisse einzugehen. Ein großer Teil der umweltpolitischen Arbeit kann ohnehin ohne direkten Bezug auf den Klimawandel fortgeführt werden.

Sicherheitspolitisch ist größere Besorgnis angezeigt. Mit einem größeren militärischen Engagement und kompromissloserem Auftreten der USA steigt auch die Gefahr möglicher Kurzschlussreaktionen Russlands, etwa wenn es durch amerikanisches Super-

---

[79] Outi Snellman, zitiert in Breum: Why the Work of the Arctic Council will continue [Fn. 43].

[80] Mikkel Runge Olesen, u.a.: Stormagtskonflikternes indtog i Arktis, 8.6.2020, <www.diis.dk/publikationer/nye-sikkerhedspolitiske-dynamikker-arktis>.

machtgebaren mit Freedom of Navigation Operations auf dem Nördlichen Seeweg provoziert wird oder es sich durch eine massive Einschränkung seiner Verteidigungs- und Operationsfähigkeit im Nord-Ost-Atlantik zu waghalsigen militärischen Aktionen gezwungen sieht. Beides wäre unnötig. Wie Robert D. English ausführt, hat Russland gegenwärtig nur „sehr begrenzte Fähigkeiten der Machtprojektion", seine Luftwaffe werde von den entsprechenden NATO-Stärken „meilenweit übertroffen" und die meisten neuen arktischen Stützpunkte Russlands seien zu klein und verfügten nicht über die Infrastruktur, größere Flugverbände zu beherbergen. Selbst die einst starke Nordmeerflotte sei trotz massiver Investitionen eher „kümmerlich". Die Ausrichtung der Streitkräfte sei darum in der Arktis gezwungenermaßen und offensichtlich nur defensiv.[81] Die NATO-Partner sollten sich diese militärische und ökonomische Überlegenheit vor Augen führen, bevor sie in der Arktis weiter die Spielräume einer viel zu empfindlich agierenden Großmacht beschränken.[82] Es ist in diesem Sinne auch nicht anzuraten, dass die NATO über den Nord-Ost-Atlantischen Bereich hinaus in der Arktis aktiv oder die EU in die Sicherheitspolitik der Region einbezogen wird.[83] Das würde nur die russische Paranoia bestärken. Auch wenn dies unterbleibt, ist möglicherweise die Zeit für eine besondere arktische Sicherheitsinstitution auf operativer Ebene und mit klar definiertem regionalem Auftrag gekommen, um im Rahmen einer niederschwelligen Verteidigungsdiplomatie die Voraussetzungen zu schaffen, zumindest eine ungewollte Eskalation zu vermeiden. Sowohl Großmachtkonkurrenz als auch Klimawandel sind allerdings nicht auf der regionalen Ebene zu lösen. Die arktischen Staaten können auf der regionalen Ebene sicher mehr als gegenwärtig dazu beitragen, die Ursachen zu bekämpfen und die Folgen für die Region gering zu halten. Aber es ist auch schwerlich zu bestreiten, dass beiden Problemen letztendlich nur mit massiven diplomatischen Kraftanstrengungen auf der globalen Ebene beizukommen ist. Ein Fokus auf die Arktis darf weder bei den arktischen Acht noch bei den nicht-arktischen Staaten dafür zur Ersatzhandlung werden.

---

[81] Robert D. English: Why an Arctic arms Race would be a mistake, 18.6.2020, <www.arctictoday.com/why-an-arctic-arms-race-would-be-a-mistake/>.

[82] Daher warnt Klare auch vor einer weiteren Eskalation seitens der Amerikaner, Klare: A World War Could Break Out [Fn. 20].

[83] Das ist Ziel der deutschen Arktispolitik. Bundesregierung: Leitlinien deutscher Arktispolitik. Verantwortung übernehmen, Vertrauen schaffen, Zukunft gestalten, 8/2019, <www. auswaertiges-amt.de/blob/2239806/0c93a2823fcff8ce9f6bce5b6c87c171/arktisleitlinien-data.pdf>.

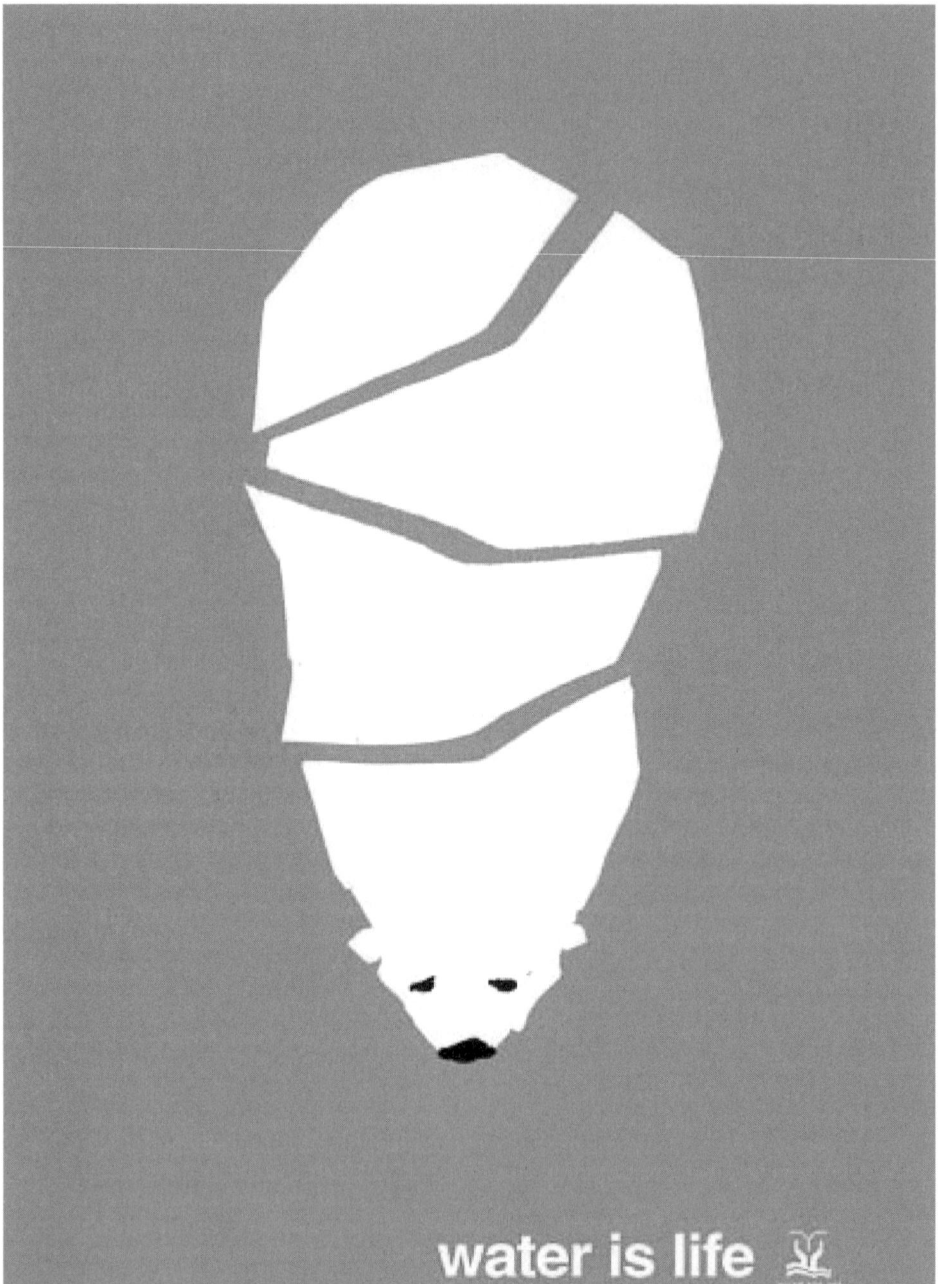

Plakat von Jialiang Qin, Universität Chengdu, China. Das Plakat gewann 2016 bei einem Wettbewerb des „Zentralverbands Sanitär Heizung Klima" den zweiten Platz.

Michael Paul

Maritimes Dreieck

Chinas Aufstieg, Russlands Abstieg und die USA

China hat Russland als die führende maritime Großmacht hinter den USA abgelöst. Seit dem Zusammenbruch der Sowjetunion ist es Moskau nicht gelungen, seine Hochseeflotte zu modernisieren und aufzubauen. Dennoch verfügt Russland noch immer über respektable Fähigkeiten, um seine nationalen Sicherheitsinteressen zu wahren. Und selbst in ihrem relativ schlechten Zustand bietet die russländische Marine ein Vorbild für China, das zunehmend globale Machtprojektion betreibt und in absehbarer Zeit in der Lage sein wird, die USA auch auf den Weltmeeren herauszufordern. Maritime Sicherheits- und Vertrauensbildung wären das Gebot der Stunde. Doch die Bereitschaft zu präventiver Risikoeinhegung durch Rüstungskontrolle hat signifikant abgenommen.

In der Geschichte Chinas kamen die Invasoren jahrhundertelang aus der Steppe. Eine seetüchtige Flotte wurde seit dem 10. Jahrhundert unterhalten, maritime Expeditionen endeten jedoch im 15. Jahrhundert und die Flotte wurde aufgelöst. Chinesische Herrscher konzentrierten sich stattdessen auf küstennahe Gewässer und Flüsse. China hatte deshalb der Seemacht England wenig entgegenzusetzen, als diese im Opiumkrieg (1839–1842) mit Kanonenbooten angriff und Peking zwang, Küstenstädte für den Handel zu öffnen. Die „Ungleichen Verträge“ leiteten ein traumatisches Kapitel der chinesischen Geschichte ein. Die Erfahrung der Verwundbarkeit und das „Jahrhundert der Demütigung“ (1840–1949) prägten die strategische Kultur Chinas und sind heute ein wichtiges Element des chinesischen Nationalismus, der Nation und Partei verbindet. Der historisch mit der Demütigung durch ausländische Mächte begründeten Opferrolle Chinas wird ein Versprechen neuer Stärke entgegengesetzt: Nie wieder soll China erniedrigt werden, vielmehr zu alter Größe aufsteigen. Zur Eröffnung der Ausstellung „Der Weg zur Renaissance“ in Peking am 29. November 2012 erwähnte Partei- und Staatschef Xi Jinping den Begriff „Chinesischer Traum“ zum ersten Mal: „Jetzt, da alle über den Chinesischen Traum reden, meine ich, dass die Verwirklichung der großen nationalen Renaissance der größte Traum der Chinesen seit der Moderne ist.“[1]

Michael Paul (1959), Dr. phil., Senior Fellow am Deutschen Institut für Internationale Politik und Sicherheit, Stiftung Wissenschaft und Politik (SWP), Berlin

Der vorliegende Text basiert auf zwei Arbeiten von Michael Paul: Kriegsgefahr im Pazifik? Die maritime Bedeutung der sino-amerikanischen Rivalität. Baden-Baden 2017. Sowie: Allianz auf hoher See? Chinas und Russlands gemeinsame Militärmanöver. SWP-Aktuell 24/2019.

[1] Xi Jinping: China regieren, Beijing 2014, S. 42.

OSTEUROPA, 70. Jg., 5/2020, S. 117–125 **doi: 10.35998/oe-2020-0033**

Dies zeigt sich etwa in Chinas Auftreten in den Territorialkonflikten im Südchinesischen Meer, wo Peking sich als gedemütigtes Opfer historischer Ereignisse gibt und so seine – völkerrechtlich höchst umstrittenen – maritimen und territorialen Ansprüche rechtfertigt, um diese aus einer Position der neuen Stärke brachial durchzusetzen.[2]

Der Aufstieg Chinas soll jedoch nicht nur durch eine Absicherung der maritimen Peripherie erfolgen, Peking will das Land generell zu einer Land- und Seemacht machen. Präsident Xi hat erklärt, das Schicksal seines Landes hänge von der erfolgreichen Nutzung der See ab. Wolle China ein reicher und mächtiger Staat werden, sei die See unverzichtbar.[3] In diesem Sinne bezeichnete Chinas „Staatliche Ozeanische Administration" (SOA) das 21. Jahrhundert als „Jahrhundert der Ozeane: der Status der Ozeane dominiert die nationale Entwicklung mehr als in jeder anderen Periode menschlicher Geschichte."[4]

Der „chinesische Traum" beginnt am Meer – medial in den 1980er Jahren im sechsteiligen Dokumentarfilm „Flusselegie" des chinesischen Fernsehens dargestellt. Der Gelbe Fluss diente als Metapher für eine Phase der Engstirnigkeit und Stagnation. Der einzige Weg, sich aus der Misere zu befreien, liege darin, sich vom Gelben Fluss ab- und zum blauen Ozean der Außenwelt hinzuwenden.[5] China brauche die Öffnung zur Welt, ganz im Sinne der von Deng Xiaoping eingeleiteten Reformpolitik. Der Aufbau einer hochseefähigen Flotte – befördert und eingeleitet durch General Liu Huaqing als Befehlshaber der Marine (1982–1987) – kann insofern als maritime Fortschreibung der von Deng Xiaoping eingeleiteten Reformpolitik angesehen werden und ist zugleich Grundlage des Wiederaufstiegs zur Großmacht.

Mit dem Aufstieg Chinas zur größten Exportnation der Welt und der damit einhergehenden notwendigen Ausweitung maritimer Aktivitäten änderte sich auch die Machtbalance in Ostasien. Peking betreibt einerseits Risikoabsicherung und ist andererseits bestrebt, strategisch wichtige maritime Verbindungswege (Sea Lines of Communication) zu sichern, damit das Land im Krisenfall nicht von der Versorgung abgeschnitten werden kann. Die hohe wirtschaftliche Bedeutung der Seewege für den Rohstoff- und Warenverkehr macht deren Absicherung zum politischen Gebot und zum integralen Bestandteil nationalen Interesses. Wie die USA, Russland oder Japan hat China nun auch eine umfassende ozeanische Strategie entwickelt. Die Entwicklungsziele beinhalten nicht nur eine Modernisierung der traditionellen marinen Industrien (Fischerei, Schiffsbau, Öl- und Gasförderung) und der erforderlichen Infrastruktur, sondern auch den Aufbau neuer

---

[2] Dai Bingguo: Cooling Off the South China Sea, in: US-China Focus, 6.7.2016. – Michael Paul: Kriegsgefahr im Pazifik? Die maritime Bedeutung der sino-amerikanischen Rivalität. Baden-Baden 2017, S. 49–52.

[3] Xi Jinping's Important Exposition, 30.7.2013.

[4] Mathieu Duchâtel, Alexandre Sheldon Duplaix: Blue China: Navigating the Maritime Silk Road to Europe. London 2018, S. 3, <www.ecfr.eu/page/-/blue_china_navigating _the_maritime_silk_road_to_europeNEW-compressed.pdf>. – Tabitha Grace Mallory: Preparing for the Ocean Century: China's Changing Political Institutions for Ocean Governance and Maritime Development, in: Issues & Studies, 2/2015, S. 111–138.

[5] Dieses Bild fügt sich in das Modell ein, das der deutsche Geograph Ernst Kapp Mitte des 19. Jahrhunderts zur Erklärung der immer größeren Reichsbildung entwickelte. Er sah die Größe der Reiche als eine von der Weite des beherrschten Seeraums abhängige Variable an. Zunächst seien Mächte an den großen Strömen entstanden, dann hätten sich Imperien der Kontrolle zuerst der Binnenmeere und schließlich der Ozeane zugewandt. Siehe dazu Herfried Münklers Ansätze zu einer maritimen Ideen- und Strategiegeschichte, in diesem Band, S. 5–22.

Industriezweige wie erneuerbare Energien, Pharmazie und moderne Dienstleistungsbranchen für Tourismus, Transport und Finanzwesen. Aus geopolitischer, wirtschaftlicher und militärischer Perspektive hat die maritime Peripherie Chinas vitale Bedeutung. Das Südchinesische Meer zählt China zu seinem „Kerninteresse".[6]

Bereits 1982 hatte General Liu als Befehlshaber der Marine den Auftrag erteilt, eine Strategie küstenferner Verteidigung zu entwickeln; dazu koordinierte er 1984 auch die Vorbereitungen für Chinas erste Antarktis-Expedition. Die Beteiligung der Volksbefreiungsarmee an dem Projekt wertete er damals als nützliche Erfahrung, die sich bei der Entwicklung einer hochseefähigen Kriegsmarine auszahlen würde.[7] In der Tat hat die maritime Strategie Chinas, die Liu bis 1997 als Vizevorsitzender der Zentralen Militärkommission begleitete, inzwischen eine globale Reichweite erhalten. Mittlerweile billigt sich Peking als „polare Großmacht" auch die Aufgabe zu, Frieden und Sicherheit in der Arktis zu fördern, nicht zuletzt weil die Nutzung der dortigen Seewege und die Erforschung der regionalen Ressourcen „einen enormen Einfluss auf die Energiestrategie und die wirtschaftliche Entwicklung Chinas" hätten.[8]

Rivalität USA-China

China fehlt als Landmacht die insulare Sicherheit der USA.[9] Chinas zentrale geographische Lage in Asien bedeutet, dass das Land ein Umfeld hat, das zu den schwierigsten der Welt gehört. China teilt seine Landgrenze von 22 000 Kilometern mit 14 Nachbarstaaten. Darunter sind mit Russland, Indien und Pakistan sowie der erratischen Diktatur in Nordkorea vier nuklear bewaffnete Staaten. Entlang der Küstenlinie von über 18 000 Kilometern liegen weitere sechs Nachbarstaaten und die vorgelagerten US-Streitkräfte. Zwar hat die Volksrepublik China einige Grenzkonflikte in den letzten Jahrzehnten friedlich beigelegt.[10] Der Aufstieg zur Großmacht in Form einer hybriden Land-Seemacht lässt jedoch neue, komplexe Sicherheitsprobleme entstehen.

Die Vereinigten Staaten von Amerika beherrschen zu Beginn des 21. Jahrhunderts die Weltmeere wie einst Großbritannien und sichern damit sich und ihren Verbündeten den freien Zugang zur See. Seit der Durchsetzung des Rechtsprinzips der Freiheit der Meere ist das Meer ein öffentliches Gut – ganz so wie Jahrhunderte später der Weltraum und der Cyberraum. Die Nutzung der Hohen See jenseits der Küstenstreifen der Anrainerstaaten und ihrer Ausschließlichen Wirtschaftszonen ist im Prinzip uneingeschränkt. Etwa das Recht auf friedliche Durchfahrt zu bewahren und sicherzustellen, ist in Zeiten der Globalisierung von kritischer Bedeutung. Die Globalisierung hat eine neue Vielfalt von transnationalen Verbindungen zwischen Staaten und Gesellschaften entstehen lassen.

---

6 Das Attribut „Kerninteresse" war bis 2010 Taiwan, Tibet und Xinjiang als Elemente nationaler Souveränität, Einheit und territorialer Integrität vorbehalten. Paul, Kriegsgefahr [Fn. 2], S. 142–146.

7 Anne Mary Brady: China as a Polar Great Power. Cambridge 2017, S. 3 und S. 52.

8 Agne Cepinskyte, Michael Paul: Großmächte in der Arktis. Die sicherheitspolitischen Ambitionen Russlands, Chinas und der USA machen einen militärischen Dialog erforderlich, SWP-Aktuell 50/2020, S. 4.

9 Atlantik, Pazifik und Arktis bieten den USA eine Sicherheit, die nur ein ebenbürtiger Konkurrent auf der atlantischen oder pazifischen Gegenküste bedrohen kann.

10 So mit Russland 2004. Offene Territorialfragen gibt es mit Bhutan, Nordkorea, Vietnam, Indonesien, Indien, Japan, Malaysia, den Philippinen und Brunei.

„Große Nation, großer Wandel: Chinas Aufstieg und die Folgen für die Umwelt“
Finnischer Plakatentwurf aus dem Jahr 2017. © *Konspaul*

Mehr als 90 Prozent der weltweit gehandelten Güter werden über den Seeweg transportiert, der maritime Weltmarkt steigt jedes Jahr um fast fünf Prozent. Dieser Trend dürfte auch nach der Covid-19-Pandemie anhalten. Zwar dürfte sich die Globalisierung partiell abschwächen, ist aber nicht beendet. Dies gilt auch für die weltweite Kommunikation, die zu über 97 Prozent durch Kabel auf den Meeresböden gesichert wird.[11] Meere und Ozeane gewährleisten Versorgungssicherheit, aber ermöglichen auch Machtprojektion und militärische Intervention.

Aufgrund ihrer stetig wachsenden Fähigkeiten können die chinesischen Streitkräfte zunehmend den Zugang der US-Streitkräfte zum asiatisch-pazifischen Raum einschränken und damit den Status der USA als Weltmacht infrage stellen. Erstmals seit der Auflösung der Sowjetunion 1991 sind die USA in Gestalt von China damit wieder mit einem zunehmend ebenbürtigen Rivalen konfrontiert. Russlands politische Elite, die bis heute an imperialen Phantomschmerzen leidet und Barack Obamas Charakterisierung von Russland als „Regionalmacht" als Schmähung empfand, beobachtet dies durchaus mit Wohlwollen.

Ungleiche Seegefährten: China, USA und Russland

Die chinesische Marine entwickelt zunehmend Fähigkeiten für den Einsatz auf hoher See. Dabei sind die Sicherung maritimer Interessen – wie der Schutz von Seewegen, die Verwirklichung territorialer Ansprüche in der maritimen Peripherie und schließlich die Kontrolle der Seewege im Westpazifik – sowie die Sicherheit des kommunistischen Regimes zwei Seiten einer Medaille. General Liu nutzte als Befehlshaber der Marine das nationale Interesse an maritimen Ressourcen, um es als Argument für den Aufbau einer modernen, starken und hochseefähigen Marine zu verwenden. Das nationale Ziel einer Rückgewinnung „verlorener Territorien" im Südchinesischen Meer diente damals auch dazu, den doktrinären Übergang von der Küstenverteidigung zur „aktiven Verteidigung" zu begründen.[12] Weiter vorangetrieben wurde die Entwicklung der maritimen Strategie durch die Erfahrung der 1990er Jahre, als Peking die Schwächen der eigenen Streitkräfte erkennen musste. Dazu gehörte im maritimen Kontext die Krise in der Straße von Taiwan 1995/96, als chinesische Streitkräfte die nahenden Flugzeugträgergruppen der USA nicht entdeckten.

Mittlerweile hat China die größte Kriegsmarine in Asien. Die Zahl der Schiffe und deren Gesamttonnage ermöglicht es, die Fähigkeiten einer Flotte im Verhältnis zu ihren Aufgaben zu bewerten. Will man die Fähigkeiten zweier Marinestreitkräfte vergleichen – etwa jener Chinas und der USA – muss auch auf die Art der Schiffe geschaut werden. Die chinesische Marine verfügt mittlerweile über mehr als 300 Kriegsschiffe, während die Zahl der US-Schiffe – mit weltweiten Einsatzaufgaben – in den letzten Jahren zwischen 270 und 300 lag.[13] Nun will China die Ausrüstung seiner Streitkräfte für küstenferne Einsätze beschleunigen, moderne U-Boote, Zerstörer und Fregatten entwickeln

[11] Deutsche Marine: Jahresbericht 2019. Fakten und Zahlen zur maritimen Abhängigkeit der Bundesrepublik Deutschland, Rostock 2019, S. 8. – Russia a 'risk' to undersea cables, defence chief warns, BBC, 15.12.2017, <www.bbc.com/news/uk-42362500>.

[12] Paul, Kriegsgefahr [Fn. 2], S. 63.

[13] Ronald O'Rourke: Navy Force Structure and Shipbuilding Plans: Background and Issues for Congress. CRS Report. Washington, DC, 3.6.2020, S. 2.

und die Marine für Einsätze auf hoher See trainieren. Schon in wenigen Jahren könnte Chinas Marine also nicht nur quantitativ, sondern auch qualitativ der US-Marine ebenbürtig sein. Andrew S. Erickson, ein Professor für Marinestrategie am *US Naval War College* in Newport prognostiziert:

> Wenn sich die aktuellen Trends fortsetzen, wird China in der Lage sein, bis 2030 eine Marineflotte einzusetzen, die in ihrer Bedeutung und Ausstattung quantitativ größer und qualitativ auf dem Niveau der US-Marine sein wird.[14]

Dies mag unter Berücksichtigung chinesischer Fähigkeiten in heimatnahen Gewässern zutreffen; aber erst weit nach Ende der chinesischen Modernisierungsvorhaben 2035 dürfte sich Chinas Marine auf hoher See – bei andauernder Aufrüstung, Ausbildung und Übungsbetrieb – den überragenden Fähigkeiten der US-Streitkräfte annähern.

In den Jahrzehnten nach dem Zusammenbruch der Sowjetunion musste Russland einen erheblichen Niedergang als Seemacht verzeichnen: Die Sowjetunion arbeitete intensiv daran, eine Hochseemarine aufzubauen, die Anfang der 1980er Jahre über rund 300 große Kriegsschiffe und 350 U-Boote verfügte (darunter 85 strategische U-Boote, die mit ballistischen Raketen bestückt waren). In den 1990er Jahren schrumpfte diese Armada aber auf ein Zehntel zusammen. Russlands Führung hegt Ansprüche auf den Status einer „maritimen Großmacht", doch sieht das Staatliche Rüstungsprogramm bis 2027 beträchtliche Kürzungen bei der Finanzierung von Schiffsbauten vor.[15]

Gemäß der neuen Marinedoktrin vom 20. Juli 2017 will Russland Seestreitkräfte schaffen, die auch in entfernten Gebieten der Weltmeere operieren können. Sie sollen die Dominanz der US-Marine und anderer Seemächte verhindern und für die eigene Marine den zweiten Platz in der Welt sicherstellen.[16] Rein quantitativ ist Russlands Marine aber schon heute drittrangig. Während China bereits über zwei Flugzeugträger verfügt und ein dritter Träger in Bau ist, gilt Russlands einziger Träger, der 1985 in Betrieb gestellte „Admiral Kuznecov" als das marodeste Kriegsschiff der Welt. Lediglich ein Viertel der russländischen Flotte von über 200 Schiffen ist hochseefähig. Ihr Durchschnittsalter liegt bei über 25 Jahren.[17] Solange Moskau seine Schiffswerften nicht wieder aufbaut, kann Russland in Asien weder mit China noch mit Japan konkurrieren.[18] Nur im Bau und Betrieb von Unterseebooten bleibt Russland führend – und damit auch imstande, die NATO im Atlantik und seinen Nebenmeeren unter Druck zu setzen.

---

[14] Andrew S. Erickson: Chinese Shipbuilding and Seapower: Full Steam Ahead. Destination Uncharted, in: CIMSEC, 14.1.2019, <http://cimsec.org/chinese-shipbuilding-and-seapower-full-steam-ahead-destination-uncharted/39383>.

[15] Pavel K. Baev: The Russian Navy is Adrift in the Syrian Doldrums, in: International Relations and Diplomacy, 11/2017, S. 643–649. – Ders.: Russland rüstet seine Marine auf und streicht sie zusammen, in: Russland-Analysen, 371/2019, S. 13–16.

[16] Sean MacCormac: The New Russian Naval Doctrine. CIMSEC, 24.11.2015, <http://cimsec.org/new-russian-naval-doctrine/18444>. – Dmitry Gorenburg: Russia's New and Unrealistic Naval Doctrine, in: War on the Rocks, 26.7.2017, <https://warontherocks.com/2017/07/russias-new-and-unrealistic-naval-doctrine/>.

[17] MacCormac: The New Russian Naval Doctrine: Brown Water Warships to become Priority for Russian navy development – part 2, in: Naval Forces News – Russia, 15.12.2017.

[18] Robert Farley: The Russian Navy Is in a Death Spiral, <https://warisboring.com/the-russian-navy-is-in-a-death-spiral/>.

„Marodestes Kriegsschiff der Welt". Russlands Flugzeugträger „Admiral Kuznecov", unten bei Severomorsk nahe Murmansk

Allerdings gibt es (noch) eine entscheidende Ausnahme von der Regel chinesischer Dominanz, nämlich Russlands Erfahrung als Militärmacht. Russland hat in wichtigen Bereichen der Seekriegsführung wie U-Boot-Einsätzen, dem Einsatz von Langstreckenbombern auf See und Minenkriegsführung weiter einen operativen und technologischen Vorsprung. Während frühere gemeinsame Manöver der russländischen und der chinesischen Marine noch Anti-Terror-Übungen enthielten, umfassen sie nun teilstreitkraftübergreifende Luftverteidigung, Raketen- und Artillerieeinsätze sowie Anti-U-Boot-Kriegsführung. Erstmals fand 2017 auch eine Übung statt, in der ein chinesisches Rettungsboot an einem russländischen U-Boot andockte.[19] Noch ist China auf Ausbildungshilfe aus Russland auch in der Navigation angewiesen, ist aber bestrebt, diese Abhängigkeit sukzessive abzubauen. Nur nuklearstrategisch bleibt Russland den USA ebenbürtig und China weit überlegen. Peking verspricht sich aber auch hier technische Unterstützung von Moskau, um durch strategische Unterseeboote eine gesicherte nukleare Zweitschlagfähigkeit aufzubauen.[20]

Eine pragmatische Zusammenarbeit zwischen Moskau und Peking ist für beide von Nutzen, eine vertraglich fixierte Allianz daher unnötig. Ein Bündnis mit militärischer Beistandsgarantie kann die Beziehungen zu anderen Ländern beeinträchtigen und eigenen Interessen schaden: im Krisen- und Konfliktfall wäre die Bandbreite politischer Reaktionsmöglichkeiten durch den Bündnispartner eingeschränkt, während das Auftreten einer chinesisch-russländischen Militärallianz bedrohlich und militärisch sogar eskalierend wirken kann. Darüber hinaus handelt es sich um ungleiche Partner mit unterschiedlichen Zielen: Der nationale Traum vom Wiederaufstieg Chinas verbietet geradezu eine freiwillige Selbsteinbindung, wie sie eine Vertragsallianz erfordern würde. Russland profitiert für seine postulierte Großmachtrolle dagegen von der Partnerschaft, weil sie zum Ausdruck bringt, dass Russland nicht lediglich eine Regionalmacht ist. Allein Peking ist imstande, den gemeinsamen Rivalen USA – und damit die transatlantische Allianz – einzuhegen.

Bilanz

China hat Russland durch den Ausbau seiner Flotte als führende maritime Großmacht nach den USA abgelöst. Russland hat es in nahezu drei Jahrzehnten seit dem Zusammenbruch der Sowjetunion versäumt, die Wiederherstellung seiner Hochseeflotte einzuleiten. Stattdessen navigiert die Marine meist im küstennahen Bereich atlantisch-pazifischer Randmeere.[21] China will dagegen seine Hochseeflotte ausbauen. Weitere Flugzeugträger, Lenkwaffenzerstörer und kleinere Kriegsschiffe sollen in den nächsten

---

[19] Michael Paul: Allianz auf hoher See? Chinas und Russlands gemeinsame Marinemanöver, SWP-Aktuell 24/2019, <www.swp-berlin.org/fileadmin/contents/products/aktuell/2019A24_pau.pdf>.

[20] Vasily Kashin: The Current State of Russian-Chinese Defense Cooperation. CNA 2018, S. 18–19, <www.cna.org/CNA_files/PDF/DOP-2018-U-018184-Final.pdf> – Michael Paul: Chinas nukleare Abschreckung. Ursachen, Mittel und Folgen der Stationierung chinesischer Nuklearwaffen auf Unterseebooten. SWP-Studie 17/2018, <www.swp-berlin.org/fileadmin/contents/products/studien/2018S17_pau.pdf>.

[21] Liv Karin Parnemo: Russia's Naval Development – Grand Ambitions and Tactical Pragmatism, in: Journal of Slavic Military Studies, 1/2019, S. 41–42.

Jahren fertiggestellt werden; US-Angaben zufolge könnte die chinesische Marine bis 2030 über insgesamt 415 Kriegsschiffe verfügen.[22] Russland verfügt über eine Kombination kleiner Kriegsschiffe (Fregatten und Korvetten) und Unterseeboote, bestückt mit Marschflugkörpern vom Typ „Kalibr", die – wie im Syrienkrieg 2015 und 2016 praktiziert – zum Einsatz gegen Landziele in bis zu 2200 Kilometern Entfernung geeignet sind.[23] Moskau hat also weiterhin respektable Fähigkeiten zur Wahrung seiner nationalen Sicherheitsinteressen aufzuweisen, wenn es künftig auch – anders als China – in maritimer Hinsicht keine globale Machtprojektion betreiben kann. Außerdem bietet die russländische Marine selbst in ihrem relativ schlechten Zustand ein Vorbild für China. Der Mangel an Überwasserschiffen wird ausgeglichen, indem Russland Marschflugkörper auf die Flotte – einschließlich Unterseeboote – verteilt hat, was die Kampfkraft signifikant erhöht. Tatsächlich bleibt die anhaltende Verbreitung offensiver Raketenkapazitäten zwischen Schiffen und U-Booten vielleicht die bedeutendste Entwicklung der russländischen Marinefähigkeiten, auch im Sinne einer wirksamen Abhaltestrategie (A2/AD). Solche asymmetrischen Einsatzmittel können im Konfliktfall zumindest zeitweise den Zugang zu einem Gebiet verhindern (Anti-Access/A2) und dadurch die Heranführung der konventionell überlegenen US-Streitkräfte verzögern oder sie auf Abstand halten. Weiter können sie im Operationsgebiet selbst die Handlungsfreiheit einschränken und damit Operationen in diesem Gebiet verwehren (Area-Denial, AD). Im chinesischen Kontext schafft eine uneingeschränkte Verfügungsgewalt über das Südchinesische Meer die notwendige strategische Tiefe, um das chinesische Festland vor konventionellen Angriffen der USA zu schützen, wenn Washington seine Sicherheitszusagen für asiatische Verbündete gegen eine Aggression Pekings einlösen muss oder eigene Kriegsschiffe und Basen durch China angegriffen werden. Im Ergebnis verlieren die USA ihre Eskalationsdominanz, und für China wird die militärische Lösung von Konflikten in seiner unmittelbaren Nachbarschaft zu einer immer noch riskanten, aber möglichen Option, ohne dass Peking einen unkontrollierbaren Konflikt mit den USA riskieren muss. Während Russlands Marine sich vom Niedergang der letzten Jahrzehnte zu erholen versucht, bemüht sich Chinas Marine, in maritimen Fähigkeiten mit der US-Marine gleichzuziehen. Es liegt an Peking, die damit verbundenen Verunsicherungen und Erschütterungen der strategischen Stabilität zu vermeiden, indem es – ähnlich den USA – Transparenz in der Marinestrategie und der Flottenrüstung herstellt. Jenseits maritimer Rüstungskontrolle muss nicht nur Washington, sondern sollten auch Moskau und Peking an vertrauens- und sicherheitsbildenden Maßnahmen interessiert sein, selbst wenn die allgemeine Bereitschaft zur präventiven Risikoeinhegung durch Rüstungskontrolle signifikant abgenommen hat.

---

22 MacCormac, The New Russian Naval Doctrine: Brown Water Warships [Fn. 17]. – Andrew S. Erickson: China's Naval Modernization, Strategies, and Capabilities, in: Joe Inge Bekkevold, Geoffrey Till (Hg.): International Order at Sea. How it is challenged, how it is maintained. Basingstoke 2016, S. 63–92, S. 86.

23 Baev, The Russian Navy is Adrift [Fn. 15], S. 645.

Erratum

In OSTEUROPA 9–11/2019 „Migration, Identität, Politik" über die russischsprachige Migration nach Israel und Deutschland haben wir auf S. 241–255 den Beitrag von Rebekka Hahn „Glaube und Zugehörigkeit. Ich-Erzählung einer Russlanddeutschen" veröffentlicht. Gedruckt wurde eine falsche Version. Im Folgenden publizieren wir die gültige Fassung.

Rebekka Hahn

Glaube und Zugehörigkeit

Ich-Erzählung einer jungen russlanddeutschen Frau

Unter den Russlanddeutschen, die seit den 1990er Jahren nach Deutschland kamen, sind auch Mennoniten. Sie pflegen ein intensives Gemeindeleben. Religion und Gemeindeleben sind Ressourcen und Restriktionen für die Integration zugleich. Für Angehörige der zweiten Generation können die Werte und Erwartungen der Gemeinde zur Quelle von Spannungen werden, wenn sie mit weltlichen Normen und Idealen kollidieren. Es geht jeweils um die Zugehörigkeit zu einer Gruppe und einer Identität.

Ja, was is, wenn du dich hier vertraust,
und dann wirst du aber (.) nich gewollt.[1]

Seit den 1990er Jahren wanderten rund 2,4 Millionen Russlanddeutsche mit ihren Familien aus der Sowjetunion und den Nachfolgestaaten nach Deutschland ein. Die Russlanddeutschen gehen in der Öffentlichkeit oft undifferenziert in der Großgruppe der (Spät-)Aussiedler auf. In ihrer Selbstbeschreibung wie ihrer Bildungskultur grenzen sie sich jedoch ab. Kennzeichnend vor allem für die erste, selbst nach Deutschland eingewanderte Generation von Russlanddeutschen ist das, was Jannis Panagiotidis eine „doppelte Fremdheit" nennt.[2] Galten Russlanddeutsche in Russland und der Sowjetunion als „die Deutschen", werden sie in Deutschland häufig als „die Russen" wahrgenommen. Sie selbst sehen sich oft weniger als Zugewanderte denn als Heimgekehrte.[3]

Rebekka Hahn M.A. M.A, Erziehungswissenschaftlerin, Universität Bielefeld
Das Abstract zu diesem Beitrag wurde von der Redaktion verfasst.

1 Zitat aus einer biografischen Erzählung. Alle Interviews und die daraus entnommenen Zitate entstammen einer laufenden qualitativen Studie. Die Aufnahmen und Transkripte der Erzählungen befinden sich im Archiv der Verfasserin.

2 Jannis Panagiotidis: Wer sind die Russlanddeutschen? Kurzdossier Russlanddeutsche und andere postsozialistische Migranten, Bundeszentrale für politische Bildung, 13.7.2017, <www.bpb.de/gesellschaft/migration/kurzdossiers/252535/wer-sind-die-russlanddeutschen>.

3 Exemplarisch Christoph Dieckmann: Fremdeln in der Heimat, Zeit-Online, 27.3.2016, <www.zeit.de/2016/12/russlanddeutsche-parallelwelt-fluechtlingspolitik-espelkamp/komplettansicht>.

OSTEUROPA, 70. Jg., 5/2020, S. 127–139 **doi: 10.35998/oe-2020-0034**

Dass diese Sicht in Politik und Gesellschaft mehrheitlich nicht geteilt wird, erschwert mitunter die Identitätsbildung selbst der Folgegenerationen. Umso mehr sind darum

> nicht-ethnische Ressourcen wie Bildung, berufliche Integration und religiöse Bindungen von Bedeutung. Fehlen zugehörigkeitsbezogene wie auch nicht-ethnische Ressourcen, besteht die Gefahr einer negativen Selbstdefinition und der Betonung eines Minderheitenstatus bei (Spät-)Aussiedlern.[4]

Trotz erfolgreicher Integrationsleistungen scheint die Kombination aus ‚deutscher Volkszugehörigkeit', gemeinsamer Sprache und christlicher Prägung kein Garant für ein spannungsfreies soziales und kulturelles Zusammenleben zu sein. „Brüchige Zugehörigkeiten"[5] stellt Gabriele Rosenthal in ihren Mehrgenerationeninterviews mit russlanddeutschen Familien besonders da fest, wo sich Lücken, Widersprüche und Erzähltabus in den tradierten Familiengeschichten auftun.

> Intergenerationale Weitergabe lässt sich daher immer auf mehreren Ebenen fassen: Als Weitergabe von Praktiken und Stilen, von Ressourcen und Fähigkeiten, aber auch von Unbewältigtem, von ungelösten biografischen Themen.[6]

Während dieses Spannungsverhältnis für die erste Generation gut belegt ist, sind die Perspektiven der zweiten Generation, die hier in Deutschland geboren und aufgewachsen ist, noch nicht erforscht. Dies ist ein wesentliches Erkenntnisinteresse meines Forschungsvorhabens. Dabei möchte ich weder vorschnell von konflikthaften Zugehörigkeiten ausgehen noch ausschließlich den Migrationshintergrund beleuchten. Stattdessen erzählen junge Erwachsene in biografisch-narrativen Interviews selbst über ihre Lebenswelten und Lebenswege. In ihren biografischen Erzählungen wird deutlich, wie sie mit Selbst- und Fremdzuschreibungen umgehen, wo sie sich zwischen der Familiengeschichte und individuellen Perspektiven des Aufwachsens verorten, kurz, ob, wo und wem sie sich zugehörig fühlen.

Ein Ausgangspunkt für das Verständnis von Zugehörigkeit und Abgrenzung, Migration und Integration der Russlanddeutschen ist deren Glaubensgeschichte.[7] Gelebte Glaubenswerte waren maßgebliche Migrationsgründe für die Mehrheit der deutschen Siedler, die im 18. Jahrhundert nach Russland zogen. Dies galt umgekehrt auch für die Rücksiedlung aus den Ländern der Sowjetunion nach Deutschland. Insbesondere für jene Russlanddeutschen, die unter massivem sozialen und politischen Druck ihren

---

[4] Eva Bund, Susanne Worbs u.a. (Hg.): (Spät-) Aussiedler in Deutschland. Eine Analyse aktueller Daten und Forschungsergebnisse. BAMF Forschungsbericht, Nürnberg 2013, <www.bamf.de/SharedDocs/Anlagen/DE/Publikationen/Forschungsberichte/fb20-spaetaussiedler.pdf?__blob=publicationFile>, S. 189.

[5] Niklas Radenbach, Gabriele Rosenthal, Viola Stephan: Brüchige Zugehörigkeiten. Wie sich Familien von Russlanddeutschen ihre Geschichte erzählen. Frankfurt/Main 2011.

[6] Vera King: Intergenerationalität – theoretische und methodologische Forschungsperspektiven, in: Kathrin Böker, Janina Zölch (Hg.): Intergenerationale qualitative Forschung. Theoretische und methodische Perspektiven. Wiesbaden 2017, S. 13–32, hier 19.

[7] Die geteilte Glaubensgeschichte dient hier als Ausgangspunkt für eine kulturhistorische Einsicht in die russlanddeutschen Migrationsbewegungen. Die heute bestehende Heterogenität unter den Russlanddeutschen im Hinblick auf Sprache, Lebensgestaltung, politische Haltung und Weltanschauung wird dadurch nicht in Frage gestellt.

Glauben unter der kommunistischen Diktatur weiter praktizierten, war die Aussicht auf freie Religionsausübung ausschlaggebend für die Übersiedlung nach Deutschland.[8]
In der aktuellen Studie befrage ich junge russlanddeutsche Frauen der zweiten Generation, die eingebunden in so genannte russlanddeutsche Migrationsgemeinden aufgewachsen sind und mit ihnen zum Teil noch in Berührung stehen. Anhand einer solchen biografischen Erzählung möchte ich aufzeigen, welche Rolle der Glaube spielen kann, um sich in einem sozialen Raum zugehörig zu fühlen.

Zur Glaubensgeschichte russlanddeutscher (Spät-)Aussiedler

Als Russlanddeutsche werden die Nachfahren von Siedlern aus dem deutschsprachigen mitteleuropäischen Raum bezeichnet, die sich seit der zweiten Hälfte des 18. Jahrhunderts in verschiedenen Regionen des Russischen Reiches niedergelassen hatten. Sie waren mehrheitlich der Einladung von Zarin Katharina II. gefolgt, die den Siedlern eine großzügige Landvergabe und Möglichkeiten der Selbstverwaltung in Aussicht gestellt hatte, darüber hinaus Religionsfreiheit und die Freistellung vom Militärdienst. Religionsfreiheit war ein wesentlicher Migrationsgrund für die süddeutschen Pietisten. Die Freistellung vom Militärdienst wiederum zog die Mennoniten an, die sich zum Pazifismus bekannten und die historische Friedenskirche begründeten.[9]
Das 18. und 19. Jahrhundert waren eine Zeit des demographischen Wachstums und der wirtschaftlichen Blüte in den deutsch besiedelten Gebieten des Zarenreichs. Der russischen Obrigkeit gegenüber erwiesen sich die deutschen Siedler als loyal und galten als integriert, jedoch keineswegs als assimiliert.[10] Der wirtschaftliche Erfolg und das Selbstverwaltungswesen trugen dazu bei, dass sich die Deutschen in Russland „relativ autark, stabil und exklusiv fühlten".[11] Ihre Lebensweise und Bildungskultur pflegten sie als bewussten Gegenentwurf zur russisch-orthodoxen Mehrheitsgesellschaft. Dazu gehörte etwa der Aufbau eines eigenen Buch- und Pressewesens, das bald florierte. Ihr Recht auf freie Religionsausübung nutzten Mennoniten, Lutheraner und Katholiken zum Bau von Kirchen und Bethäusern sowie zur Gründung eigenständiger deutschsprachiger Schulen. In deren Mittelpunkt stand die religiöse Unterweisung, die auf das Leben in der Gemeinde vorbereiten sollte.[12] Hauptsächlich anhand von Bibeltexten lernten

---

[8] Dies traf allerdings nur auf die ersten russlanddeutschen Rückwanderer zu, die in den 1970er Jahren in die Bundesrepublik übersiedelten. Danach gewannen wirtschaftliche und politische Ausreisemotive an Bedeutung. Heinrich Löwen: Deutsche Christen in Russland und in der Sowjetunion. Grundzüge des historischen und theologischen Hintergrunds russlanddeutscher Freikirchen. Hamburg 2014, S. 38–39.

[9] Kornelius Ens: Religiosität unter Russlanddeutschen. Geschichte, religiöse Identität und Integration, in: Kurzdossier Russlanddeutsche und andere postsozialistische Migranten, Bundeszentrale für politische Bildung, 13.7.2017, <www.bpb.de/gesellschaft/migration/ kurzdossiers/252539/religiositaet-unter-russlanddeutschen?p=all>.

[10] Jan Schneider: Die Geschichte der Russlanddeutschen, in: Grundlagendossier Migration, Bundeszentrale für politische Bildung, 15.3.2005, <www.bpb.de/gesellschaft/migration/ dossier-migration-ALT/56417/russlanddeutsche>.

[11] Ens, Religiosität [Fn. 9].

[12] Kornelius Ens: Grundzüge russlanddeutscher Migrationsgeschichte in kulturhistorischer Perspektive. Herausforderungen zwischen Identitätswahrung und Bikulturalität, in: Dossier Russ-

alle schulpflichtigen Kinder Lesen und Schreiben; der Bewahrung deutscher Sprache und Kultur wurde besonderer Wert beigemessen.[13] Im Zuge der Bildungsreformen Aleksandr II. wurde Russisch ab 1871 als Amtssprache in den deutschen Siedlungen und folglich als Zweitsprache in den deutschen Schulen eingeführt.[14]
Im 20. Jahrhundert verloren die deutschen Siedler schrittweise ihre Privilegien und Autonomie. Das kommunistische Regime in der Sowjetunion ging ab 1929 zunehmend repressiv gegen Gläubige vor. Unterdrückung und Verfolgung drängten die christliche Glaubenspraxis in den Untergrund, wo die Gläubigen Hausgemeinden organisierten.[15] Der Rückzug ins Private und die identitätsstiftende Bedeutung des Glaubens und der Familie verstärkten sich wechselseitig. Religiös begründete kulturelle Praktiken, die ursprünglich als Zeichen innerer Frömmigkeit aus verschiedenen Erneuerungsbewegungen der protestantischen russlanddeutschen Gemeinden hervorgegangen waren, dienten nun unter der Diktaturerfahrung dazu, sich bewusst von der Sowjetgesellschaft abzugrenzen. So wurden etwa säkulare Kulturelemente wie Tanz, Spiel und Theater in manchen Gemeinden nicht mehr rein aus theologischer Überzeugung, sondern zum Schutz vor der kulturellen und religiösen Enteignung als unsittlich abgelehnt.[16]
Die innere und äußere Abgrenzung bewirkte, dass die im Privatraum organisierten Glaubensgemeinschaften von kirchlichen Modernisierungsprozessen, die in den westlichen Ländern in der zweiten Hälfte des 20. Jahrhunderts stattfanden,[17] weitgehend isoliert blieben. Nach der Übersiedlung in die Bundesrepublik wurden die (Spät-)Aussiedler in deutschen Gemeinden dann mit solchen Modernisierungsprozessen konfrontiert. Ein unmittelbarer Anschluss in theologischen Fragen oder glaubenspraktischen Ausdrucksformen war kaum möglich, so dass die Beheimatung in landes- oder freikirchlichen Gemeinden in Deutschland häufig schwerfiel.

> Von individualistischen Glaubenskonstruktionen der Mehrheitsgesellschaft abweichende Auffassungen und das stark auf gemeinschaftliche Normen und enge Sozialbindungen ausgerichtete Kirchenverständnis vieler Russlanddeutscher führten zu Missverständnissen auf beiden Seiten.[18]

In der Folge gründeten sich eigene russlanddeutsche Freikirchen evangelikaler Prägung, oft mit mennonitischem oder baptistischem Frömmigkeitseinschlag.[19] Solche Migrationsgemeinden mit russlanddeutschen Gründungsstrukturen zählen rund 100 000 Mitglieder und sind damit die größten in Deutschland. Ihre Funktion und Wirkung wird als Übergangsraum beschrieben, der den russlanddeutschen Familien mit

---

landdeutsche, Bundeszentrale für politische Bildung, 28.8.2017, <www.bpb.de/ gesellschaft/migration/russlanddeutsche/253017/grundzuege-russlanddeutscher-migrationsgeschichte-in-kulturhistorischer-perspektive>.

13 Schneider, Die Geschichte der Russlanddeutschen [Fn. 10].

14 Ebd.

15 Ens, Religiosität [Fn 9].

16 Ens, Grundzüge russlanddeutscher Migrationsgeschichte [Fn. 12].

17 Bund, Worbs u.a., (Spät-) Aussiedler in Deutschland [Fn. 3], S. 192.

18 Ens, Religiosität [Fn. 9].

19 Ebd. findet sich eine Aufschlüsselung der Konfessionszugehörigkeit der Russlanddeutschen in der bundesdeutschen Kirchenlandschaft in den 1970er Jahren und heute.

seinen klaren Hierarchien und Verhaltensvorgaben kulturelle Kontinuität gewährleistete[20], in dem sie kollektive Migrationserfahrungen bearbeiten und von dem aus sie sich die Kultur der deutschen Umgebung erschließen konnten.[21] Zugleich aber brachte diese kirchliche Milieubildung in Form eines „Ethnokonfessionalismus"[22] sie erneut in Widerspruch zur überwiegend säkularen Kultur der Umgebung.

Ähnlich sieht auch Frederik Elwert in seiner Studie zu Biografien freikirchlicher Russlanddeutscher der ersten und eineinhalbten Generation „Religion als Restriktion und Ressource im Integrationsprozess."[23] Identitätsstiftende und identitätswahrende Abgrenzungstendenzen sind noch heute in manchen russlanddeutschen Migrationsgemeinden wahrzunehmen. Elwert erkennt darin vorrangig das Bemühen, die junge Generation in der Gemeinschaft zu halten. Durch außergemeindliche Kontakte in der Schule und zu Gleichaltrigen, deren Einfluss in der Adoleszenz zunimmt, kommen die Jugendlichen in Berührung mit anderen Wertvorstellungen und Lebensentwürfen.

> Für die religiöse Vergemeinschaftung führt dies potenziell zu Plausibilitätsproblemen, wenn die gemeinschaftlich geteilte Weltsicht durch externe Impulse in Frage gestellt wird.[24]

Dieser Herausforderung begegnen manche Gemeinden mit einer umfassenden Gemeindepädagogik, die vom Vorschulalter bis ins junge Erwachsenenalter durchgehende Angebote bereithält. Geistliche Inhalte stehen im Mittelpunkt der sonntäglichen Kinderstunde für die Schulkinder bis zum Alter von etwa zwölf Jahren. In der „Jungschar" treffen sich wöchentlich die etwa Dreizehn- bis Sechzehnjährigen, ältere Jugendliche und junge Erwachsene besuchen die „Jugend". Daneben sind Sing- und Gebetsstunden fester Bestandteil der Gemeindewoche. Mit Musikunterricht und eigenen Sport- und Handarbeitsgruppen reicht das Angebot manchenorts bis in den Freizeitbereich. Ein außergemeindliches Engagement etwa in lokalen Vereinen wird auf diese Weise unnötig, wenn nicht allein zeitlich unmöglich.[25]

Gleichzeitig ist die gegenläufige Tendenz zu beobachten, dass sich manche russlanddeutsche Migrationsgemeinden der Mehrheitsgesellschaft zunehmend öffnen. Insbesondere die jüngere Generation ist durchaus bereit, sich jenseits ihrer eigenen Gemeindesozialisation theologisch zu bilden und mit verschiedenen Positionen auseinanderzusetzen. Solche gemeindeübergreifenden Glaubensaushandlungen und die hierüber entstehenden Kontakte fördern nicht selten

> die Entwicklung einer neuen Identität, die eine religiöse Verortung als 'Christ' über ethnische Bezüge und Traditionsbestände der Russlanddeutschen stellt. In diesem Sinne kann Religion hier als ein Element der postethnischen Vergemeinschaftung von Migranten bezeichnet werden.[26]

---

[20] Waldemar Vogelgesang: Jugendliche Aussiedler. Weinheim 2008, S. 147.

[21] Stefanie Theis: Religiosität von Russlanddeutschen. Stuttgart 2006, S. 243.

[22] Lothar Weiß: Zusammenfassung, in: Lothar Weiß (Hg.): Russlanddeutsche Migration und evangelische Kirchen. Göttingen 2013. S. 254–264, hier 255.

[23] Frederik Elwert: Religion als Ressource und Restriktion im Integrationsprozess. Eine Fallstudie zu Biographien freikirchlicher Russlanddeutscher. Wiesbaden 2015.

[24] Ebd., S. 128.

[25] Ebd., S. 129. – Arne Schäfer: Zwiespältige Lebenswelten. Jugendliche in evangelikalen Aussiedlergemeinden. Wiesbaden 2010.

[26] Elwert, Religion als Ressource, [Fn 23], S. 311.

Wie sich diese Entwicklungen auf das Selbstverständnis russlanddeutscher Migrationsgemeinden, ihre innergemeindlichen Strukturen und außergemeindlichen Positionierungen auswirken, bleibt abzuwarten, denn „zentrale Transformationsprozesse wie etwa der Generationenwechsel von erster zu zweiter Migrantengeneration steht den Gemeinden in der Regel noch bevor.“[27]

Biografie und Zugehörigkeit

Die von Elwert prognostizierten institutionellen Transformationsprozesse können als Spiegel individueller biografischer Selbstentwürfe und ihrer Wandlungen angenommen werden. Ein biografieanalytischer Blick richtet sich zum einen auf individuelle Lebensgeschichten, zum anderen reicht er über diese hinaus. Denn Biografien sind stets individuell *und* gesellschaftlich und damit zeitgeschichtlich, interaktiv und institutionell vermittelt.[28] Biografische Selbstthematisierungen sind eingelagert in gesellschaftliche Verhältnisse und soziale Regeln. Und diese sind umgekehrt ein Stück weit auch aus der individuellen Selbstverortung rekonstruierbar.[29] Biografische Selbstentwürfe sind nicht nur Produkt eines gelebten und reflektierten Lebens, sondern in einem narrativen Interview ist das Erzählen selbst bedeutungsstiftend. Denn in ihm werden soziale Zugehörigkeiten entworfen und verständlich gemacht:[30]

> Die autobiografische Selbstthematisierung dient sowohl der Konstruktion individueller und kollektiver Identität als auch sozialer Zugehörigkeit.[31]

Unter Zugehörigkeit verstehe ich

> Prozesse und Ergebnisse kollektiver Identifizierungen […], d.h. die Behauptungen und Zuschreibungen, die Individuen über ihre Position in der sozialen Ordnung äußern, ihre Ansichten darüber, wohin und zu wem sie gehören und wozu sie nicht gehören.[32]

Zugehörigkeit wird demnach durch Suchbewegungen konturiert, die nicht nur als positive Relation entworfen werden: „Ich bin oder gehöre zu...“, sondern gerade auch aus der Negation und Abgrenzung: „Ich bin nicht…“. Zu fragen ist auch, inwiefern mir

27 Ebd., S. 313.

28 Vanessa May: Connecting Self to Society: Belonging in a changing world. Basinstoke 2013, S. 103.

29 Christine Demmer, Rebekka Hahn: Zugehörigkeitskonstruktionen und Bildungsprozesse junger Frauen mit russlanddeutscher Migrationsgeschichte. Gießen [im Erscheinen].

30 May, Connecting Self to Society [Fn. 28], S. 101–103.

31 Bettina Dausien, Daniela Rothe, Dorothee Schwendowius: Teilhabe und Ausgrenzung als biographische Erfahrung. Einführung in eine biographiewissenschaftliche Analyseperspektive, in: Dies. (Hg.): Bildungswege. Biographien zwischen Teilhabe und Ausgrenzung. Frankfurt/Main 2016, S. 29.

32 Floya Anthias: Erzählungen über Zugehörigkeit, in: Ursula Apitzsch, Mechthild M. Jansen (Hg.): Migration, Biographie und Geschlechterverhältnisse. Münster 2003, S. 20–27, hier 21.

Zugehörigkeit gegen meinen Willen auferlegt werden kann und wie ich mit einer solchen Vereinnahmung umgehe.[33] Zum einen impliziert Zugehörigkeit demnach eine Selbstverortung, zum anderen aber auch den Umgang mit der Akzeptanz oder Ablehnung von anderen. Individuelle Vorstellungen, Ansprüche und Gefühle in Bezug auf Zugehörigkeit schälen sich mitunter besonders oder erst dann heraus, wenn Zugehörigkeit verweigert wird.

Entscheidend ist die Dimension der emotionalen Bindung. Für Nira Yuval-Davis verleiht Zugehörigkeit bedeutsamen sozialen Bindungen eine affektive Dimension, die dem Gefühl des ‚Zuhauseseins' gleichkommt.[34] Wozu man sich zugehörig fühlt, zu welchen Personen, Orten oder Kulturen, ist keine singuläre Beziehung, sondern wir gehen immer von Zugehörigkeiten im Plural aus, die sich überlappen und wechselseitig beeinflussen.[35] Sie werden über die Lebensspanne durch Erfahrungen hergestellt, können sich mit den Lebensumständen wandeln und zeitweise relevant oder bedeutungslos werden.

Julias Erzählung

Meine Interviewpartnerin nenne ich Julia. Ihre biografische Erzählung thematisiert vorrangig eine persönliche Entwicklung der letzten drei Jahre, bei der sie tragende Zugehörigkeiten neu sortiert. Ihr christlicher Glaube zieht sich strukturierend und argumentationsleitend durch die gesamte Erzählung, die primär um ein Thema kreist, nämlich um ihre Abkehr von der Gemeinde, in die sie seit ihrer Kindheit eingebunden ist. Mit dieser Abwendung rücken einerseits die von ihr angestrebten alternativen Zugehörigkeiten in greifbare Nähe. Andererseits geht die Trennung auch mit der prekären Erfahrung von Nicht-Zugehörigkeit und Ablehnung einher, welche die Suche nach neuen Zugehörigkeitsmöglichkeiten zu einem dringlichen Anliegen werden lässt.

Die biografische Erzählung verweist auf die historischen, sozialen und institutionellen Strukturen, in die sie eingelagert ist.[36] In diesem Fall werden die Vorgaben und Möglichkeitsräume einer russlanddeutschen Migrationsgemeinde thematisiert. Dies lässt jedoch keine Schlüsse zu über potenziell andere Erfahrungsdarstellungen aus derselben Gemeinde, über Strukturen und Erfahrungen in anderen Gemeinden, geschweige denn über die grundsätzliche Berechtigung und Begründung unterschiedlicher Glaubens- und Lebensformen.

Julia ist Anfang zwanzig und lebt in einer Kleinstadt, in der sie geboren und großenteils aufgewachsen ist. Ihre Eltern siedeln als jung Verheiratete Ende der 1980er Jahre aus der Sowjetunion nach Deutschland aus und werden von weiteren Familienangehörigen begleitet. Alle lassen sich am selben Ort nieder. Berufsbedingt ziehen Julias Eltern mit den Kindern wenig später für einige Jahre ins Ausland, wo Julia ihre Grundschulzeit verbringt. Als Julia etwa zehn Jahre alt ist, kehrt die Familie nach Deutschland zurück und bezieht ein Haus in der alten Nachbarschaft, in der weiterhin Familienangehörige

[33] Demmer, Hahn, Zugehörigkeitskonstruktionen und Bildungsprozesse junger Frauen mit russlanddeutscher Migrationsgeschichte [Fn. 29].

[34] Nira Yuval-Davis: Power, Intersectionality and the Politics of Belonging. FREIA Working Paper Series, Nr. 75, Aalborg 2011, S. 4.

[35] Anthias, Erzählungen über Zugehörigkeit [Fn. 32], S. 36.

[36] May, Connecting Self to Society [Fn. 28], S. 103.

des Vaters und der Mutter leben. Die Familie besucht eine Gemeinde, die zum überwiegenden Teil aus russlanddeutschen Familienverbänden besteht und ein zentraler Ort des Aufwachsens für Julia wird: Nicht nur die Sonntage, sondern auch die Nachmittage unter der Woche sind für Zusammenkünfte in der Gemeinde reserviert, die ab der Kindheit für eine lückenlose Gemeindeeinbindung sorgen. Julia besucht Kinderstunde, Kinderchor, Singstunde, Gebetsabend, die *„Jungschar*" und zuletzt die *„Jugend"*. Sie verbringt ihre Freizeit fast ausschließlich in der Gemeinde und bezeichnet sie als ihre *„Familie*".
Gleichwohl sieht Julia sich innerhalb und außerhalb der Gemeinde mit gegensätzlichen normativen Erwartungen konfrontiert, die sie maßgeblich im Hinblick auf weibliche Schönheitsideale thematisiert. Während in der Gemeinde von ihr erwartet wird, auf Schmuck, Makeup und figurbetonte Kleidung zu verzichten, sind ihr genau diese Dinge außerhalb der Gemeinde wichtig. Bei Zusammenkünften der Gemeinde und Jugendgruppe folgt sie den Regeln in Bezug auf Kleidungsvorschriften, Schmuckverbot und Alkoholverzicht. Diese hat sie internalisiert: *„man hat einfach gewusst, was man irgendwie macht und nich"*, und empfindet ihre Befolgung als *„nich schlimm"*.[37] Über regelkonformes Verhalten wird die Zugehörigkeit zur Gemeinde von ihr hergestellt und im Gegenzug von den Gemeindeältesten und Mitgliedern gewährt. Die Rechtmäßigkeit der unausgesprochenen Vorschriften zweifelt Julia jedoch zunehmend an.
Auch Julias Eltern entsprechen den Erwartungen der Gemeinde nur begrenzt und ohne innere Überzeugung. Als sie nach den Jahren im Ausland in die Gemeinde zurückkehren, bleiben sie *„Bankdrücker*" und lassen sich nicht erneut als Mitglieder aufnehmen, weil sie *„total anders denken als die Gemeinde, und sich nie da anschließen können, weil das einfach zu viele Probleme bereiten würde"*. Im Verhältnis zu den in der Gemeinde üblichen Gepflogenheiten erziehen Julias Eltern ihre Kinder liberal. Julia sind *„Kinobesuche oder so was nicht unbekannt. Oder ich durfte mich ja auch schminken und Schmuck anziehen und Hosen anziehen"*. Sie beginnt, sich gemeindefremdes kulturelles Terrain zu erschließen und *„Filme zu gucken oder Serien zu gucken oder unchristliche Bücher zu lesen, oder Lieder zu hören, Radio zu hören"*.
Im Jugendalter fällt es ihr zunehmend schwer, ihren Wunsch nach Selbstentfaltung mit den Kleidungsvorschriften der Gemeinde zu vereinbaren. Hierin erkennt sie zudem eine Ungleichbehandlung der Geschlechter, welche die Mädchen *„härter trifft"*, denn

> die meisten Jungs-, oder bei uns sowieso nich, schminken sich nicht, die trinken nichts, die tragen nur deren Hosen und das einzige, was sie nicht dürfen, is vielleicht Shorts anziehn. fertig.

Lilli Gebhard hat herausgearbeitet, dass in literarischen Selbstbeschreibungen „Zurückhaltung, Einfachheit und Schlichtheit" das Erscheinungsbild *und* den Charakter der vorbildlichen russlanddeutschen mennonitischen Frau kennzeichnen.[38] Dieser

---

[37] Das narrativ-biografische Interview wurde im Jahr 2018 aufgezeichnet und nach den erweiterten TIQ-Regeln transkribiert. Bei der Wiedergabe von Zitaten werden in diesem Text die Transkriptionszeichen nur dann beibehalten, wenn die Analyse sich unmittelbar auf sie stützt. Wo die Transkriptionszeichen für die Analyse keine tragende Rolle spielen, werden sie zur besseren Lesbarkeit aus dem Text geglättet. Thorsten Dresing, Thorsten Pehl: Praxisbuch Interview, Transkription & Analyse. Anleitungen und Regelsysteme für qualitativ Forschende. Marburg, [8]2018.

[38] Lilli Gebhard: Identitätskonstruktionen russlanddeutscher Mennoniten im Spiegel ihrer Literatur. Frankfurt/Main 2014, S. 266.

Befund spiegelt sich in Julias Erzählung. Mit den Kleidungsvorschriften werden den Geschlechtern unterschiedliche Freiheiten und Verantwortlichkeiten für einen moralisch integren Lebenswandel zugeschrieben. Wenn Männer etwa, so Julia, *„ein Problem mit Pornografie oder so haben; oder wenn das zu aufreizend ist, dann werden die Frauen immer dafür beschuldigt; °in solchen Gemeinden°"*.
Diese Schilderung der geschlechtsspezifischen sozialen Stellung und der daran gebundenen Freiräume zur Selbstentfaltung erinnert an Erfahrungsdarstellungen aus anderen religiösen Gemeinschaften, etwa an die weitgehend autobiografischen Werke von Miriam Töws („A complicated kindness", 2004), Deborah Feldman („Unorthodox", 2012) und Tara Westover („Educated", 2018). Die deutsche Ausgabe von Tara Westovers Autobiografie trägt den Titel: „Befreit. Wie Bildung mir die Welt erschloss". Darin deutet sich zweierlei an, was sich ebenso auf die beiden anderen Werke übertragen lässt. Es sind Erzählungen von Frauen, die in ihren Autobiografien einen Weg der Emanzipation aus einer mennonitischen, einer jüdisch-orthodoxen und einer mormonischen Gemeinschaft nachzeichnen. Für alle drei Autorinnen spielt dabei formale Bildung eine wesentliche Rolle. Ihre Trennung von der Gemeinschaft geht nicht nur mit der Absage an die gemeinschaftlich vorgegebenen Geschlechterrollen und Lebensverläufe einher, sondern – wenigstens zeitweise – auch mit einer Abkehr von der tragenden Säule des Glaubens.[39]
Auch für Julia ergibt sich zunehmend eine Diskrepanz zwischen dem eigenen Glauben und ihrem Wunsch nach Authentizität auf der einen Seite und den Verhaltensvorgaben der Gemeinde auf der anderen Seite. Diesen Konflikt trägt sie wiederum über ihr Äußeres aus. Sie positioniert sich in der Gemeinde bei den *„Rebellen, die so ne kleine Kette anhatten oder so"*. Ein solches nonkonformes äußeres Erscheinungsbild spiegelt ihre innere Nichtübereinstimmung mit elementaren Gemeinderegeln wider und erregt Anstoß bei den Gemeindeältesten. Für ihr Verhalten soll sie Buße tun. Während sie dazu bereit wäre, ihr Verhalten bei den Zusammenkünften der Gemeinde anzupassen, kann sie die Buße nicht mit ihrem Gewissen vereinbaren:

> [W]enn ich die Offenbarung bekomme, dass es Sünde ist, dann werd ich es auch <u>sagen</u>, aber noch hab ich die äh Offenbarung noch nich, und ich glaube nich, dass ich jemals die Of- Offenbarung bekommen <u>werde</u>; dass es Sünde is, weil es keine **<u>ist</u>**.[40]

---

[39] In diesem Punkt unterscheiden sich die drei Autorinnen von Julia, die sich nur von ihrer Gemeinde, nicht aber von ihrem Glauben trennt. Der relevanten Frage, wie Geschlecht, Bildung und Glaube in mennonitischen Migrationsgemeinden und ebenso in anderen Glaubensgemeinschaften verknüpft sind, gebührt ein differenzierter Blick und ein eigener Beitrag. Bildungsverläufe und Familienstrukturen von nicht notwendigerweise gläubigen (Spät-)Aussiedlerinnen der ersten Generation untersuchen die Studien Leonie Herwartz-Emden, Manuela Westphal: Bildungserwartungen und Berufsmotivation von Aussiedlerinnen aus der ehemaligen Sowjetunion, in: Unterrichtswissenschaft. Zeitschrift für Lernforschung, 2/1993, S. 106–125. – Leonie Herwartz-Emden: Einwandererfamilien. Geschlechterverhältnisse, Erziehung und Akkulturation. Osnabrück 2000.

[40] Den erweiterten TIQ-Transkriptionsregeln nach markieren Unterstreichungen eine Betonung. Fettdruck verweist auf eine erhöhte Sprechlautstärke, hochgestellte Kreise verweisen auf eine verringerte Sprechlautstärke. In Klammern wird die Länge von Sprechpausen unter einer Se-

An dieser Stelle grenzt Julia sich in zweierlei Hinsicht von der Forderung der Ältesten ab und verneint deren Anspruch, ihr Verhalten als sündhaftes Fehlverhalten zu deuten. Sie präsentiert sich als rational Denkende, die *weiß*, dass ihr Verhalten nicht sündhaft ist. Aus diesem Grund wird sie auch keine göttliche Offenbarung bekommen. Die Sicherheit, mit der sie um die Nicht-Sündhaftigkeit ihres Verhaltens weiß, muss zudem auf einem anderen Gottes- und Glaubensverständnis gründen als dem, welches die Ältesten zur Legitimation ihrer Forderungen heranziehen.[41]
Eine religiöse Praxis, die nicht in einer persönlichen Glaubenshaltung begründet ist, steht Julias Anspruch an ihre eigene moralische Integrität entgegen. Die Buße, die von ihr verlangt wird, geht ihrem Begriffsverständnis nach zwingend mit innerer Einsicht und Umkehr einher. Ohne diese wäre die bloße religiöse Form der Buße sowohl ein Verrat an deren geistlichem Gehalt als auch ein bewusster Affront gegen die Ältesten, denen Julia respektvoll und ehrlich begegnen will.

> [I]ch kann nich von irgendwas absagen, was ich überhaupt nich schlimm finde, das kann ich nich machen. da würde ich ja-, ich würde ja keine Buße tun, das heißt, ich würd denen-, die äh-, ich würd die anlügen, das konnt ich nich rüberbringen.

Julia sieht an sich ein Exempel statuiert, mit dem die unauflösbare Verbindung von Verhaltenskonformität und Zugehörigkeit nach außen hin gefestigt werden soll. Laut den Gemeindeältesten dürfe nicht der Eindruck entstehen, so Julia, *„dass man ganz einfach in unsere Gemeinde reinkommt."* Weitere ähnlich gelagerte Konflikte bewegen Julia schließlich dazu, aus der Gemeinde auszutreten. Mit dem Austritt bricht jedoch ihr bisheriges Beziehungsgefüge weg, sie verliert ihre *„Familie"*. Ihre Kernfamilie und Freunde bieten Halt, den Schmerz des Verlustes und das Gefühl von Desorientierung können sie jedoch nicht aufwiegen, *„weil ich mich doch (.) jetzt, gemeindelos? weil ich ausgetreten bin, seh::r, ähm doch leicht verloren fühle?"* Die Abschwächung von *„seh::r"* zu *„leicht verloren"* wird durch die fragende Intonation nicht überzeugend vollzogen und bleibt ambivalent.
Gemeinde bezeichnet Julia nach wie vor als ein *„sehr- (2) heikles Thema"*, in dem sich ihre Furcht vor erneuter Ablehnung bündelt:

> dieses Gefühl ist nicht schön. dieses (2) du::-, du wurdest-, du bist nicht gewollt. (.) das is::-, das is so:: (2) weiß nich, (.) ich weiß nich, und das is (2) ein-, ein Schmerz, der sich teilweise, wenn ich in einer andern Gemeinde sitze, denke, (2) ja, was is, wenn du dich hier vertraust, und dann wirst du aber (.) nich gewollt.

---

kunde mit einem Punkt angegeben, die über einer Sekunde mit der entsprechenden Sekundenzahl. Doppelpunkte kennzeichnen eine Dehnung, Fragezeichen eine steigende Intonation. Dresing, Pehl, Praxisbuch Interview [Fn. 37].

41 Es wäre wertvoll, die kognitive, emotionale und sprachliche Verwobenheit von Wissen und Glaube mit ihren Konsequenzen für das Handeln zu betrachten. Erkenntnistheoretische Überlegungen dazu finden sich auf gesellschaftlicher Ebene etwa bei Jürgen Habermas: Zwischen Naturalismus und Religion. Philosophische Aufsätze. Frankfurt/Main 2005; auf individueller Ebene bei Volker Gerhardt: Der Glaube als Einstellung zum Wissen, in: Christ in der Gegenwart, 31.7.2010, <www.herder.de/cig/geistesleben/2010/07-12-2010/ glaube-und-wissen-der-glaube-als-einstellung-zum-wissen-12/>.

An dieser Passage fallen die zahlreichen Pausen, Satzabbrüche und epistemischen Relativierungen auf, die sich in dem zweimaligen *„weiß nich“* ausdrücken. Darin spiegelt sich der Bedeutungsgehalt wider. Die Gemeinde bleibt ein *„heikles Thema“*, dessen emotionale und narrative Bearbeitung noch nicht abgeschlossen ist; das Durchleben des Schmerzes dauert an. Um die Geschichte in einen Erzählfluss zu bringen, fehlen Julia buchstäblich die Worte und die nötige Distanz, die im Moment des Erzählens noch nicht groß genug scheint.

Gleichzeitig hält Julia sich ein Jahr nach ihrem Entschluss, die Gemeinde zu verlassen, für deutlich selbstbewusster *„in meinem Glauben und auch in mir selbst“*. Trennen möchte sie sich explizit nur von der Gemeinde; ihren Glauben an einen persönlich erfahrbaren Gott stellt sie nicht in Frage. So umfasst ihr Familienbegriff neben der Kernfamilie, die ihr geblieben ist, und der Gemeinde, deren Verlust sie betrauert, auch Gott als Vater. Seine Annahme kompensiert die erfahrende Ablehnung durch die Gemeinde und spricht ihrer Existenz als *„Kind“* Berechtigung und Sinn zu. Julia ist überzeugt:

> ich bin nich <u>zufällig</u> auf der Welt, es war-, es:-, ich bin vielleicht von der Gemeinde ungewollt gewesen, aber es heißt nich, dass ich jetzt ein ungewolltes Kind bin.

Gottes Haltung zu Julia hat sich ihrer Auffassung nach nicht geändert. Gott, nicht die Gemeinde, befindet letztlich über ihren Status als gewolltes Kind seiner Familie. Er hält die Zusage ihrer Zugehörigkeit aufrecht auch gegen die erfahrene Ausgrenzung durch Menschen.

Ihr Einleben in alltagsweltliche Kulturformen beschreibt Julia als Lernprozess:

> musst ich das lernen, ich ging shoppen, (huch (lachend)), es war ganz (anders (hohe Stimmlage)) auf einmal.“ […] (und jetzt geht man in Laden (energischer Tonfall)) und denkt man, du (<u>kannst</u> es anziehn (freudig)).

Die reflexive Selbstvergewisserung neuer Entscheidungs- und Handlungsmöglichkeiten scheint jedoch über eine alltagspraktische Kompetenz hinauszuweisen. Einerseits stellt der Wegfall des vormals selbstverständlichen Regelwerks eine Orientierungsherausforderung dar. Andererseits bietet er Julia neue Formen, sich selbst und ihr soziales Umfeld zu entwerfen.

Rückblickend interpretiert Julia die erfahrene Ablehnung durch die Gemeinde als charakter- und beziehungsbildend: Zum ersten im Sinne eines transformierten Selbstbildes. In der Zeit seit ihrem Gemeindeaustritt konnte Julia *„<u>Selbst</u>bewusstsein aufbaun, (2) so:zusagen, wie ich denke, dass ich sein kann.“* Der Formulierung nach bedeutet Selbstbewusstsein für Julia nicht, zu sein wie sie *ist*, sondern wie sie sein *kann*. Dies lässt sich als Gegensatz zu dem vormaligen *sein dürfen* verstehen, aber auch als Ausdruck einer gewissen Potenzialität und Entwicklungsoffenheit. Zum zweiten erfährt auch Julias Gottesbild und Gottesbezug eine subjektive Weiterentwicklung vom Wissen zum Verstehen: *„ich wusste immer schon, dass es ein Gott der <u>Freiheit</u> ist, aber jetz weiß=ich, was damit <u>gemeint</u> ist.“*

Fallanalyse

Julia thematisiert ihre Zugehörigkeit zur Gemeinde anhand impliziter Verhaltenserwartungen, die ethnokonfessionelle und ethnokulturelle Tradierungen als normativ für die Bewertung der moralischen Integrität des Einzelnen und für die Akzeptanz in der Gemeinde setzen. In Julias Fall kündigen beide Seiten schrittweise die Zugehörigkeit auf. Eine potentielle Wiederannäherung scheint nicht Aufgabe beider Seiten, sondern könnte allein durch Julias Rückkehr in die Gemeindevorgaben geschehen. Den daraus erwachsenden Konflikt für ihr Selbstbild sowohl in Bezug auf ihre äußere Erscheinung als auch in Bezug auf ihr Glaubens- und Werteverständnis löst Julia, indem sie sich schließlich von der Gemeinde trennt.

Die Trennung ist zunächst jedoch nicht konfliktlösend, sondern krisenhaft in dem Sinne, als sie eine grundsätzliche Neuorientierung im sozialen Raum erfordert. Diese Neupositionierung wird bestimmt und herausgefordert durch Julias mehrschichtiges Familienverständnis, das ihre Kernfamilie, die Gemeinde und Gott umfasst. Ihre Wahrnehmung von Vollständigkeit und Wohlbefinden scheint maßgeblich von der Zugehörigkeit zu allen drei Bereichen abzuhängen. Eine Herausforderung ist es daher für sie, Stimmigkeit herzustellen.

Was Julias Kernfamilie betrifft, so hat der Bruch mit der Gemeinde ihr Verhältnis zu Eltern und Geschwistern gestärkt. Der selbstgewählte Gaststatus der Eltern drückt eine innere und äußere Abgrenzung von der Gemeinde und eine ambivalente Zugehörigkeit aus, die Eltern und Tochter verbindet. Dass die Eltern sich im Gegensatz zu ihrer Tochter nur halbherzig abgrenzen und in ihrer Zwischenposition verharren, hindert Julia nicht daran, sich und ihre Kernfamilie als einvernehmliche Einheit in Bezug auf ihre Haltung zur Gemeinde zu betrachten.

Die Suche nach einer neuen Gemeinde bleibt ein so drängendes wie schwieriges Anliegen für Julia. Hierin bestätigt sich, dass die kulturelle Bedeutung des Konzepts der ‚Familie' auch im Sinne von alternativen familienähnlichen Gruppen eine zentrale Rolle für Zugehörigkeit spielt.[42]

Aus ihrem Glauben an einen *„Gott der Freiheit"* leitet Julia ihr Selbstbild als *„gewolltes Kind"* sowie Werte und Prinzipien des Zusammenlebens ab, denen sie höchste Autorität für ihr eigenes Verhalten sowie für ihren Anspruch an das Verhalten anderer beimisst. Mit dem Austritt aus der Gemeinde steht sie für diese Positionierung ein.

Zugehörigkeiten sind stets plurale, sich überlappende. Sie können aber auch miteinander in Konflikt geraten, etwa wenn die Bedingungen für unterschiedliche Zugehörigkeiten im Widerspruch zueinander stehen. Nach Julias Darstellung kann Zugehörigkeit in der Umgebungskultur über die Orientierung an weiblichen Schönheitsidealen hergestellt werden. Eben diese Orientierung an weltlichen Schönheitsidealen ist den Heranwachsenden in der Gemeinde aber untersagt und interne Kleidungsvorschriften markieren die bewusste Abgrenzung von der Umgebungskultur. Das äußere Erscheinungsbild wird mit einer inneren Haltung gleichgesetzt und ist sichtbarer Ausdruck der Zugehörigkeit entweder zur Gemeinde oder zur Umgebungskultur. Die Möglichkeit von verbindenden Elementen oder gar Gemeinsamkeiten zwischen Gemeinde und Umgebungskultur wird anscheinend nicht in Erwägung gezogen. Betont wird stattdessen eine

---

[42] May, Connecting Self to Society [Fn. 28], S. 115.

unüberwindbare Differenz, die Loyalität nur zu einer Seite ermöglicht, aber auch einfordert. Eine Integration von umgebungskulturellen Einflüssen in die Gemeinde – in Julias Fall ist es *„so ne kleine Kette"* –, wird als bedrohlich für die tragenden Elemente des Zusammenhalts empfunden und frühzeitig sanktioniert.
Julia gewinnt den Eindruck, dass in der Gemeinde äußeres Erscheinungsbild und innere Glaubens- und Werteüberzeugung untrennbar miteinander verknüpft sind, dass die Umgebungskultur als eine grundlegend andere wahrgenommen wird und dass normative Verhaltenspraktiken die Grenze zwischen Gemeinde- und Umgebungskultur aufrechterhalten sollen. Diesen Eindruck beschreibt Julia als doppelt problematisch: Als Vertreterin der zweiten Generation von Russlanddeutschen ist sie in Deutschland geboren und großenteils aufgewachsen. Trotz der engen Einbindung in die Gemeinde findet ihre Sozialisation im Kindergarten und an der weiterführenden Schule auch in der Umgebungskultur statt. Julia lebt in beiden Welten, der Gemeinde und der Umgebungskultur. Die situative Aufspaltung beider Anteile in ihrem Selbstbild und ihrer Lebensgestaltung erlebt sie als unaufrichtig, nicht authentisch und zuletzt krisenhaft. Im Prozess der Abgrenzung nimmt sie außerdem wahr, dass die Gemeindeältesten mehr Wert auf konformes Verhalten legen als auf innere Glaubensüberzeugung und dass beides mitunter eben gerade nicht Ausdruck des jeweils anderen ist und sein muss. Den Verrat an genuinen Glaubenswerten zugunsten ethnokonfessioneller Zugehörigkeitspraktiken kritisiert sie und strebt für ihre eigene Lebensführung eine Übereinstimmung mit ihren Glaubenswerten an.
Sie ist überzeugt und bemüht, solche Werte in einer anderen Gemeinde mit durchlässigeren Grenzen zur säkularen Umgebungskultur zu finden. Eine solche Durchlässigkeit macht sie weitgehend an der Abwesenheit von Kleidungsvorschriften fest, welche ihr die gewünschte Orientierung am alltagsweltlichen Modegeschmack gewährt. Für Julia stellen die freie Kleidungswahl, *„Schmuck und Schminke"* Freiheit des Lebens und des Glaubens dar. Dass alltagsweltliche Schönheitsideale genauso mit bestimmten Geschlechterbildern und Erwartungen belegt sind und deren Erfüllung allein auch nicht zwingend Zugehörigkeit garantiert, scheint ihr nicht bewusst oder wird zumindest nicht kritisch von ihr thematisiert. Die Möglichkeiten der Selbstdarstellung und Selbstentfaltung, die sie im weiblichen Schönheitsideal ihrer Umgebung erkennt, harmonieren mit ihrem Verständnis eines Gottes der Freiheit.

Ausblick

An dieser Stelle unbeantwortet bleibt die Frage, wie Selbst- und Gottesbild miteinander verwoben sind. Begründet Julia ihr Selbstbild aus ihrem Gottesbild heraus, oder ist es möglicherweise auch umgekehrt? Oder so wechselseitig, dass man es nicht voneinander trennen kann? Und welche Rolle spielen sich aufschichtende Beziehungserfahrungen für beides? Wesentlich ist jedoch die Einsicht, dass für Zugehörigkeitskonstruktionen und biografische Bildungsprozesse nicht nur eine Rolle spielt, in welchem Verhältnis wir zu uns selbst, zu anderen und zur Welt stehen.[43] Eine ebenso wichtige Rolle mag mitunter spielen, wie wir uns zu einem Gott verhalten, und er sich zu uns.

---

[43] Hans-Christoph Koller: Bildung anders denken. Einführung in die Theorie transformatorischer Bildungsprozesse. Stuttgart 2012.

„Hauptverwaltung Nördlicher Seeweg beim Ministerrat der UdSSR: Ehrenurkunde – für die erzielten hohen Produktionskennziffern im sozialistischen Wettbewerb. Unter dem Banner Lenins und Stalins vorwärts zu einer weiteren Stärkung der Macht unserer Heimat"

Abstracts

Herfried Münkler
Sea powers and land powers
Concepts for a history of maritime ideas and strategies

In the view of Thucydides, the war between Athens and Sparta was caused by the difference between the land and the sea. Sea powers and land powers differ in terms of their economic and social basis and with regard to their political order. They also pursue different military and strategic goals. The Peloponnesian War is the template for a hegemonial conflict between the open trading city and the closed barracks, between democracy and oligarchy, between sea and land. This conflict pattern has dominated the history of international relations right up until today. Even current hotspots such as the annexation of Ukrainian Crimea by Russia, the escalating conflict between the USA and China and an apparently economic macroproject such as China's "One Belt, One Road Initiative" can be explained by way of strategic categories.

Kristina Küntzel-Witt
An ice-free crossing via the North Pole?
The search for the north-east passage in the 18th century

For many years, Russia showed no interest in the possibility of creating a shipping route along the coast to Asia. It was only under Peter I that exploration began of the Siberian coast of the Arctic Ocean. The issue of a northern sea route began to be discussed, and the theory was developed that an ice-free passage across the Arctic was possible. This was based on the assumption that sea water cannot freeze, since the saline content is too high. The polymath Mikhail Lomonosov also promoted this hypothesis. In 1765/1766, he initiated Vasily Chichagov's first expedition to the North Pole. When this attempt failed, the Russian Empire abandoned the prospect of developing a passage via the North Pole. However, this idea experienced a renaissance in western Europe during the 19th century.

Andreas Renner
Market, State and Propaganda
The Northern Sea Route in Russia's Arctic plans

As a result of climate change, the Northern Sea Route could become a profitable link between the Atlantic and the Pacific. Russia, which already began plans to develop the Arctic region during tsarist times, anticipates an increase in transit traffic and goods exports. The expansion of the infrastructure for the use of the sea route and for extracting raw materials is a key project in Russia's Arctic strategy. At the same time, the Arctic Ocean acts as a projection screen for Moscow's claims to power in partnership with China.

Arild Moe
Russia's Northern Sea Route
Shipping Russian hydrocarbons in the Arctic Ocean

Russia has been trying to create a regular shipping route in the Arctic Ocean for over a hundred years, in the hope that this will help open up the far north. During the Soviet era, the focus was on domestic shipping, until the project was abandoned due to the vast expense involved. It then was restarted in the mid-2000s, with the aim of expanding the Northern Sea Route to create a workable international trade route. However, maritime traffic has remained problematic, despite dramatic changes in the climate that have led the sea ice to melt during the summer months. Only a small section - the Kara Sea - in the west of the region has been successfully developed into an export route for natural gas and crude oil. This project has been characterised by competition between the state-owned company *Rosatom* and the state supervisory authorities over control of the essential fleet of nuclear-powered icebreakers, as well as over investments in infrastructure; *Rosatom* has prevailed.

Andrei Zagorsky
Creating an Arctic battlefield
Critique of securitized reason

For years, observers have been warning of wars over sovereignty rights and resources in the Arctic as a result of climate change. This fear is exaggerated. There are currently no territorial conflicts, nor is there a battle over resources. The geophysical and climatic conditions also make war in the Arctic an unlikely prospect. However, the competition between the USA, China and Russia on the global political stage could also spill over into the Arctic. The alienation between Russia and the West is making it impossible to establish a common security architecture for all Arctic states. The USA and Russia are increasingly including the interface between the western Arctic Ocean and the northern Atlantic in their deterrence plans. And if Russia were to prevent ships from sailing through its coastal waters in the northern sea passage region and the USA were to insist on its right to passage, a situation similar to that in the South China Sea could arise in the Arctic Ocean.

Christoph Humrich
Climate change and competition between the major powers
Challenges to regional cooperation in the Arctic

In the Arctic, global climate change has already had a fundamental impact on people and the environment. The extraction of raw materials and shipping are becoming easier. The political consequences of these developments are the subject of heated debate. Some observers predict an escalation of inter-state conflicts. Others regard the Arctic as being an exceptional region in which shared interests and a spirit of cooperation prevent confrontation. To date, the eight states on the Arctic Council have consistently favoured cooperation. However, in 2019, the USA did a U-turn, declared the Arctic an arena for competition between the major powers and announced that it will increase its military involvement in the region. As a result, the potential for conflict has risen. Now more than ever, it is important that forms of regional cooperation are upheld. The change of course by the USA also demonstrates the high level of influence of global political developments on the Arctic, however.

Michael Paul
Maritime triangle
China's rise, Russia's decline and the USA

China has taken over from Russia as the leading major maritime power behind the USA. Since the collapse of the Soviet Union, Moscow has been unable to modernise and expand its deep-sea fleet. Even so, Russia still has respectable abilities to preserve its national security interests. And even in its relatively poor condition, the Russian navy is a model for China, which is increasingly projecting its global power and which in the foreseeable future will be in a position to challenge the USA on the world's seas. Now, the development of maritime security and trust are needed. Yet there is far less willingness now to take preventive steps towards limiting the risk to security through armament control.

* * *

Rebecca Hahn
Belief and belonging
First-person narration of a young Russian German Woman

Among the Russian Germans who have arrived in Germany since the 1990s, there are also Mennonites. They have an intense common life. Religion and a strong sense of community are at the same time resources and restrictions for integration. For members of the second generation, the values and expectations of the community can become a source of tension when they collide with worldly norms and ideals. In each case, the issue is identity and belonging to a group.